フレームワーク
法学入門

石川　明　編

不磨書房

はしがき

　今回,『フレームワーク法学入門』を私の編集で刊行することにした。これまでの入門書のなかには,「入門」と称しながら,内容が難しく,かなり専門的なものが多かったように思う。

　本書は,これから法学を学習しようとする全くの初歩者にも法学のおおよその知識を学べるように配慮し,執筆者には,この趣旨に沿って書いていただくようにお願いした。その結果,本書は本当の意味での法学入門書になっていると思う。執筆者の諸先生方,不磨書房の稲葉文子さん,編集事務に協力していただいた香川大学　草鹿晋一准教授に心からなる謝意を表したい。

　　2007年4月

　　　　　　　　　　　　　　　　　　　　　　　　　　石　川　　明

目　次

はしがき

プロローグ　法の世界

はじめに──なぜ法を守るのか……………………………………2
1　法化社会…………………………………………………………3
2　法の学び方………………………………………………………7
　【コラム】法の探し方　14　　この本の使い方　19
　　法令・判例集等の略称　20

第Ⅰ編　国家と法

1　憲法とは何か……………………………………………………22
　【コラム】国家主権の及ぶ範囲はどこまでか　27
2　国民主権と天皇…………………………………………………28
3　平和主義…………………………………………………………35
　【コラム】日米関係と平和貢献　39
4　基本的人権………………………………………………………40
5　自由権……………………………………………………………47
6　社会権……………………………………………………………53
7　参政権……………………………………………………………59
8　刑事事件と人権…………………………………………………64
9　国会………………………………………………………………71
10　内閣………………………………………………………………78
11　裁判所・司法制度………………………………………………84
12　財政／地方自治…………………………………………………92

第Ⅱ編　市民生活と法

13　市民生活と法 ……………………………………………100
14　家族と法 …………………………………………………107
　　【コラム】これからの家族と夫婦別氏（姓）　113
15　犯罪と法 …………………………………………………114
16　取引と法 …………………………………………………122
17　消費生活と法 ……………………………………………130
18　不動産と法 ………………………………………………138
19　事故と責任 ………………………………………………144
20　社会福祉と法 ……………………………………………150

第Ⅲ編　社会生活と法

21　団体と法 …………………………………………………158
22　労働問題と法 ……………………………………………167
23　知的財産 …………………………………………………175
24　国際取引と法 ……………………………………………182
25　環境問題と法 ……………………………………………189

第Ⅳ編　紛争解決と法

26　刑事訴訟 …………………………………………………198
27　民事訴訟法 ………………………………………………206
28　訴訟以外の紛争解決 ……………………………………213
29　行政争訟 …………………………………………………220

事項索引 ………………………………………………………229

プロローグ

法の世界

● フレームワーク法学入門

●はじめに──なぜ法を守るのか

　私たちは，日常法律を意識しないで生活している。しかし実は目に見えるところで，あるいは目に見えないところで，さまざまな側面について法によって生活を規律されている。具体的に例を挙げて考察してみよう。少し注意して新聞やテレビを見ていると，しばしば法律問題が登場してくる。殺人，傷害，強盗，窃盗，総会屋と株式会社との癒着等々，事例に事欠かない。

　公害，医療過誤，製造物責任といった近時著しく増加しつつある法律問題も見逃すことのできない重要なものである。国民の知る権利に端を発する情報公開の問題が，エイズに関する厚生労働省の資料隠しや官々接待，公費による空出張に関する地方自治体の態度にみられるように，やかましく議論され，情報公開法を制定した（行政機関の保有する情報の公開に関する法律・平成13年5月14日施行）。

　また，私たちは，意識しなくても，法律問題に生活のいろいろな分野で関わっている。たとえば，朝起きて学校へ行く。最寄の駅までの道では車道ではなく歩道を歩く。車道と歩道の区別のない道路では人は右側を歩く。これは道路交通法の適用を受けているからである。定期券や乗車券で電車に乗る。乗車券があるとどうして電車に乗れるのであろうか。人々はこんなことはごくあたりまえのように考えているが，乗車券を購入することによって，乗客は鉄道会社との間に旅客の運送契約を結んで，その結果として鉄道会社が旅客を乗車させ目的地まで輸送するのは，この契約から生じる義務を果たしているからにほかならない。学校へ行ってもその施設を利用したり授業を受けられるのは，学生と学校との間でそのような権利を学生に与える特殊な契約が結ばれているからである。学校の運動施設，たとえば鉄棒が腐っていたために落ちて怪我をしたようなときに，その治療費を学生が学校に対して損害として賠償してもらえるのは，学校が安全な施設を学生に提供する法律上の義務を負っているのに，この義務を十分果たさなかったからである。学校がこの場合，賠償金を支払わなければ，被害を受けた学生は学校を被告にした民事裁判の判決で損害金の支払いを命じてもらい，それでも支払わなければ，強制執行という方法で強制的

に支払わせることになる。

　人を殺せば刑法の殺人罪の規定（199条）で処罰される。たとえば刑事裁判で懲役5年の刑に処せられれば，その刑罰は刑事施設に拘置されて執行される。スリは窃盗罪として処罰されて，刑事裁判で一定の刑期の懲役刑が宣告され，その刑罰は執行される。

　このようにみてくると，私たちは日常の生活をつつがなく過ごすためには，法律上どのような行為をすればよいのか，もしくはしてはいけないのか，あるいは，どのようなことをしたら，どのような利益もしくは不利益を受けるのかということを知っておくのがよいということになる。そのために法律を学習するメリットがあるということになる。

　もちろん法律を知らなくても，普通は，常識に従った行動をしていれば，思わぬ不利益が降りかかってくるということはない。それは，私たちの日常生活のごく普通の場面では常識と法律の内容が同じだからである。しかし，少し専門的な事柄になると，法律の内容を常識だけでは十分捉えられない場合が多く出てくる。それだけに自らの身の安全を護り（基本的人権の保護），法律的なトラブルに巻き込まれて思わぬ不利益を受けないように，少なくとも生活に最小限必要な法律知識は身につけておくことが必要なのである。特に，専門的なことは，その処理にあたっては専門家のアドバイスを受ければよいのであるが，そのアドバイスを理解するためにも，法律的な基礎知識をしっかりと学習しておくことが望まれるのである。

　国民の憲法上保障された基本的人権が，いかなるものであるかを学んでおくことは，特に大切である。国会が制定する法律は，これらの基本的人権を守るために制定され，存在するものだからである。

1　法化社会

（1）法の社会規範性

　人が2人以上集まると，そこに人の集団が生まれ，その集団は社会と呼ばれる。2人以上の人が集って社会が形成されると，その社会ではいろいろな生活

のルールが必要とされることになり，それを社会規範という。これらの規範のなかには，その社会の，たとえば法律のように，国家のような権力者の権力をもって強制される強いものもあり，国家は権力によって国民にその遵守を強制する。これに対して，社会の自主的な規制によって遵守されるという種類のルールもある。たとえば，法以外の社会規範である宗教規範，道徳規範や慣習というような規範である。概していうと，前者は国家が国家として成り立つために，最低限の秩序を維持し，その機能を果たす目的で，国民に遵守を強制する秩序である。

(2) 法 の 形

　国家が制定する法律は，憲法41条以下で定めた，国会が持つ立法権によるものである。しかし法律は，地方公共団体等がそれぞれの地方に存する独自かつ固有の事項を，その細部に至るまで統一した法規範を設けることはできない。そこで国家は，国家の秩序を保つためにこれだけは国家が定めておかなければならない，というきわめて重要かつ基本的ルールを定めておき，それ以上の細目は，地方公共団体等に法が許した範囲内で，自主的な法規範に委ねることも多い。これを自治法規という（たとえば各地方公共団体の議会が制定する条例）。

　このように，国会の定めた法律や自治法規などはいわゆる典型的な法であって成文法という。

　同じことは，国会の制定した法律と内閣の制定する政令（憲73条6号）との関係についてもいえる。法律は，行政の細部にいたるまで法律の規定を細かく置くことができない。法律の内容を具体化するのは，行政機関である内閣の定める政令であり，これも広い意味では成文法の一部である。

　法律である民事訴訟法と民事訴訟規則との関係や，刑事訴訟法と刑事訴訟規則との関係も同様に考えてよい。民事訴訟法や刑事訴訟法は国会の立法権によって定められたものであるが（憲41条），規則制定権は憲法77条1項に規定されている。

　法は，以上に述べたように，文章という形になっている成文法のほか，判例が法になったものを判例法，慣習が法になったものを慣習法と呼び，これらを法として成文化されていない不文法という。

(3) 法以外の社会規範

これに対して，国家がそれらを遵守することが望ましいと考えるが，違反者がいてもそれを強制しない社会規範は法ではなく，道徳，宗教や慣習といったものは法以外の社会規範である。法以外の社会規範は国家により強制されることがないが，これらに違反する者は社会から除け者にされるという社会からの制裁を受けることになる。これはあくまでもその者が属している社会からの制裁であり，国家からの強制の制裁ではないのであって，制裁の種類を異にする。

法における強制と法以外の社会規範における強制との相違については，以上に述べたとおりである。

(4) 法治国家

ところで，近代国家は法治国家であるといわれている。法治国家とはどのような国家を指すのであろうか。一般的にいうと法治国家とは，立法，，司法，行政といういわゆる国家の三権がいずれも憲法や法律に従って行使される国家をいう。立法権は国会にあるが（憲41条），国会は憲法の下では憲法を遵守するため，憲法違反の法律を制定することができない。この点を国会に遵守させるために，憲法81条は裁判所に違憲法令審査権を認めている。そのため国会は憲法に違反する立法をすることが許されない。また，行政府が憲法違反の行政をすることは許されないことを，憲法98条1項はその最高法規性をもって認めているのである。

(5) 社会の変化と新立法

ところで，政治や経済が発展し，社会が複雑化してくると，これまでは道徳や慣習に委ねておけば十分であった領域に法律的規制を加える必要性が目に見えて増えてくる。若干の例をあげてみよう。刑法208条の2の危険運転致死傷罪は平成13年，刑法に加えられたものである。本条制定以前，交通事故によって人を負傷させた者について，酒気帯び運転の場合も刑法211条の業務上過失致死傷罪が適用され，その刑罰として5年以下の懲役もしくは禁固または50万円以下の罰金に処せられるものとされていた。本条が規定されるまではこれに

加えて，酒気帯び運転等の処罰規定は道路交通法65条による処罰がなされるに過ぎなかった。しかし酒気帯び運転による交通事故が頻発するようになると，新たに刑法208条の２が規定され，すなわち同条１項によると，他人を負傷させた者は15年以下の懲役，他人を死亡させた場合は１年以上の有期懲役（有期懲役は20年以下）に処せられることになったのである。このように酒気帯び運転が増加すると，刑法はこのような社会現象に適切な対応をしなければならないことになる。

　友人に30万円を貸したが，いっこうに返してくれない。これを取り立てるためにはいろいろな方法がある。①民事調停法の調停を利用する，②民事訴訟法382条以下の支払督促手続を利用する，③同法368条以下の少額訴訟制度を利用する，④簡易裁判所に同法270条以下の規定による民事の通常訴訟を提起して判決をもらう等々の方法が考えられる。①②④の方法はこれまでも認められていた手続であるが（もっともこれらのうち②は旧民事訴訟法では督促手続と呼ばれ，手続も現行民訴法（平成８年法108号）で改められた），③は現行民訴法により設けられた全く新しい制度である。簡易裁判所の民事の通常訴訟手続それ自体は，地方裁判所を第一審とする民事訴訟手続を簡略化したものである。少額訴訟手続は訴額60万円までの金銭給付の訴えについて使われるが，簡易裁判所の民事訴訟手続を更に簡略化している。一期日で審理を終了し（民訴370条），判決をすることができるのが建前である（民訴374条１項）。少額訴訟等も調停も訴訟社会化によってますます増加する裁判所の訴訟にかかる負担を，簡略な手続で軽減するための省力化制度として，また当事者にとっては迅速かつ軽便な権利行使の方法として設けられた。

　このような事例は枚挙に暇がない。法は政治，経済，社会の変革に対応して，たえず変わっていくものである。それだけではなく，国民の日常生活のなかにきわめて細かく入り込んでくる。社会が複雑化すればするだけ法律が国民の日常生活に入り込むという傾向は強くなる。それまで国民の常識で処理されて十分対応できていた事柄が従来の常識が通用しにくくなる，あるいは通用しなくなるにつれて，それならば法律で規制しようという傾向が出てくることは止むを得ない。それが現代社会なのである。

2　法の学び方

（1）法は難しい？

1）法と道徳

　法は，国家権力をもって強制され得る社会規範である（1－(1)参照）。宗教規範や道徳などと比べると，国家による強制があり得る点が異なるのであり，国家が強制してでも守らせなければならないと考える最低限のルールが法になっていると考えることができる。

　だとすれば，法に定められているルールは，だれもが納得するような当たり前のことでなければならない。事実，法の多くは，人を殺してはならない（刑199条），とか，約束は守らなければならない（民法など），といった，だれもが守ることが当たり前と考えるようなルールが定められている。

　法の中には，道徳などとは直接関係のないルールもある。たとえば，道路を進むとき，人は右側を，車は左側を通るよう定められているが，本来なら，右を進むか左を進むかに決定的な違いはなく，どちらを通ってもかまわないはずである。しかし，どちらかに決めておかないと，道路交通が混乱するので，便宜的に人は右側，車は左側，と定めているにすぎない（実際，国によっては，車は右側通行，としているところも多い）。この場合は，道徳の最低限が法になっているということはできないが，逆に法が定めているルールが常識となっているといえるのではないか。

　すなわち，法と道徳や常識は，重なり合うことが多い。ただ，若干の技術的，専門的分野に関する法は，一般国民にとって常識などが及ばないところで規定がなされていることもあるが，これもその分野の専門家からすると，常識的な規定になっているか，少なくと

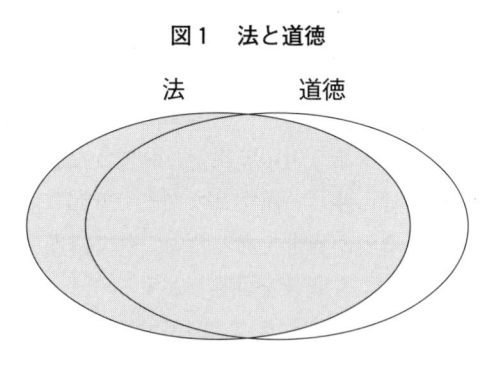

図1　法と道徳

法　　　道徳

も理由があって，そのような規定になっていることが多い。

2） 法は難しい？

上記のように，法が定めるルールで，常識や道徳と異なるルールはあまり多くないし，そうでないものも，わけもなく定められているわけではない。にもかかわらず，法は難しい，といわれることが多い。これは，法の内容というよりも，その書き方に理由があると思われる。法が難しいという人に，その理由を聞くと，たとえば，難しい漢字が多く使われている，日常あまり使わない言葉が使われている，日常と違う使われ方をしている，といった答えが返ってくる。また，文章が理屈っぽくて読みにくい，長くて何を言っているかわかりにくい，などの答えも返ってくる。

確かに法律の規定を見ると，ぱっと見ただけではよくわからないものもある。なぜ，そうなってしまうのだろうか。

その理由として考えられるものはいくつかあるが，ここでは，次の3つについて説明する。①立法に関する伝統，②明治維新以後の西洋法制度の継受，③法規範の性質の3つである。

① 立法の伝統

大化の改新以来，日本の伝統的な法制度は，中国の律令制度を基礎として作られてきた。その後，幕府政治が長期にわたり続いたが，依然としてその基本的な枠組みは律令制のままであった。律令制の枠組みの中に，日本独自の枠組みを取り入れ，独自の運用をしてきたといえる。その中国の法思想を象徴する言葉に，「依らしむべし，知らしむべからず。」というのがある。法は，国民を支配する道具であり，むやみに国民に知らせると，法の適用を避けるべく勝手なことをしてしまうので，なるべく支配者だけが知っていればよいという思想がこの言葉に示されている。

日本でも基本的には同じ発想があり，法は，支配者だけが理解できる言語，すなわち漢語を用いて規定されてきた。明治時代になっても，法律のような公式文書は，難しい漢字とカタカナで記載され，条文名も句読点もない状態で表記されるのが通常であった。これでは漢文の素養がない者が読んでも理解しにくく，とても堅苦しい感じがするのは当然である。

日本国憲法にもとづく国民主権体制が確立し，法は国民が国民のために制定

することとなった後も，立法形式は急には変わらなかった。新しく作られた法律は，漢字とひらがなで書かれるようになったが，古くからある法律についてはその形式が維持されたのである。ようやく最近になって，民法，刑法など多くの法律が，漢字ひらがな混じり文の形式で書かれるようになってきた。法律の文章も徐々に読みやすくなりつつある（法の現代語化）。

② 西洋法の継受

藩幕体制を倒した明治政府の対外的な目標は，江戸末期に徳川幕府が朝廷の意向を無視して諸外国と次々締結した，日米和親条約，通商友好条約等の不平等条約の改定であった。これらの条約では，外国人に対する領事裁判権（日本の裁判所には裁判させない），日本の関税自主権の否定（輸出入の際にかける関税について，日本が自由に決められない）などの不平等な条項があった。条約にこれらの条項が含まれるということは，日本が諸外国から対等な外交パートナーとして認められていなかったということを意味する。

対等な外交関係を確立すべく，条約改定交渉と並行して，明治政府が取り組んだ課題は，次の3点に集約される。すなわち，富国強兵，文明開化，西洋近代法制度の継受である。富国強兵により，諸外国の圧力に負けないだけの体力をつけ，文明開化により，諸外国と対等の付き合いができる国であることを示し，西洋法制度を継受することで，諸外国と同等の法によって運営されている法治国家であることを示すことで，日本が諸外国と対等な外交関係を構築するに足る国であることを認めさせようとしたのである。

当初はフランスの，後にドイツの法を範として，西洋的な法制度を確立した日本は，その後不平等条約を改定し，諸外国と対等な外交関係を構築することに成功したが，結果として，法制度は，それまでの伝統的なものとは大きく異なるものになった。

また，第2次世界大戦後，連合国の占領などを通じて，アメリカ合衆国の影響を受けた日本では，日本国憲法，刑事訴訟法，商法（会社法）など，アメリカ法の考えを取り入れた法が多く作られるようになってきた。現在は，法のグローバル化も進んできており，世界共通の法制度の導入が図られることも増えてきた（国際取引法，環境法，独占禁止法など）。

これを例えれば，日本の法はフランス法の骨にドイツの筋肉をまとい，アメ

リカ法の皮膚をもち，世界共通の服を着たもの，ということができる。

　受け入れた側の国民にしてみれば，これまでの伝統や慣習，価値観と全く異なる法制度を導入したわけであるから，そこにわかりにくいという印象を持つのはむしろ当然である。

　③　法規範としての性格

　法は国家によって強制され得る社会規範であるから，誰に対しても平等に適用されなければならない。このことが，法のわかりにくさの第3の理由になっている。

　すなわち，法を平等に適用するためには，人によって受け取る意味合いが異なってはいけない。とすると，人によって受け取る意味合いが異なる可能性がある，いわゆる日常用語は使えない（意味が拡散して混乱する）。そこで，立法者は，厳格な定義づけが可能な独自の用語を創作し，また日常用語を用いるとしても厳格に意味を限定ないし再定義したうえで，法令用語として用いることになる（たとえば，日常用語として被害者が「父を殺された」というときは，加害者の行為によって「父の命が奪われた」という趣旨で用いることがある。法令用語として「人を殺す」というのは，「人の生命を奪う意思をもって法律上許されない行為をおこない，その結果他人の生命を奪った」ということを意味する。生命を奪う意思を持たないでなされた行為は，結果として人の生命が失われたとしても「殺人」（刑199条）とはいわないのである）。このように，法規範を作るときは，その意味を正確に表現するために，厳格な用語法にもとづき，通常とは異なる表現をしなければならなくなることは，法の性質上，むしろ必然的なものであるといえる。

　④　やっぱり法は難しい？

　一般の人が法を難しく感じるのにはいくつもの理由があると思うが，ここではその主なものについて考えてみた。すなわち，もともと私たちになじみのない概念や理念をもとに法が作られているということ（②西洋法制度の継受），読み手が漢語の知識をもっていること前提として立法する伝統があった（①立法の伝統），法規範はだれにでも同じように適用されなければならないので，曖昧な文章にできないという特色がある（③法規範の性格）。その結果，法は，一般の人から見て理解しにくい，難しいものになっているかもしれない。

しかし，先に述べたように，法規範の内容はそれほど突飛なものではなく，むしろ常識的なことが多く，またその対象は実際に社会で起きている事件であり，法はこれを解決するための基準として定められたものなのだから，理解できないものであるわけがない。

その内容を理解するために若干の工夫が必要なだけである。どのようにすれば，法が理解しやすくなるか，考えてみよう。

その前に，法がどこにあるかについて説明する。

（2）法の見つけ方

法には一定の形式をもって明文化された法（成文法）と，一定の形式をもたずに法としての効力を認められた不文法とがある。また，国によってその形式や効果が異なることもある。たとえばドイツ，フランスなどヨーロッパ大陸とその法制度を継受した国は，「書かれた法」，すなわち成文法中心の考え方をしている（成文法主義）。一方，アメリカ合衆国など，イギリス（イングランド）の法制度を起源とする国では，判例によって確認された「書かれざる法」，すなわち不文法を中心の考え方をしている（不文法主義，または判例法主義）。

日本は成文法主義の国の１つであり，「書かれた法」を中心に法制度が構成されている。

それでは，日本にはどのような形式の法が存在しているのか，以下で確認する。ちなみに，法の存在形式のことを法源といい，どのような形式の社会規範を法と呼ぶか（あるいは法としての効力を認めるか）という問題を，法源論という。

1）成 文 法

成文法は，その存在形式によって，憲法，法律，政令，規則，自治法規，そして条約に分類される。

① 憲法とは，国の基本的な組織，構成を定め，基本的人権について規定する法である。現在，法は国家を基準として制定，適用されている。その国家の基本的なあり方を定める法が憲法である。それだけ重要な法規範なので，他の法に比べてその改正には厳重な手続を要することが多い（このように，その改正に他の法規範より厳重な手続を求める憲法を硬性憲法，他の法律と同じ形式での

改正を認めるものを軟性憲法という）。日本でも，憲法の改正には，国会の絶対多数による発議と国民の承認（国民投票による過半数の賛成）を要し（憲96条），他の法に比べ，厳格な手続が定められている（典型的な硬性憲法）。

② 法律とは，憲法の定めに従い，立法機関たる国会が制定した法である（憲41条以下・59条）。

③ 政令とは，国の行政機関が制定した法である。行政権は内閣に属する（憲65条）。すなわち政令とは，内閣が，憲法および法律の規定を実施するために制定する法である（憲73条6号）。政令は，特にその法律に委任されない限り，刑罰を定めることができない。また，内閣総理大臣ならびに各省の長たる国務大臣は，法律や政令の規定を実施するためまたは法律や政令の特別の委任により，内閣府令（内閣総理大臣）や省令（各国務大臣）を制定することができる。

④ 規則とは，国家機関内部の手続等を定めるために制定される，自律的内部規範である。議会や，裁判所といった独立の機能を果たすべきことが期待されている国家機関については，憲法や法律の認める範囲内で，各機関の自律的運用に任せるべきであると考えられている。そこで憲法は，これらの機関に，内部規律等に関する規則を定める権限を与えているのである（各議院規則（憲58条2項），最高裁判所規則（憲77条））。

⑤ 自治法規とは，各地方公共団体が制定する法である。地方公共団体は，法律の範囲内で条例を制定することができる（憲94条）。条例は，地方議会の議決を経て制定される（地自14条・96条1項1号）。また，地方公共団体の長（都道府県は知事，市町村は市町村長）は，法令に違反しない限りにおいて，その権限に属する事務について，（自治体）規則を制定することができる（地自15条）。

⑥ 条約とは，国際的な拘束力をもった対外的約束である。国対国，国対国際機関，国際機関構成員など，いろいろな立場でおこなうことがある。また，条約のほか，憲章，協約，議定書などさまざまな呼び方をされることがある。さらに国際機関が制定する国際法規は，規則，指令（EU規則，EU委員会指令）などと呼ばれることがある。憲法は，日本国が締結した条約および確立された国際法規は，これを誠実に遵守することを必要とする，と定めている（憲98条

2項)。

2) 不文法

不文法として検討の対象となるのは，慣習，判例，条理の3つである。

① 慣習とは，社会の中で形成されてきた自主的ルールの中で，一定の範囲でその存在が認められ，尊重されているものをいう。慣習は，一定の場合に法的効力が認められる。すなわち，法令の規定により認められた慣習または法令に規定されていない事項に関する慣習は，それが公の秩序または善良の風俗に反しないものであれば，法律と同一の効力を有するとされている（法の適用に関する通則法3条）。このような慣習を法たる慣習（または慣習法）という。

一方，民法91条は，法令中の公の秩序に関しない規定と異なる慣習があり，法律行為の当事者がその慣習による意思を有しているものと認められるときは，その慣習に従うと規定しているが，これは当事者の意思により法の適用を排除できる場合がある（このように当事者の意思によりその適用を排除できる規定を任意規定という）ことを示しているにすぎず，慣習法とはその使われ方が異なることに注意しなければならない（事実たる慣習と呼ばれる）。

② 判例とは，ある事件につき判決の中で裁判所が示した法的判断のことである。英米法では，判例には法としての効力がある。つまり，同様の事件について以前すでに法的判断を示した判決（先例という）があれば，裁判所は訴訟においてその先例に従わなければならない（これを先例拘束性という）。日本の裁判所の判決には，このような先例拘束性はないので，一般には，判例は法ではないと考えられているが，法律が判例変更のために特別の規定を置いていること（裁10条3号など）を理由に判例に法としての効力を認める立場もある。ただし，具体的な事件について，専門機関である裁判所の見解が示されている判例は，法解釈の有力な手がかり（(3)法の読み方参照）と考えられており，その意味は大きい。

③ 条理とは，ものごとの理（ことわり）とか，道理といったものをいう。常識に近いものと考えられるが，正義や衡平の観点から，法を補完するものであると考えられている。明治8年太政官布告第3号裁判事務心得3条に，「民事の裁判に成文なきものは習慣により，習慣なきものは，条理を推考して裁判すべし」と規定されていることから，少なくとも民事訴訟においては，他によ

るべき法がない場合に，法規範として用いられる可能性がある。

3） 法源論の意味

　法にはさまざまな形式のものがあるが，このようにその形式ごとに整理するのは，これによって法の効力が左右されるからである。

　より強い効力を持つ法形式を上位法という。上位法に反する下位法はその効力を認められない（上位法は下位法に優先する）。

　たとえば，憲法は，国の最高法規であり，憲法に反する法律，命令その他は，その効力を有しないとされている（憲98条）。また，政令は法律の下位規範であり，条例は，法律や政令の範囲内において定めなければならない（条約と憲法，法律の関係については争いがある）。したがって，問題となっている法規範がどのような形式で制定されたかを知ることは，他の法規範との関係で，その効力を検討するために必要なことである。

●コラム　法の探し方

　憲法や法律，政令など，国が発する法は，国が発行する「官報」に掲載することにより，公布される。したがって，官報をくまなくチェックすれば，国が発する法をすべて知ることができる。しかし，官報で掲載されるのは，法律等の原文であり，特に改正法については，改正部分とその変更内容だけを規定していることも多く，必ずしも読みやすい状態に整理されているわけではない。

　そこで，私たちが法を探すときは，これを条文順に整理されたものを確認することになる。そのように整理されたものとして，法令全書，現行日本法規などといったものがある（最近では，総務省がインターネット上に現行法令データベースを公開している）。しかし，これらのものは量が膨大で，日常の使用に耐えるものではない。通常は，これらの中から掲載する法律の内容を絞り込み，より使いやすくまとめた法令集を用いることになる。特に日常必要な重要法令を中心にまとめた法律集を，一般に六法という。六法とは，憲法，民法，刑法，商法，民事訴訟法，刑事訴訟法の6つの基本法のことであるが，ここから進んで，重要な法律を集めた書物を六法と呼ぶようになったのである。

　六法にはさらにそのサイズや内容に応じてさまざまなものがある（六法全書，小六法，基本六法，ポケット六法，コンパクト六法，デイリー六法など）。また，主要な法文に関する判例情報を添付したものもある（判例六法，コンサイス六法，模範六法など）。それぞれの用途に応じて使い分けることが必要である。

（3）法の読み方

　先に述べた通り，法はその性格上，一般には難しく思われがちである。まるで外国語を読むような気がするといわれることもある。しかし一方で，法は道徳や常識と近い関係にあり，その内容は決して突飛なものではない。だとすれば，法を正しく読む方法がわかれば，少しでもこれを理解することは可能である。そのコツをまとめてみると，次のようになるのではないだろうか。

1）　立法趣旨から考える

　法は，社会に起きているさまざまな問題を解決するために作られるルールである。決して絵空事ではなく，実際の事件に適用し一定の決着をつけることを目的としている。

　だとすれば，法の規定を読む場合に，それがどのような事件を想定し，どのような決着にしようとして作られたのか，を知ることが大切である。立法の経緯を参考にして，立法者の意思，すなわち立法趣旨を知ることが，法を理解するために大切である。

　一見なぜこのような規定にしたのか理解できないような法があっても，それが作られた具体的事情や当時の議論などを参考にすると納得できることが多い。

　まずは「なんのために」という意識を持つことが大切である。

2）　相対化して考える（他の法と比較する）

　この本を読めばわかるように，法にもいろいろな分野がある。分野によって法の性格も内容も変わってくる。逆にいうと，似たようなことがらについて，どのような法がどのように規定しているのか，互いに比較しながら見ると，その違いが明確になり，理解しやすくなる。たとえば，慣習について，法の適用に関する通則法3条は，一定の場合に法律と同一の効力を認めている。民法91条では，法とは異なる扱いを認めるにとどまる。さらに商法は，商事に関する慣習（商慣習）について，民法より優先して適用する旨を定める（商1条2項）。この3つの法をそれぞれ比較することで，それぞれの法の性格の違いがわかるし，慣習の法的位置づけについての理解も深まる。

　法と法とを比較するときに大切なのはその相互関係である。

① 上位法は下位法に優先する

（2）の3）で見たように，上位法は下位法に優先する。憲法と法律であれば憲法が，法律と政令であれば法律が，優先する。ということは，法律と矛盾する政令はその効力を認められないということである。逆にいうと，法律と矛盾しないように読まないといけないということでもある。

② 特別法は一般法に優先する

同じ形式の法の間で同じ事柄について規定している場合は，より適用範囲が狭い（限定されている）法が，その範囲については優先的に適用されるというルールがある。

特別法か一般法かというのは，相対的な概念であるが，これによって，適用順位が変わるので，注意が必要である。たとえば，商法は民法の特別法である。民法は，個人対個人の間の取引関係について広く適用される一般法であり，商法は，そのうち商行為といわれる取引関係に限って適用される法である。とすると，商行為について，商法の規定があるときは，その規定が優先的に適用され，商法に規定がないときは，一般法である民法が適用されることになる（ただし，商慣習があるときは，そちらが民法に優先する（商1条2項））。一方，商取引のうちで，銀行取引に関するものについては，銀行法という特別の法律が存在する。この場合，銀行法は商法の特別法であり，商法は，銀行法との関係では商取引に関する一般法になる。

このように適用範囲の広狭でその法の位置づけや適用順位が変わることがあるので注意が必要である。

③ 新法は旧法を改廃する

同じことがらについて適用範囲を同じくする法が併存しているとき，新しい法が効力を持ち，結果として古い法は効力を失う，というルールがある。本来，法改正の煩雑さを解決するためのテクニックとして用いられるが，日本では法改正の際に，古い法を廃止する旨の規定を置き，矛盾が残らないようにするので，このルールによって問題を解決しなければならないケースはほとんどないが，チェックミス等により，古い規定が残っていたとしたら，このルールによって廃止されたものとして扱うので，常に一番新しい法（現在効力を有する法）を探す必要がある。

これらのルールを整理すると、新しい特別法が制定された場合、これと矛盾する旧い法はその効力を失う（一般法を含む）。新しい一般法が制定された場合、これと矛盾する旧い法はその効力を失うが、特別法は廃止されない。特別法も含め廃止する場合は、そのための法改正もおこなわなければならない。上位法と矛盾する下位法の改正は、効力を認められない。

すなわち、法の形式、適用範囲、制定された時期の3つに注意して、複数の法を比較検討することで初めて正しい理解に到達できることになる。

3）条文を基本に考える

日本は成文法主義の国であるので、法はきちんとまとまった形で整備されている。したがって、法を学ぶ際にはこの法の規定を実際に確認するところからはじめなければならない。もちろん、最初のうちは難しくてわけが分からないことも多いと思うが、繰り返し目を通すうちに、だんだんその構造がわかるようになってくる。そのためにも、常に手元に六法を置いて、条文を確認しながら勉強することが大切である。

4）判例を読む

判例は、日本では法としての効力を持たないと考えられているが（争いはある）、法の専門家である裁判所が具体的事件について法を適用して、判断をくだしているのであるから、法を知るための手がかりとして有用であることは間違いない。

実際の事件を通じて、法の趣旨であるとか適用範囲であるとか、具体的な問題について、国家による権威ある解釈（これを有権解釈という。）がなされているのである。参考にしない手はない。この場合、裁判所の結論を鵜呑みにするのではなく、どのような事件について、どの法のどの部分が争われ、それをどのように裁判所が判断したかを丁寧に読み解く努力が必要である。

そうすることによって、1）で説明した、立法趣旨を通じた具体的な法の理解を進めることができるようになる。

ところで、裁判所が法を解釈するときには、さまざまな技法を駆使している。

① 文理解釈。法の規定を文字通り受け取り、考えること。実際にはこれだけでは解決しないので、さまざまな技法を使う。

② 論理解釈。さまざまな技法を駆使して法の適用範囲を決める際のやり方

には次のようなものがある。

　勿論解釈と反対解釈：法が直接書いていないことがらに，法を適用するかどうかが問題になったときの技法。もちろん適用する！と考える（勿論解釈）のか，書いていないのだから適用しない，と考えるのか（反対解釈）でその結論が変わる（車は通行禁止＝馬もだめ（勿論解釈），人は通れる（反対解釈））。

　拡張解釈と縮小解釈：法に書いてあることがらをどのように定義づけるかというときの技法。本来の国語的意味より広く当てはめる技法が拡張解釈であり，狭く考えることを縮小解釈と呼ぶ（刑法125条，126条に定める汽車＝ガソリンで走るものも含む（拡張解釈），民法177条にいう悪意者＝背信的悪意者は含まない（縮小解釈））。

　類推：あることがらについて，具体的な法規範が存在しないときに，類似のことがらに関する法規範を利用して判断すること（たとえば，民法709条は，不法行為の成立要件と効果としての損害賠償責任について規定しているが，その損害賠償責任の範囲について規定していない。この場合に，債務不履行に対する損害賠償に関する民法416条の規定を参考にして，損害賠償の範囲を定める，というのが類推である）。

　もっとも，これらは法解釈の技法というよりは，解釈結果の説明にすぎないので，なぜそのように解釈しなければならないのか，という理由を理解する方が大切である。

　繰り返しになるが，法の対象は実際に社会で起きている事件であり，これを解決するための基準として定められたのが法である。だとすれば，一見分かりにくく書いてあっても，内容はそれほど理解できないものではないはずである。

　もしなぜこのように規定されているのだろう？と思うような規定があっても，そこには必ず過去の経験にもとづく理由がある。その理由がわかれば理解可能になるのが法というものである。

● コラム　この本の使い方

　この本は，法学部以外の学生に対して，法学を講義する際の教科書として使用することを念頭において，企画，執筆されている。すなわち，法に関する予備知識が全くない人に対して，法に対する具体的イメージを与え，全体の枠組みを示すことを目的としている。

　フレームワークというタイトルも，このことを意識したものである。

　各執筆者は，具体的な法分野についての専門家であるが，それぞれの担当部分についての最先端の議論ではなく，むしろ基本的な枠組みを示すことを目的として執筆している。この本を通じてさまざまな法分野に関する全体像をつかんでもらい，判例や学説の状況など，学問的，専門的な議論は，各講義担当者が授業の中で取り上げ，理解を深めてもらうように考えているからである。したがって，学問的対立があるところ，論点として議論されているところはこの本ではあまり取り上げていない。そのような学問的取り組みの前提となる制度の趣旨，全体の枠組みを中心に取り上げているので，より深い問題に取り組みたい人は，講義を聴き，より専門的な本を読み，知識を広げていただきたい。

　本当の意味での入門書として，最初に手に取り，読んでみて，授業を聴いてみようかな，より詳しい本を読んでみようかな，と思っていただければ，この本の目的は達成したといえるであろう。

法令・判例集等の略称

1　法令略語

法令名は，省略して記載されることがある（以下，本書で使用した略語）。

意匠	意匠法	社福	社会福祉法
一般法人	一般社団法人及び一般財団法人に関する法律	商	商法
		少	少年法
会社	会社法	商標	商標法
家審	家事審判法	人訴	人事訴訟法
環境基	環境基本法	知財	知的財産基本法
行審	行政不服審査法	地自	地方自治法
行訴	行政訴訟法	著作	著作権法
刑	刑法	特許	特許法
憲	憲法	独禁	私的独占の禁止及び公正取引の確保に関する法律
公選	公職選挙法		
国会	国会法	内閣	内閣法
国公	国家公務員法	不登	不動産登記法
裁	裁判所法	民執	民事執行法
実用	実用新案法	民訴	民事訴訟法
司法書士	司法書士法	明憲	大日本帝国憲法（明治憲法）
借地借家	借地借家法	労基	労働基準法

2　判例集等略語

判例を引用する際にも一定の約束事がある。たとえば，最判昭和43年4月23日民集22巻4号964頁という記載は，この判例が，最高裁判所の昭和43年4月23日の判決であり，最高裁判所民事判例集第22巻第4号964頁以下に掲載されている，ということを示している。

① 主な裁判所の略称

最高裁判所	最判，最決	高等裁判所	東京高判,名古屋高決,等
	最大判(最高裁判所大法廷判決)	地方裁判所	大阪地判,千葉地決,等
	最二小判(最高裁判所第二小法廷判決)	家庭裁判所	大阪家決,等

② 主な判例集の略称

民　集	最高裁判所民事判例集	下民集	下級裁判所民事判例集
刑　集	最高裁判所刑事判例集	判　時	判例時報
高民集	高等裁判所民事判例集	判　タ	判例タイムズ
高刑集	高等裁判所刑事判例集		

第Ⅰ編
国家と法

1 憲法とは何か

（1）憲法という言葉

　まず始めに，憲法という言葉に着目してみると，「憲」と「法」は両方とも「のり」と読み，「おきて」，「きまり」，「てほん」を意味する。「憲法」という用語は，古くは中国の周の時代（B.C.700～800）に初めて用いられたとされているが，わが国においては，推古天皇12年（604年）聖徳太子の『17条の憲法』で初めて用いられた。これは文字通り，基本となる「おきて」「きまり」を意味するものであった。そして，明治維新以降日本の近代化にともない，英語，フランス語の constitution，ドイツ語の Verfassung の訳語として当てられ，現在私たちが用いるように，国家の基本構造を定める法という意味で用いられるようになった。

（2）憲法とは

　法律とは，すでに述べたように，規範であり，それも国家権力による強制力をともなった社会規範である。つまり，法律はある意味で私たちの権利や自由を制限するものであるとも言える。法律は国家（立法機関）によって作られるが，もしも国家が好き勝手に法律を作ったらどうなるであろうか。私たちの権利や自由がむやみに制限され侵害される危険性がでてくる。そこで，そうならないために，国家が勝手気ままに法律を作ったり，国家権力を濫用したりするのに歯止めをかけることが必要となる。その役割を果たすのが憲法なのである。一般に法律が向けられる相手（誰に対して法律を守れと言っているか）のことを名宛人という。法律の場合は，言うまでもなく，名宛人は一般人ということになり，すべての人が守ることを強制され，もしそれに違反した場合は，国家権力による刑罰などが待ちかまえている。これに対して憲法はどうであろうか。憲法の名宛人は，一般国民ではなく，国家（国家権力の担い手）なのである。つまり憲法は何のために存在するかといえば，国家権力の行使を制限するためということになる。

（3）憲法の分類

　上記の目的を達成するために，憲法は人権を保障し，国家の基本構造について規定して，誰がどのようにして法律を作り，それを適用し，執行するかを明確にしている。これらが体系的な法典（条文の形式）になっているものを「成文憲法」，そうでないものを「不文憲法」と呼ぶ。また法典という法の形式に着目したものとして「形式的意味の憲法」と，形式はさておき，国家であれば必ず存在する国家の根本法という意味で，「実質的意味の憲法」という分類もある。そして，憲法を制定した者が国民であるか君主であるかによって，「民定憲法」と「欽定憲法」に分類される。さらに，憲法の改正手続が通常の法律の改正手続と同じであるか，より厳しい手続によらねばならないかによって「軟性憲法」と「硬性憲法」に分類される。

（4）立 憲 主 義

　立憲主義とは一般的に，憲法によって権力を法的に制限し，憲法にもとづいて政治をおこなうことである。人間の権利と自由を保障し，基本的な国家組織を制度化した立憲主義にもとづく憲法は，通常人権の保障と権力分立を規定している。フランス人権宣言（1789年）16条は「権利の保障が確保されず，権力の分立が定められていない国家は，すべて憲法をもつものでない」と規定している。国家の根本法の中で本来憲法とは，人権の保障と権力分立を定めるものだけをいい，それ以外のものは憲法ではないということである。言うまでもなく，人権の保障と権力分立が，立憲主義にもとづく近代憲法の中心をなすものであり，この意味から，ここにいう憲法のことを「立憲的意味における憲法」あるいは「近代的意味における憲法」と呼ぶ。

（5）立憲主義の展開

　17世紀，イギリスの名誉革命によりその萌芽を見た立憲主義は，その後，複数の市民革命を経て，より洗練されたものになっていった。市民革命を経た近代憲法の特徴は，個人の人権保障を目的とするものであった。具体的には，個人の自由・平等な活動を通して社会は運営され，そこでは国家は政治的にも経

済的にも干渉せず，国民の生活には介入しないという一種の自由放任の立場に立った。このような国家形態を自由国家とか消極国家と呼ぶ。自由競争が加速し資本主義が高度化してくると，富の偏在が生じ，それによって貧富の差が拡大し，労働条件の悪化にまでいたった。このような状況下において，憲法が保障する人権・自由は，経済的・社会的弱者にとっては無意味であり，国家に救済を求めざるを得ない状況に達していた。

19世紀〜20世紀初頭にかけて，自由競争の名の下に社会的・経済的弱者を放置しておくのではなく，そのような人々に対して国家は積極的に手をさしのべて，その最低限度の生活を保障しなければならないという考え方が生まれた。こうした考えにもとづいた国家を，社会国家，福祉国家，積極国家と呼ぶ。こうして社会的弱者の救済が国家の重要な役割となった。国家の中でこうした役割を担うのが行政権であり，それ以降，行政の役割・権限が飛躍的に増大するようになった。1919年に制定されたドイツのワイマール憲法（ドイツ共和国憲法）は18・19世紀の自由権中心のものから，現代的な生存権・労働権などを含む社会権の規定を盛り込んだ画期的なものであった。この社会国家，福祉国家，積極国家の理念は，資本主義体制をとる世界各国の憲法に影響を与え，具体化されていった。日本国憲法の中でも，25条で生存権に関する社会権規定が置かれている。

（6）憲法の特質

近代的意味の成文憲法は，1776年イギリスから独立した13州の州憲法に始まり，上記のような展開の後現在に至っている。この近代的意味の憲法の特質をあげるとすれば以下の3つに集約できよう。

まず第1に，人権規定を憲法の中核に置いた「自由を根拠づける基礎法」ということである。国民の自由を国家権力の不当な制限から守ることが，近代的意義の憲法の目的であるとすれば，人権を中心に考えるべきであり，その人権規定が守られるように国家の組織と運営のルールが定められているのである。換言すれば，人権を守るという目的を達成するために，統治という手段が存在するとも言えるのである。第2に，憲法は国家権力を制限する「制限規範」である。すでに述べたように，法律が国民の自由を制限するものであるのに対し

て，憲法は，国家が好き勝手に行動をして人権を侵害しないように，国家権力に歯止めをかける役割を果たすことになる。第3に，憲法は国家の最高法規である。憲法は国家秩序においてもっとも強い効力をもつことになる。憲法に規定された内容は，国の法体系の中で最高の価値をもち，国家権力はすべて憲法の枠内において行使されなければならず，憲法に反するいっさいの行為効力は認められないということになる。

(7) 日本国憲法の基本原理

憲法の基本原理とは，憲法の根底を一貫して流れる基本原則のことであり，その原則を各条文が具体的に述べているということになる。日本国憲法においては通常「国民主権」，「基本的人権の尊重」，「平和主義」の3つの基本原理をあげることができる。

1）国民主権

「主権」の概念はきわめて多義的であるが，通常「国権の最高独立性」，「統治権」，「国家の政治あり方を最終的に決定する権力」に分類される。そして国民主権という場合は，「国家の政治あり方を最終的に決定する権力が国民にある」という意味である。憲法の中で「平和主義」と「基本的人権の尊重」は，それぞれ2章，3章を設けて詳細に規定されているが，「国民主権」は独立した章が設けられているわけではない。そこで，憲法の中で「国民主権」がどのように規定されているか，具体的に見てみたい。

まず第1に，前文1段で「日本国民は，正当に選挙された国会における代表者を通じて行動し，……ここに主権が国民に存することを宣言し，この憲法を確定する。」と規定し，国民が憲法を制定した（憲法制定権者）と宣言していること，第2に，15条により「公務員を選定し，及びこれを罷免する」ことを国民固有の権利としたこと，第3に，41条により国民の代表者によって構成される「国会は，国権の最高機関」であること，第4に，79条2項により最高裁判所の裁判官に対する国民審査の制度を設けたこと，第5に，96条により憲法改正手続における「国民投票」制度を設けたこと，第6に，95条における地方特別法に対する住民投票が，国民主権の具体化である。

2）基本的人権の尊重

フランス人権宣言16条では「権利の保障が確保されていない」国家と「権力分立が定められていない」国家は，憲法をもつものではないと規定した。基本的人権の尊重は近代立憲主義にとって不可欠のものである。日本国憲法は，97条で基本的人権は「現在及び将来の国民に対し，侵すことのできない永久の権利」とし，第3章「国民の権利及び義務」の中で，かなり詳しくそれを規定している。まず，人権を支える基本原理として，「個人の尊厳」（憲13条）と「平等原則」（憲14条）を置き，個人がかけがえのない存在であり，その意味において平等であることを宣言している。13条ではさらに包括的人権としての「幸福追求権」が規定され，条文には規定されていないさまざまな人権（プライバシーの権利，知る権利，環境権など）を生み出す母体となっていると考えられている。

個別的人権としては，自由権，社会権，受益権，参政権をあげることができる。自由権は18世紀に出現した国家の干渉を排除する権利（国家からの自由）であり，具体的には精神的自由（信教の自由（憲20条），表現の自由（憲21条）など），経済的自由（職業選択の自由（憲22条），財産権（憲29条）など），人身の自由（奴隷的拘束を受けない（憲18条），適正手続の保障（憲31条）など）を規定している。社会権は20世紀の権利で，国家の介入を求める権利（国家による自由）である。生存権（憲25条），教育を受ける権利（憲26条），勤労の権利（憲27条）などがこれにあたる。また国民が国家に対し一定の行為を要求する権利のうち，社会権に分類されないものを「受益権」といい，請願権（憲16条）や裁判を受ける権利（憲32条）などがこれに該当する。参政権は国の政治に参加する権利（国家への自由）であり，自由権の確保のために重要な役割を果たすと言える。具体的には，選挙権，被選挙権，憲法改正の国民投票権（憲96条）などがこれにあたる。

3）平 和 主 義

不戦条約（1928年）により戦争の違法化が確立して以来，世界各国の憲法が「紛争の平和的解決」を規定するようになった。日本国憲法の平和主義には，それが徹底されている。まず前文において，「日本国民は，恒久の平和を念願し，人間相互の関係を支配する崇高な理想を深く自覚するのであつて，平和を

愛する諸国民の公正と信義に信頼して、われらの安全と生存を保持しようと決意した」と述べ、さらに「全世界の国民が、ひとしく恐怖と欠乏から免れ、平和のうちに生存する権利を有することを確認する」と規定し、平和主義の基本理念を明確にしている。そして、この理念を具体化するために、9条1項で戦争、武力行使、武力による威嚇を放棄し、9条2項において、陸海空その他の戦力を保持せず、国の交戦権を否認している。9条の解釈に関しては、自衛権、国際貢献などの面からさまざまな議論がなされている。

> ● コラム　国家主権の及ぶ範囲はどこまでか
> 　国家が成立するためには、領域（領土）、国民、政府が必要である。これらの要件を備えて国家が成立すれば、国家領域には主権（領域主権）が及ぶことになる。国家領域は通常、領土、領水、領空から成る。領土は国家領域の陸地の部分、領水は領土内部にある水域（内水＝湖沼、河川）と領海を指し、領空とは領土と領海の上空のことをいう。世界には192の国家が存在し、領土を確定するための国境が設けられているが、領海と領空については、国際法によって決定される必要がある。領海の幅は、国連海洋法条約（3条）によって12カイリ（1カイリ＝1,853メートル）内で設定することができる。この範囲内で沿岸国は主権を行使することができる。その他に、沿岸国は200カイリまでの排他的経済水域（EEZ）を設定できるが、そこで行使できるのは主権ではなく主権的権利（資源の開発、管理などに関する沿岸国の権利）である。そして領土と領海の上空が領空であるが、その上限（宇宙との境界）は国際法上まだ確定してはいない。一般的には、人間の活動可能な範囲ということで、人工衛星の最低軌道あたりを領空の限界とする説が有力視されている。

2 国民主権と天皇

（1）国民主権

　国民主権の原理は，憲法の基本原理の中で，平和主義や基本的人権の尊重とともに重要な意味を持っている。私たちが，国民主権という言葉を聞いてイメージするのは，端的に言えば「国民が国を動かす」ということであろうか。その理解に従えば，具体的には，いまの日本国民は，投票行動によって国会議員を選ぶ，あるいは，憲法改正の意思決定をするかどうかを投票する，という形で国を動かすことが可能であるといえよう。このように，国民こそが政治の主役であり，国政は国民の意思を反映していなければならない，という原則は，国民主権原理の中核をなすものである。

　本来，国民主権は，近世の絶対君主制による専制政治に対抗して，近代の市民革命以降に生まれ広がった観念である。近代の立憲主義国家において定着したこの国民主権は，現代においても普遍性をもつ基本原理である。しかし，その原理の内容をどのように理解するかは，少し詳細な議論を経なければならない。そこで，以下では「主権」および「国民」の意味を考えながら見ていくことにしよう。

1）　主権の意味

　絶対君主制の時代，主権とは，君主の権力そのものを意味していた。つまり，中央集権国家におけるピラミッドの頂点に君臨するのが君主であり，その下に位置する封建領主は絶対服従しなければならなかった。また，君主はローマ法王＝カトリック教会の権威から独立した地位を誇示していた。ところが，18世紀後半になって，君主の権力の行使を憲法に基づかせるという近代立憲主義の考えが広まると，国家の形態もさまざまとなり，主権の意味も多義性を帯びるようになった。

　今日，主権は，次の3つの意味において理解されている。

　第1は，国家の統治権という意味（対内主権）である。これは，国家が自らの領土において有する支配権を包括的に示すものである。たとえば，日本国憲

法41条にいう「国権」がそうである。また，この意味での主権は，領土に対する統治権という意味とほぼ同じであり，たとえば，ポツダム宣言8項の「日本国ノ主権ハ，本州，北海道，九州及四国並ニ吾等ノ決定スル諸小島ニ局限セラルベシ」でいう「主権」という言葉がそうである。

　第2は，国家権力の属性としての最高独立性という意味（対外主権）である。これは，国家が他の国家や権威とは独立して存在していることを示すものである。日本国憲法前文第3項の「自国の主権を維持し，他国と対等関係に立たうとする各国の責務である」という場合の「主権」は，この意味である。逆に，この意味での主権を欠き国家が対外的に独立していない場合は，それは国際法上の国家の要件が欠缺しているということになる。

　第3は，国政の最高決定権という意味である。これは，国家の政治のあり方を決めるうえで，最終的に意思決定をする権限を示している。日本国憲法が，前文第1項に「ここに主権が国民に存することを宣言し，この憲法を確定する。」としているのは，その意味での「主権」を表している。

2）　国民主権の意義

　以上に述べた多義的な主権が，国民に存在する（あるいは由来する）ということが，すなわち，国民主権だということになる。しかし，そのような単なるあてはめでは，国民主権という概念はまだ抽象的で実体を捉えにくい。そこで，以下では，わが国における国民主権原理の存在意義はどこにあるのかを考えてみよう。

　ところで，「国民」という言葉も，実は多義的である。日本国憲法で用いられている「国民」は，一般に，①国家を構成する個々人としての「国民」（憲10条・11条・13条など），②主権の所持者としての「国民」（憲1条など），③国家機関としての「国民」（憲96条など）の3種類があるといわれている。このうち，国民主権原理を把握するのに重要なキーとなるのは，②および③の概念である。

　第1に，②の意味での「国民」に主権があるとは，国家の権力行使を正当づける究極的な権威が国民にあることを意味している。つまり，国民が国家の制定する憲法や法律によって自由が保障されたり，制限されたりする場合，その合理性を担保するものとして，国民の意思という正当性の根拠がある，という

ことである（正当性の原理としての国民主権）。したがって，この場合の国民は，過去・現在・未来における国民を包括する一種の観念的なものである。たとえば，国会が国民年金の保険料を値上げする方策を定めた場合，国会の構成が「国民」の意思にもとづくものである限り，その意思は，法が現在の国民に与える影響を正当化するだけでなく，将来の国民に与える影響をも正当化する根拠となる。

　第2に，③の国家機関としての「国民」に主権があるとは，国家の統治制度が国民の意思ないし権威を活かすように組織されなければならないことを意味している。この場合の国民は，国民自らが国の重要な政治問題について決定を下す，いわゆる有権者団である。たとえば，日本国憲法では，国民は，国会議員を選挙で選び（憲43条），最高裁判所裁判官を罷免すべきか審査する（憲79条2項3項）と定められる。また，憲法96条の定める憲法改正の承認は，有権者団たる国民の最も重要な権能である。本項の冒頭で述べた「国民が国を動かす」という例は，この意味での国民主権を表している。これを，憲法の構成原理としての国民主権という。さらに近時，この意味の国民主権原理は，統治制度の民主化を要請するだけでなく，民主化された統治制度とその活動のあり方を不断に監視する公開討論の場を確保することをも要請すると説かれることがある。たとえば，その1つの側面として，表現の自由（憲21条）に根拠を置く"世論による政治"の確保ということが挙げられる。

（2）国民主権と象徴天皇制

　日本国憲法における天皇制は，明治憲法下の天皇制と比較して，国民主権原理を基本理念とする性格の異なった制度である。すなわち，明治憲法下にあっては，主権者は，万世一系の天皇であって，立法権，司法権，行政権を含む一切の国家権力は究極において天皇の手中に掌握され，かつ天皇が行使するものとされていた（明憲1条・4条）。そして，天皇の地位は，神勅，つまり天照大神の意思にもとづき，神聖にして不可侵な存在であった（明憲3条）。

　しかし，1945年8月，ポツダム宣言受諾とともに，太平洋戦争の敗戦を迎えると，国民主権を基本原理とする日本国憲法が制定された。このとき，日本固有の歴史，伝統，あるいは国民感情を尊重しようとする見地から，憲法上，天

皇制それ自体は存置されたが，その性格は明治憲法下での天皇制と全く異なる新しいものとなった。日本国憲法1条は，天皇は，「日本国の象徴であり，日本国民の象徴であって，この地位は，主権の存する日本国民の総意に基く」と規定している。これは，憲法が，国民主権原理を基本原理として採用しつつも，同時に，国民主権原理と調和させる形で変革を受けた新しい天皇制を採用したことを意味している。その当然の結果として，日本国憲法においては，天皇の神格性は認められない。

このように，日本国憲法における天皇は，国民の民意にもとづき，国家および国民統合の象徴たる地位に立ち，それにふさわしい権能のみが認められる存在にすぎない。こうした天皇制は象徴天皇制と呼ばれる。

(3) 天皇の地位

1) 象徴としての天皇の地位

天皇の地位について，日本国憲法1条は，「日本国の象徴であり日本国民統合の象徴」であることを表明している。それでは，「象徴」とはいかなる意味であろうか。一般に，象徴（Symbol）という言葉は，無形の観念を表現する有形の物体をいうとされる。たとえば，鳩は平和の象徴，白百合の花は純潔の象徴とされる。また，ドイツでは，黒・赤・黄の三色旗を国の象徴であると法定されている。しかし，天皇が象徴であることをこれらと全く同じに考えることは実際には無理である。それは，天皇は，鳩や花や国旗とは異なり，現存する生身の人間であるからである。人間である以上，その行動・行為にはおのずと特定の思想や政治的な考えがつきまとい，一般的な観念とはとらえにくい。

イギリスのウェストミンスター条例（1931年）では，「王位は，イギリス連邦構成国の自由な結合の象徴である」（前文）と定め，これにより連邦諸国が君主への同一の忠誠心によって結びついていることを意味する。日本国憲法1条はマッカーサー草案起草の段階でこの影響を受けたものと考えられる。天皇は日本国の象徴であることによって，対外的に国家を表現し，日本国民の統合の象徴であることによって，対内的に国民の団結を意味する。天皇が象徴であることは，憲法上具体化されている例として，①象徴であることにより，政治的に中立であることが要求され，天皇は国事行為において責任を問われない（憲

3条），②憲法上明文規定はないが，象徴の地位から見て，天皇には刑事責任はない（天皇に民事裁判権が及ぶかどうかに関しては，最判平成元年11月20日民集43巻10号1160頁），③また基本的人権の保障が制限される，をあげることができる。

2） 天皇の特別の地位

象徴としての地位が認められる天皇には，法文上，いろいろな特別の扱いがなされている。1つは，天皇の地位が世襲制であること（憲2条）である。本来，世襲制は，民主主義や平等原則とはあいいれないものであるが，日本国憲法は，天皇制を存置するために必要であるとして，あえて採用しているのだと解されている。皇位承継の資格は，皇統に属する男系の男子にあり（皇室典範1条），女性の天皇は認められていないのも，平等原則の例外である。しかし，女性の天皇は，推古天皇をはじめ歴史上の実例もあるうえ，男子でなければならないのは，憲法上の要請ではなく，皇室典範という法律上の要件であるから，法律の改正によって女子の天皇の出現も可能である。秋篠宮文仁親王誕生から2006年の悠仁親王の誕生まで約40年余りもの間，男性の皇族の誕生がなかったことから，皇室典範の改正が議論となり，その議論の中で，女性にも皇位の継承を認めるべきとの意見や，旧宮家を皇籍復帰させるべきとの意見があったのは記憶に新しいところである（皇位継承問題）。

天皇について，その他の法文上の特別な扱いとしては，天皇には陛下という特別な敬称が認められること（皇室典範23条），天皇の誕生日は国民の祝日とされること（国民の祝日に関する法律2条）などがある。なお，かつての刑法には，天皇・皇族等に対して危害を加える行為を不敬罪として重く罰する規定が存在していたが，昭和22年の刑法改正によって削除されている。

（4）天皇の権能および人権

1） 天皇の権能

日本国憲法下における天皇の権能は，天皇の地位が国家および国民統合の象徴であることに対応して，一定の範囲と限界がある。憲法第4条は，「天皇は，この憲法に定める国事に関する行為のみを行ひ，国政に関する権能を有しない」と規定している。ここにいう「国事」と「国政」とは，文言上は似通って

いるが，明確に区別される必要がある。すなわち，「国政に関する権能を有しない」とは，明治憲法下で認められていた統治権をもたないということである。したがって，ただちに国家の政治的意思決定にむすびつく行為ができないことはもちろん，選挙権を行使したり，特定の政党を支持したりすることも許されない。そして，天皇がおこなうことができる「国事に関する行為」（これを国事行為と呼んでいる）とは，憲法の6条，7条に列挙されている事項である。国事行為の主なものとしては，内閣総理大臣の任命（憲法6条1項），憲法改正や法律などの公布（憲7条1号），国会の召集（同条2号）衆議院の解散（同条3号）などがある。しかし，これらの行為も，国会の指名や内閣の助言と承認が必要であることから，実質的には国会や内閣が決定した国家の意思を天皇が外部に公認，表示するだけの，政治的に無色の事実行為にすぎないと解するのが自然である。

　他方で，天皇といえども，私人として買い物をしたり旅行をしたりすることは単独で自由にできる。しばしば問題となるのは，天皇が国会の開会式や，外国訪問，外国の賓客を招いての宮中晩餐会などでおこなうスピーチ，いわゆる「おことば」についてである。「おことば」は，アジア諸国や過去の交戦国からの来訪や自身の訪問に際して，ときとして「過去」に言及する政治的内容のものを含むことがあるからである。「おことば」の性質については，純然たる私的行為とみなすことは困難である。そこで，公人としての行為であるという考え方や，象徴としての地位にもとづく行為であるという考え方に従い，内閣の直接または間接の補佐と責任においておこなわれると解されている（国事行為ではないので，内閣の承認（憲3条）までは必要ない）。実際の運用では，以前は閣議にかけられ，近年は宮内庁の責任において処理されているようである。

2）　天皇の人権

　人権は，人種や性別，身分などに関係なく，人間である以上当然に享有している普遍的な権利である。天皇・皇族も，日本国籍を有する人間であるから，日本国憲法第3章の諸規定の中で，すべての人に人として与えられた権利を享有することができるのは当然である。しかし，皇位の世襲制を基礎とする象徴天皇制を前提とする以上，必要最小限の範囲で「国民」とは異なる特例が認められている。たとえば，天皇の地位は世襲制であるから，婚姻の自由，居住移

転および職業選択の自由などに対して，一定の制約がある。また，天皇は国政に関する権能を有しないことから，言論の自由の一部について制約があり，選挙権などの参政権も制限されている。そのほか，天皇の象徴たる地位に由来して，財産権の保障についても一定の制約がある。この点は，次に述べる。

（5）皇室の財政

　日本国憲法は，天皇の地位や権能のほかに，皇室の経済および財政に関する制度にも，明治憲法とは異なる原則をおいている。すなわち，明治憲法は，皇室の経済および財政についても，議会や一般国民の関与を許さないこととしていた（皇室自律主義）。これに対し，日本国憲法は，88条において，すべて皇室財産は，国有に属するものとし，すべて皇室の費用は，予算に計上して，国民の代表機関である国会の議決を経なければならないとしている。憲法がこのような原則をとったのは，皇室がいたずらに巨大な財産を所有し，財閥化の疑惑を招くことがないようにし，経済的にも，皇室の立場を明朗にしようとの意図からである。また，日本国憲法は，8条において，天皇や皇族と皇族外の者との財産の授受についても，国会の議決を要するものとしている。これは，皇室に財産が集中し，そのために権力が増大したり，また譲渡した国民との間に特殊な関係の生じるのを防ぐためである。

　もっとも，天皇や皇族も私有財産をもつことは許される。皇室財産のうち，三種の神器や宮中三殿のような皇位とともに伝わるべき由緒あるものは，皇室の私有財産として，皇位とともに，皇嗣（皇位を継ぐ者）がこれを受けるとされている（皇室経済法7条）。また，日常生活上の食料の購入など，そのたびごとに国会の議決を経る必要が乏しい行為については，例外的に，法律で国会の議決を経なくてもよいことが認められている（皇室経済法2条）。

3 平和主義

（1）平和主義は前文と9条において規定されている

　日本国憲法の中で，平和主義は前文と9条によって規定され，わが国の平和に対する考え方がそこに明記されている。

　前文においては，その相当部分をさいて平和主義の理念を述べている。第1段において，日本国政府が二度と再び戦争を起こさないことを国民の名において宣言し，第2段では「平和を維持し，専制と隷従，圧迫と偏狭を地上から永遠に除去しようと努めている国際社会」のもとで，日本国民の安全と生存を「平和を愛する諸国民の公正と信義に信頼して」維持していこうとしている。続いて，全世界の国民が，ひとしく恐怖と欠乏から免れ，「平和のうちに生存する権利」を確認している。そして，この理念が9条において具体化され，平和という目的を達成するための手段が規定されている。まず戦争，武力による威嚇，武力の行使を放棄し，次にそれを徹底するために，戦力をいっさい保持せず，さらに交戦権を否認している。

　憲法9条をめぐる解釈は，大別すれば，1項において「国際紛争を解決するための戦争」（侵略戦争）を放棄し，2項において「陸海空軍その他の戦力はこれを保持しない」ことにより自衛のための戦争も放棄しているとするもの（多数説）と，1項では「侵略戦争」を放棄しているが，2項において「自衛戦争」までも放棄したものではないとする解釈（少数説）とがある。さらに，憲法9条の解釈に関しては，上記のように，放棄しているのは侵略戦争のみなのか，それとも自衛のための戦争も放棄しているのかを含めて，そもそも侵略戦争と自衛戦争を区別できるのか，自衛隊は「軍隊」なのか「実力」なのか，自衛権をどのように解釈すべきかなど，学説，判例を通して，さまざまな議論が展開され，憲法改正の大きな焦点にもなっている。

（2）憲法9条と国連憲章

　国際社会は，戦争（武力行使）に対してどのような認識をもっているのか少

し検討してみたい。かつて国際社会では，紛争を解決するために戦争に訴えることが一般的に認められていた。その後，国際連盟規約（1920年），不戦条約（1928年）において，戦争の違法化（国際法によって戦争が禁止されること）が明言されることになった。そして国連の憲法といわれている国連憲章はその2条4項で「すべての加盟国は，その国際関係において，武力による威嚇又は武力の行使を，いかなる国の領土保全又は政治的独立に対するものも，また，国際連合の目的と両立しない他のいかなる方法によるものも慎まなければならない」と規定している。これにより，日本国憲法9条と同様「武力行使」，「武力による威嚇」は禁止され，戦争の違法化がより一層明確となった。その一方で，国連憲章は，武力行使禁止の例外として，自衛権の行使（51条），軍事的強制措置（42条）を設けている。特に51条は「この憲章のいかなる規定も，国際連合加盟国に対して武力攻撃が発生した場合には，安全保障理事会が国際の平和及び安全の維持に必要な措置をとるまでの間，個別的又は集団的自衛の固有の権利を害するものではない」と規定する。国連憲章は，武力行使を禁止しながら，これに違反した国に対しては，このような例外を設けて，被害国は必要最小限の反撃をおこない，国連による違反国に対する制裁を待つというシステムを構築した。

　国連憲章の規定を見ると，国家には自衛権という固有の権利があることになる。自衛権とは，「外国から急迫又は現実の違法な侵略に対して自国を防衛するため，必要な一切の実力を行使することができる」というものである。自衛権は国家固有（持って生まれた）の権利であり，当然日本もこれをもっていることになる（問題はこの権利をどのように行使するかにある）。

　このような状況もふまえて，日本国憲法が放棄しているのは侵略戦争のみなのか，それとも一歩進んで，自衛のための武力行使や国連憲章の下での軍事的制裁も否定しているのか充分検討しなければならない。

（3）　平和主義と国際貢献

1）　国際貢献と自衛隊の海外派遣

　1952年サンフランシスコ平和条約が発効し，日本は，1956年国連に加盟して以来，さまざまな国際組織の一員として国際社会に協力，貢献してきている。

しかし，日本は憲法で平和主義を掲げているため，国際貢献は主に経済的，文化的側面に限定されてきた。そんな中，1991年，湾岸戦争を契機に金銭的貢献のみならず，人的貢献の必要性が叫ばれ，1992年「国際連合平和維持活動に対する協力に関する法律」(PKO協力法) が制定され，限定的な分野ではあるが，自衛隊の海外派遣（カンボジア，モザンビーク，ルワンダ周辺，ゴラン高原など）が可能になった。その後，2001年9月11日の同時多発テロをきっかけに，「テロ対策特別措置法」（テロ特措法）が施行され，アメリカ軍の後方支援のため自衛隊がインド洋に派遣された。さらに，アメリカのイラクへの軍事攻撃にともない，「イラク復興支援特別措置法」（イラク特措法）が制定され，自衛隊がイラクに派遣された。このように最近になって種々の法律が制定され，自衛隊の海外派遣の可能性がさらに大きくなったといえる。これらの自衛隊派遣と憲法9条との関係を問題視する議論もある。

2） **PKO と PKO 協力法**

　自衛隊の海外派遣のきっかけとなった「国連平和維持活動」とはどのようなものか少し触れてみたい。国連憲章は，その6章で「紛争の平和的解決」を，7章で「強制措置」を規定している。すでに述べたように，国連憲章は武力行使や武力による威嚇を禁止し，「紛争を平和的に解決すること」（交渉，調停，国際裁判等による）を原則としているが，事態が深刻化したときは，経済制裁や外交関係の断絶などの非軍事的措置や，さらに加盟国の軍隊を利用した軍事的強制措置をとることができることになっている。これが国連の集団安全保障システムである。しかし，現実は，米ソ冷戦によりその機能は麻痺し，結果として武力行使を伴う国際紛争が頻発することになった。この問題を解決するために，国連の実行を通じて，展開されてきたのが国連平和維持活動 (Peace-Keeping Operations, PKO) である。国連平和維持活動は，国連憲章第6章の紛争の平和的解決や第7章の強制措置とは全く別のもので，もともと国連憲章が予定していたものではない。その役割は，国連安全保障理事会や国連総会の決議にもとづいて，紛争地域において休戦や停戦を監視したり，治安を維持することにある。国連平和維持活動は，受け入れ国の事前の同意が必要であり（同意原則），政治的中立により内政不干渉を厳守しなければならない（中立原則）。

　すでに述べたように，日本は，湾岸戦争を契機に，PKO活動と人道的国際援

助活動への協力を目的とした「国際連合平和維持活動等に対する協力に関する法律」（PKO協力法）を制定した。PKO協力法は，日本がPKOに参加するに当たっての5つの基本原則を定めている。すなわち，① 紛争当事者間で停戦の合意と，PKO実施についての合意が成立していること（3条1号），② 日本（自衛隊）が参加することについての紛争当事者間の合意が得られていること（6条1項1号），③ 国際平和協力隊の中立性の維持（3条1号），④ ①～③のいずれかが維持できなくなった時の実施計画の変更（6条13項1号），⑤ 武器の使用は隊員の安全確保のために限定される（24条）。

　上記の5原則の下で，自衛隊部隊の参加が認められている。PKOは憲法9条が禁止している「戦争」でもなければ「武力行使」でもない。今の段階では，PKOに人員を派遣することは，憲法9条との関係では問題はないと考えられる。PKOより危険を伴うPKF（Peace Keeping Forces：停戦監視，武装解除，捕虜交換などを任務とする）への自衛隊の派遣は今のところ認められていない。

（4）平和的生存権と人間の安全保障

　憲法の前文では，「われらは，全世界の国民が，ひとしく恐怖と欠乏から免れ，平和のうちに生存する権利を有することを確認する」ことにより，平和主義の根底に「平和的生存権」を規定している。これは，平和を人権の問題として取り扱い，単に生命を脅かされない権利ではなく，暴力，圧政，貧困などの脅威から免れて「平和のうちに生きる権利」を意味している。そして，この「人権としての平和」を実現するために，9条において戦争を放棄し，軍備を否定しているのである。さらに注目すべきは，「平和のうちに生きる権利」を全世界の人類に共通の権利とし，日本は全世界の国民の「平和のうちに生きる権利」を尊重しなければならないことを確認している。これにより，日本という「国家」だけの安全や平和だけでなく，全世界の人々の平和や安全を追求し，「国家の安全保障」ではなく「人間の安全保障」の実現を目指したのである。

　「人間の安全保障」という概念は，その後，国連開発計画（UNDP）の「人間開発報告書」（1994年）で提唱された。「人間の安全保障」とは，国家とのつながりを前提とした従来の安全保障ではなく，「ひとびとが安全な日常生活を送ることができなければ，平和な世界を実現することはできない」という立場に

立ち，多くの人にとって安全とは，病気や飢餓，失業，犯罪，政治的弾圧，環境災害の脅威などから守られることを意味するのである。「平和のうちに生きる権利」を人々に保障しそれを実現するため，国際社会全体が協力しなければならないと宣言している。

日本は各国に先立って，憲法の前文で全世界の国民に対して「平和的生存権」を規定していることを考えると，問題解決のために，これまで以上の国際協力，国際貢献を積極的に検討していかなければならないであろう。

● コラム　日米関係と平和貢献

　1978年，東西対立という国際情勢下において，日本とアメリカは「日米防衛協力のための指針（日米旧ガイドライン）」を締結した。しかし，社会主義体制の崩壊とその後構築された新国際社会に対応するために，旧ガイドラインを全面的に見直し，日米関係を再検討する必要に迫られた。そこで，1997年，日米安保共同宣言に基づき「日米防衛協力のための指針（日米新ガイドライン）」が策定された。これは，日本に対する武力攻撃への対応と，いわゆる「周辺事態」における日米の軍事協力のあり方を定めたものである。「日米新ガイドライン」を実施するために，わが国は，1999年「周辺事態に際して我が国の平和及び安全を確保するための措置に関する法律（周辺事態法）」を制定した。「周辺事態」とは，「日本周辺地域における事態で日本の平和と安全に重要な影響を与える場合」であり，この周辺事態において，アメリカ軍に対して「後方支援」などの形態によって協力する旨を内容としている。具体的には「後方地域支援」（日米安保条約に基づく物品や役務の提供，便宜の供与），「後方地域捜索救助活動」（戦闘参加者の捜索や救助），「船舶検査活動」などが実施されることになった。

　「新ガイドライン」において日本に期待され「周辺事態法」に規定されている行為は，「日本国憲法の制限の範囲内」のものであり，「武力の行使」，「武力による威嚇」であってはならないことはいうまでもない。「周辺事態法」に次いで，2003年には武力攻撃発生時に備えるための「武力攻撃事態法」などの有事関連三法，2004年には「国民保護法」などの有事関連四法律が制定された。既に述べたように，1992年，PKO協力法が制定されて以来，日本の国際貢献や日米関係のあり方，さらには日本の国際社会における役割がいろいろな角度から注目されている。

4　基本的人権

（1）人権思想と人権宣言の歴史

1）「人権」という思想

人が人であることにより当然に有する権利を人権（基本的人権）という。人権は，人であれば当然に有し（固有性），人種・性・身分などの区別に関わりなく主張できる（普遍性），侵すことのできない永久の権利（不可侵性；憲11条・97条参照）とされる。

固有・普遍・不可侵なるものとして性格づけられる人権という考え方（人権思想）は，西欧近代における自然法と自然権の思想に由来する。すなわち，この世界には人の行為によってつくりだされた法（実定法）のほかに，人間の本性（nature）にもとづき，人間であれば当然に従わなければならない法（自然法；natural law）が存在し，その自然法によって人間には一定の権利（自然権；natural right）が保障されているという思想である。実定法や実定法上の権利が一定の時代の一定の社会においてのみ効力をもつのに対して，自然法と自然権は，人間の本性という普遍的な根拠に基づいて主張される法と権利であるから，その効力は，時・所・人を超越するとともに，各時代・各社会の実定法に優越する。自然法と自然権の存在を科学的に実証することは不可能であるが，こうした思想が近代市民革命のよりどころとなり，自然権として主張されていたものが近代憲法の人権宣言のなかに書き込まれた（自然権の実定法化）という歴史的事実が重要である。

2）近代における人権宣言

自然権思想にもとづく人権を最初に実定法化したのは，アメリカ諸州の憲法（その最初は，1776年のヴァージニア権利章典である）と1789年フランス人権宣言である。それ以前に存在した1689年イギリスの「権利章典」などは，イギリス人の自由と権利を宣言するもので，普遍的な人権を宣言するものではない。

近代の憲法が保障した人権は，個人の自由（自立と自律）を核心とする自由権に分類されるものが中心で，「平等」の保障も「自由における平等」（「生ま

れ」や身分によるチャンスの剥奪の否定＝チャンスの平等）を意味した。こうした人権宣言のありようは，自由国家思想と結びついて，ほぼ19世紀まで続くことになる。

　また，19世紀は「議会の世紀」であり，憲法が国民に保障した人権を恣意的な政府権力の行使から擁護するのは，国民代表からなる議会の役割だとの考え方が強く（議会制定法によらずして憲法上の権利を制約できない，という意味での「法律の留保」），議会の法律からも憲法上の人権を裁判所が擁護するという働きをもつ違憲審査制は，アメリカを除き，成立しなかった。

3）現代における人権宣言

　19世紀から20世紀初頭にかけて，参政権の拡大が主張されるとともに，自由国家における自由放任がもたらした社会的格差や貧困について，その積極的是正を政府に求める権利，すなわち社会権が人権宣言のなかに登場するようになる（社会権を最初に保障した憲法は，1919年のドイツ・ワイマール憲法である）。

　近代的な自由と平等が否定されたわけではないが，社会権の保障は，政府介入によって社会的格差の是正や貧困の解消をめざすものであるから，社会的強者・富者の「自由」（とくに経済的自由）は一定の制約の下におかれるようになる。もっとも，政府による格差や貧困の是正といっても，社会権の保障は，個々の国民の生活レベルやその受ける教育程度を結果において平等にすること（結果における平等）をめざすものではない。社会権は，主として，本人の責めに帰せられない「チャンス」をめぐる事実上の格差を政府介入によって是正・解消し，個人の自律的な生の基盤を確保しようとするものであり，この意味で，個人の自由（自立と自律）と自己責任を原則とする近代以来の自由と平等を実質的に確保しようとする権利（国家による自由）だと理解できる（憲法25条の生存権は，健康で文化的な最低限度の生活の確保に関わる権利であり，26条は教育の機会均等と義務教育制度を定めるものであり，28条の労働三権は，労使間の実質的対等性を確保するものと要約できる）。

　また，2つの世界大戦期に，法律にもとづく人権侵害を経験した多くの国では，法律から人権や憲法を守るため，違憲審査制が採用されるようになったほか，国内法である憲法による保障にくわえて国際法による人権保障の動き（人権の国際的保障）が始まるようになる。

（2）憲法が保障する「人権」

　今日，人権は，多くの憲法や人権条約において宣言され，その内実も個別的な人権条項として，より具体的なかたちをもつようになった（人権カタログ）。憲法が保障する権利を「人権」とよぶならわしも，日本では，定着している。しかし，憲法が「人権」を保障するというとき，その意味合いは，それほど単純なものではない。

1）人権の理念

　人権が，「人間性」とか「個人の尊厳」（憲13条・24条2項参照）といった実定法を超える根拠にもとづくものだとすると，それは，本来，憲法や国家の承認をまってはじめて存在する権利ではない（人権の前憲法性，前国家性）。したがって，人権が憲法の中に取り込まれたのちにおいても，それが実定法の枠組みの中で不十分にしか保障されていなかったり，さらにはまた，いまだ憲法に書き込まれていない権利であっても，「人権」はそうした権利のより確実な保障を求めたり，実定法上の権利としての資格を要求したりする際のより所となる働きを保持しつづけることになる。こうして，人権は，憲法上の権利としての地位を獲得したのちにおいても，いわば実定法の枠組みのうちとそとから実定法に働きかけ，その改変をもとめる思想としての力（あるいは理念としての力）を失うことはない。

2）抽象的権利と具体的権利

　憲法上の権利となった人権は，実定法上のしくみのなかで，その権利の実現を保障されることになるが，今日，憲法に列挙された権利には，自由権や社会権，参政権など，その性質，内容，保障のあり方などにおいて相当に異なるものが含まれている。こうしたことから，憲法上列挙された権利のすべてがはたして「人権」としての性質を有するのかといった疑問や，憲法上の権利には法律などによる制約をいっさい受けるべきではない，いわば人権の核心部分（切り札としての人権）と相当程度の制約を許容する権利との区別があるといった議論が展開されているが，ここでは，権利の保障（実現）の仕方とも関連して，憲法上の権利の法的性質（権利の抽象性と具体性）に着目した区別をとりあげる。

憲法に明示・列挙された権利の中には，その内実が高度に抽象的・理念的で，その実現を法的に政府に義務づけるというよりは，政府の政策の指針・目標とすべきものを掲げたにとどまるといわれる「権利」（プログラム規定）がある。かつて最高裁は，「健康で文化的な最低限度の生活を営む権利」を定めた憲法25条について，国家が国民の生活水準の確保向上につくすべき責務を概括的に負うことを定めたにとどまるとのべ，生存権のプログラム規定性を強く示唆したことがあり（朝日訴訟：最大判昭和42年5月24日民集21巻5号1043頁），また，憲法前文が定める「平和的生存権」（全世界の国民が，ひとしく恐怖と欠乏から免かれ，平和のうちに生存する権利）の理念的性格は明らかである。もっとも，25条の生存権について，学説はその法的権利性を肯定するのが通常であり，また，平和的生存権についても，具体的状況の下で，一定の法的権利性を承認した判例も存在する（長沼事件一審判決：札幌地判昭和48年9月7日判時712号24頁参照）。

憲法が国家権力の授権と制限を行う国家の基本法である以上，憲法が保障する権利は，原則として，国家機関を法的に拘束する法的権利（実定法の枠組の中でその権利の実現を公権力によって保障された権利）であるといえる。しかし，同じく法的権利といっても，その権利内容が抽象的で，憲法条項からその一義的な権利内容を特定しがたく，権利の具体的内容は，法律以下の規定をまって定まることが予想されている権利や，その実現の基本的しくみも法律の定めにまつほかない類の権利が存在する（抽象的権利）。こうした権利の抽象性は，社会権（たとえば，25条の「健康で文化的な最低限度の生活」や26条の「義務教育」などの具体的意味内容）や参政権（たとえば，15条1項の定める公務員の選定罷免権について，いかなる公務員をいつ・どのように選定罷免するかということ），さらには権利の請求権的側面（たとえば，表現の自由における情報開示請求権の側面）に多く認められるが，このような憲法上の権利の抽象性を具体的に充足することの第一義的任務が議会にあるとすると，抽象的権利については，具体化立法をまたず，直接，裁判所に権利の実現をもとめることはさしあたり難しいとされる。これに対して，自由権や平等権を中心に，権利の具体化を法律にまつまでもなく，その実現と救済を，直接，裁判所に求めることができる権利も憲法には数多く存在する。こうした権利を具体的権利というが，憲法以外の実定法学において，「権利」とは，通常，ここでいう法的権利のうち具体的権利のみ

をさすことが多い。

3) 憲法上の権利の主体

自然権としての人権は，本来，自然人たる人が当然にもつ権利であるから，国籍に関係なく外国人も当然にこれを有し，自然人ではない法人（会社，学校など）が人権をもつということは本来ありえない。しかし，憲法が保障する権利について，だれがこれを主張・援用できるか（権利の主体）ということについては，別の考慮が必要である。なぜなら，憲法は，国家の基本法として制定された実定法であり，憲法が保障する「人権」は，もはや自然権そのものではない。憲法が保障する権利は，日本国民にのみに及ぶとする考え方も理屈としては可能であるし，また，表現の自由や信教の自由といった憲法上の権利をメディアや宗教団体などの法人にも及ぼすことは実定法の技術としては可能だからである。

学説や判例は，一般に，国内に在留する外国人についても，内国法人についても，ともに憲法が保障する「人権」の主体になりうることを肯定し，そのうえで，権利の性質や外国人・法人の種別によっては，保障されない権利があること，保障の程度が国民や自然人とは異なることがあることなどを説く。ただ，本来的に人権主体たりうる外国人の場合とは異なり，法人の人権については，それが，本来，自然人のみを権利主体としたのでは法律関係が複雑化することなどを回避するための法技術上の要請から認められたものであること，さらには，法人の人権は，対国家との関係で主張される（たとえば，メディアに対する不当な政府介入の場合）ばかりではなく，個人の人権との対抗・調整の場面においても語られることがあること（会社の営業の自由を根拠に，従業員の思想・信条を理由とする差別的採用・不採用がおこなわれる場合や，宗教法人の信教の自由を根拠に私人に対して宗教的寛容を求める場合など）に注意しなければならない。法人の人権を承認するとしても，それを自然人の人権と同列におくことには慎重な配慮が必要となろう。

4) 憲法上の権利の客体

理念としての人権は，その本来的性質から，何人に対しても主張しうる権利であるはずである。しかし，憲法の権利規定は，国家と国民の関係を規律するもので，そこにおける権利保障も，自由権は「国家からの自由」を，参政権は

「国家への自由」を，社会権は「国家による自由」を保障するものとして，基本的には，国家に対する権利（権利の客体）であり，私人間（通常の市民どうしの関係）には適用されないと理解されてきた。そこには，憲法が国家の基本法であるということのほかに，近代憲法が，公権力を国家に独占させ，その権力を制限することによって，国民の自由を守ろうとしたこと，他方において，封建的諸権力が否定・解体されたのちの市民社会は，自由で平等な市民によって構成されるという前提があったことを指摘できる。すなわち，憲法以外の私法の世界においても，個人の自由（個人の尊厳）は最高の価値をもつものとされたが（民2条参照），私生活上の問題は対等な当事者間での合意・契約で処理できるし（私的自治の原則），また，そうすることが個人の自由（自立と自律）の発現だととらえられたのである。

ところが，現代社会には個人の力ではとうてい太刀打ちできない大きな組織（社会的権力）が多数存在するようになる。こうした組織と一個人との間には，しばしば，事実上の権力関係が成立し，対等な当事者という関係が崩れてしまっていることがある。事実上の支配服従関係にある当事者間の合意を放置すれば，一方の当事者の個人の尊厳が取り返しのつかない傷をこうむるおそれもある。こうした場合，議会は，特別の法律を作り，私人間の関係を実質上対等に戻すような規制をしたり，社会権保障の観点から契約内容に一定の縛りをかけたりしているが（借地借家法や労働基準法など），具体的に当てはめるべき特別の法律を議会が制定していないとき，憲法の保障する人権規定を私人間にも適用すべきではないか（人権の私人間適用），ということが主張される。通説や判例は，憲法が保障する個人の人権が社会的権力により不当に侵害されている場合，憲法の人権規定を直接私人間に適用するのではなく，人権規定の趣旨を，私人間に適用される民法などの一般条項に読み込んで，間接的に（憲法の人権規定→民法90条の「公序良俗規定」→私人間に適用し契約の無効などを結論づけるというように）適用すればよい，という立場に立っている。

5） 個人の尊厳と人権の制約

日本国憲法は，基本的人権を永久不可侵なものと宣言したうえで（憲11条），憲法が保障する権利について，これを公共の福祉にそうように行使せよとか（憲12条），公共の福祉を理由として政府はそれを尊重しないことがある（憲13

条）といった定めをおいている。また，経済的自由に分類される権利については，公共の福祉に反しないかぎりでの保障が明記されている（憲22条・29条）。

　「人権」がなにゆえに普遍・不可侵な権利であるかに関わる根本原理として，憲法13条は，個人の尊厳（個人の尊重）原理を掲げる。われわれ一人ひとりの個人は，社会において，自立した存在として，自律的な生を生きている，そうした諸個人が平和に共存し，平等に暮らしていけるよう社会は設計される必要がある，憲法が保障する人権（その核心は，個人の自立と自律という意味での自由）は，尊厳ある生を生きる個人に対する平等な配慮と尊重のあらわれにほかならない，という考え方が個人の尊厳原理の基本的なコンセプトである。

　個人の尊厳は疑いもなく個人主義にもとづく政治原理であるが，個人主義と利己主義を混同してはならない。個人主義は全体（公益や国家利益）よりも個人の価値に重きをおく考え方であるが（社会や国家は個人のために存在するのであって，個人が社会や国家のために存在するのではない），「自分＝利己」のために他の個人を犠牲にしてもよいとする利己主義とも対立する。個人主義は，すべての個人に尊厳性を認める考え方であるから，個人主義にもとづく自由の主張は，他人の犠牲を省みない放縦とは正反対のものである（各人の自律的な生に不可欠な生命・身体・精神を侵害する行為は，本来，「自由」の保障のらち外の事柄とみなしうる）。また，自律的人格の成立をみない子どもの憲法上の権利を政府が後見的な観点から制約することがあっても，それ自体は，人権の制約というよりは，自立と自律の前提を欠く者に対する個人の尊厳そのものへの配慮とみなしうるものである。

　言葉の正確な意味で，「人権の制約」が認められるとすれば，それは，ある人の自律的な生のあり方が他の人の自律的な生のあり方の妨げになっている場合，すなわち，ある人の人権と他の人の人権が衝突する場合であろう。このとき，権利間の調整が問題となる。たとえば，ある人の表現の自由が他の人のプライバシー権を侵害する場合，どちらかの権利の制約はまぬがれない。憲法が人権の制約原理として言及する公共の福祉の基本的な意義は，さしあたり，この権利間の調整という点にみいだすことができる。

5　自　由　権

　通常，自由権とは「国家からの自由」をいうとされ，また，基本的人権を分類する際には，精神的自由権，経済的自由権，人身の自由を自由権として一括するのが一般的である。しかしながら，自由権の内容・性格については学説の見解が一致しているわけではなく，さらに上述のような自由権の分類方法も必ずしも一定ではない。では，①自由権の定義づけに際して，また②自由権の分類に際して，一体なにが問題となっているのだろうか。

（1）自由権の概念

　学説では自由権の保障は，「国家からの自由」という性格のみを意味するのか，それとも他の側面，すなわち社会権としての性格をも有するのかについて見解の対立が見られる。

1）　古典的な自由権概念

　18・19世紀の近代憲法は，国民の自由を国家権力による干渉および恣意的な取り扱いから防御することに力点が置かれていた。言い換えると，近代立憲主義は「国家権力の活動の場が少なければ少ない程よいとの考え方に立脚していた」と言われている。ここにいう「自由」の概念は「国家からの自由」と称され，近代憲法は，まさにこの「国家からの自由」という性格をもった権利，すなわち自由権を中心に構成されていた。近代国家を基礎づけた，自由権を中心とするこの基本権体系は，現代国家においても，当然に憲法の人権保障体系の根幹のひとつを成している。このように自由権の概念は歴史的につくられたものであり，日本国憲法は自由権を明文上定義しているわけではないが，一般的に自由権とは，「国家が個人の領域に対して権力的に介入することを排除して，個人の自由な意思決定と活動とを保障する人権」をいうと理解されている。ここにいう自由権の典型例としては，例えば，国家に邪魔されずに言いたいことを言う自由としての表現の自由が挙げられる。そして，従来の通説および現在の学説の一部は，自由権とは「国家からの自由」のみを意味し，国家に対する防御権として機能する自由権だけが憲法学でいう自由権であると解している。

以上のような，典型的ないしは古典的と呼ばれる自由権は，さらに「国家に対する不作為請求権」，「国家に対する防御権」，「消極的権利」，「権力からの自由」，「消極的自由」，などとも言われる。もっともこのような立場を支持する学説も，自由権には，自己の権利が国家によって侵害された場合に国家機関である裁判所の手を借りて侵害行為の排除を請求する請求権も含まれる，と解している。この意味で，しばしば，「権利はすべて請求権である」と言われる。

2） 自由権の社会権的側面

しかしながら現在の多数説は，自由権は国家からの自由のみを意味するのではなく，社会権（作為請求権）としての性格をも有していると解している。

ところで社会権とは，「国家からの自由」を意味する自由権の対概念であり，通説によればそれは「国家による自由」の性質を有すると言われる。つまり社会権とは「国に対して一定の行為を要求する権利（作為請求権）」をいうとされる。日本国憲法が保障する社会権として，生存権（憲25条），教育を受ける権利（憲26条），労働権（憲27条），労働基本権（憲28条）を挙げるのが通常である。学説では，社会権という用語のほか，「作為請求権」，「積極的権利」，「積極的自由」，「生存権的基本権（社会的基本権）」，「社会国家的基本権」，「社会権的人権」といった名称が用いられている。

多数説によれば，自由権はこの作為請求権としての側面も有している。自由権の社会権的側面の典型例としてしばしば挙げられるのが，表現の自由から導き出される「知る自由」である。つまり知る自由は，国民の情報収集行為を国家によって妨げられないという自由権（不作為請求権）としての性格の他，国民が積極的に情報源に対して情報の公開・提供を要求できるという社会権（作為請求権）としての性格を持っているというのである（「情報公開請求権」，「積極的情報収集権」などと呼ばれる）。さらに学問の自由においても，それが個人の自由な学問研究を国家は妨げてはならないという消極的権利であることは言うまでもないが，現代では学問研究の規模が大きくなり，巨大な施設や巨額の資金が必要となるため，学問の自由の要求を充足するためには，これらの経済的条件の確保を国家に要求することが不可欠であるという。このような理解に従えば，自由権と消極的権利とは必ずしも一致しない。なぜなら自由権は，消極的権利に加えて，政府による積極的な作為ないし給付を求める積極的権利をも

含むからである。

　この立場によれば，自由権が社会権的側面を有するように，社会権も自由権的側面を有するとされる。例えば，生存権には「国民各自が自らの手で健康で文化的な最低限度の生活を維持する自由を有し，国家はそれは阻害してはならないという自由権的側面」があると言われ，さらに教育を受ける権利は子どもの学習権という自由権を含み，労働権（勤労の権利）は「勤労の自由」を前提としており，また労働基本権は労働者に争議行為の自由・労働放棄の自由などの国家権力からの自由を保障する，という。したがってここでは，自由権＝不作為請求権，社会権＝作為請求権という厳格な区分は行われず，それゆえ自由権と社会権の区別は相対的なものとなる。この「相対的区分論」によれば，自由権と社会権がそれぞれ互いの性格を共有し合うことになるのである。

　３）　自由権の独自の意義

　自由権を「国家からの自由」に限定する説は，自由権を社会権から厳格に区別することによって，「国家行為に対する妨害排除請求権こそ，基本権の中核である」ことを強調する。したがってこの立場では，例えば前述した積極的請求権としての知る権利は，憲法上の自由権とはみなされない。

　これに対して，自由権と社会権の区分を相対的にのみ認める立場では，一見すると自由権にはもはや独自の意義は存在しえないかのように見える。しかしながら，この立場を主張するものも，自由権の「国家からの自由」という性格はなお強調されるべきであると説く。その理由として，国家に対する不作為請求（国家からの自由）という自由権の本質的属性を曖昧にすれば，自由の意義・内容が国家権力によって規定されてしまい，「自由保障を支える基本的な諸原理が崩壊する恐れがある」という点が挙げられている。こうした理由から「相対的区分論」の支持者も，なお不作為・作為の区別を基本的に維持しているのである。

（２）自由権の類型化

　以上のように，自由権の内容につき学説の見解が一定しているわけではない。さらに自由権の分類に際しても，古くは経済的自由権を自由権ではなく社会権に包含させる見解がみられたように，必ずしも一様ではない。現在主張されて

いる代表的な自由権分類方法として、例えば以下のものがある。

1）　学説の見解

通説は、自由権を、古典的な自由権である①精神的自由権、②経済的自由権、③人身（身体）の自由の3つに分類する。精神的自由権には、思想・良心の自由（憲19条）、信教の自由（憲20条）、表現の自由（憲21条）、集会・結社の自由（21条）、学問の自由（憲23条）、通信の秘密（自由）（憲21条2項）が含まれるとされる。経済的自由権には、職業選択の自由（憲22条1項）、外国移住・居住移転の自由（憲22条）、国籍離脱の自由（憲22条2項）、財産権（憲29条）が分類される。さらに人身の自由は、奴隷的拘束からの自由（憲18条）、適正手続（憲31条）、審査過程における被疑者の人権（憲33条～35条）、拷問・残虐刑の禁止（憲36条）、刑事被告人の権利（憲37条～39条）を保障しているとされる。もっとも、居住移転の自由が経済的自由に分類されるのか、それとも人身の自由もしくは精神活動の自由に分類されるのかについては、学説上見解の対立がある。

学説のなかには、④「私的生活の自由」（「私生活の不可侵」や「プライバシーの保障」とも呼ばれている）を上記①～③と区分して、自由権を四つに分類するものがある。ここでは、「通信の秘密」と「住居などの不可侵」（憲35条1項）は④に分類されるべきとする。この立場によれば、確かに封書や電話の秘密を保障する通信の秘密は21条で保障され、さらにそれは人間のコミュニケーション過程の保護に関わるため表現の自由と密接な関わりをもつが、「外的コミュニケーション過程」を保護する表現の自由と異なり「内的コミュニケーション過程」を保護するものであるため、その意味で「私生活の秘密（自由）」としての性格を有する、という。

さらに、⑤「居住・移転および外国移住・国籍離脱の自由」を上記①～④と区分して、自由権を5つに分類する立場もみられる。この立場は、居住・移転の自由および国籍離脱の自由・外国移住の自由の保障内容の一部分は、経済的自由の側面以外のさまざまな側面をもっており、経済的自由権よりもむしろ人身の自由ないし精神的自由に含まれると解されるから、これを独立して扱うべきであるとする。

2） 自由権の類型化の限界

　しかしながら，これらいずれの立場も，各々の自由権の類型化が絶対的なものであるとは考えていないようである。なぜなら学説は，自由権の保障領域の相互の重なり合いを認めているからである。その代表的な例として以下のものを挙げることができる。

(a) 精神的自由権内部の重なり合い

　憲法19条は「思想及び良心の自由は，これを侵してはならない」と規定し，思想・良心の自由を保障する。ここでいう「思想・良心」が何を意味するのかにつき，最高裁判所の立場は明らかではない。なぜなら同裁判所は，名誉毀損の原状回復処分として「ここに陳謝の意を表します」という趣旨の謝罪広告を新聞に掲載するよう加害者に命じることが憲法19条に反するか否かが争われた事件で，「単に事態の真相を告白し陳謝の意を表明するに止まる程度のもの」は思想・良心の自由を侵害しないと言うにとどまるからである（最大判昭和31年7月4日民集10巻7号785頁）。この点学説は，大別して，①思想・良心とは人の内心領域全般を指すと解する「内心説（広義説）」と，②思想・良心の概念を狭く解し，人の内面的精神活動のうち，「信条」すなわち宗教上の信仰または体系的知識に準ずべき世界観・人生観に限定する「信条説（限定説）」とに分かれているが，どちらの立場に立っても，思想・良心に「宗教的な考え方や学問上の考え方も含まれる」と解する点では，見解が一致している。したがって思想・良心の自由と，信教の自由（憲20条）および学問の自由（憲23条）は相互に重なり合う部分が存在し，そのため両者の関係が問題となりうる。この問題につき学説には，①両者は一般法・特別法の関係にあり，信教および学問が関連する場合には，特別法である20条，23条が一般法である19条を排除して適用されるとする立場，②20条，23条が独立に保障されているからといって，思想・良心が19条の保障対象から排除されるべきではないとして，両者が同時に関連しうると解する立場，などが唱えられている。

　さらに内心説・信条説のどちらの立場も，思想・良心の自由は，内心における思想・良心を告白することを強制されないという「沈黙の自由」を保障し，しかもその保障は絶対的であると解している。しかし他方で学説は，憲法21条の表現の自由は表現を強制されないという自由（消極的表現の自由），つまり

「沈黙の自由」をも保障していると解している。したがって19条と21条の保障領域も相互に重なりうると考えられる。この場合，学説には，①19条と21条の双方の問題となるとする立場，②両者の適用領域を区分して，内面的精神活動は19条によって，外面的精神活動は21条によって保障されると解する立場，③事実の存否に関しては21条，「人格核心にかかわる世界観・主義など」に関しては19条の問題とみる立場，などが主張されている。

(b) 精神的自由権と経済的自由権の重なり合い　　学説の中には，精神的自由権と経済的自由権もその性質に関して厳格には区分できないと指摘するものが多く見られ，その例として商業広告を挙げる。すなわち，一方で多数説は，商業広告を「営利的表現」と称して表現の自由の問題としてきた。しかし他方で学説は，「営業の自由」を，その根拠をどこに求めるかについては見解の対立があるものの，憲法上保障された権利であると認めているため，営業活動は営業の自由によって憲法上保障されると解している。したがって商業広告は，表現の自由とともに営業の自由によっても保護されうる，というのである。

　以上のように，自由権の保障の範囲を，それぞれの自由権の性質に応じて厳格に画定することには限界がある。したがって自由権の間には，互いに重なり合う部分があると考えられる。この場合，どちらの自由権を適用すべきか，それとも両自由権を同時に適用すべきか，とりわけこれらの自由権の相互の関係をどのように理解すべきかという疑問が生じるが，こうした問題はいまなお未解決のままである。

6 社　会　権

（1）基本的人権としての社会権

　自由権が，国家からの自由を保障するものであったのに対し，社会権は国家に対して給付を求めることをその内容とするもので，受益権と呼ばれることもある。つまり，自由権が国家権力に対する防御という側面を持つのに対し，社会権は福祉国家の発想の下で，国家に対してサービスを求める人権といってもよいであろう。

　社会権が登場した背景としては，20世紀の現代社会において，主に経済的な格差に基づき社会における強者と弱者が出現してきたことが挙げられる。つまり社会権は，社会における労働者や弱者の救済を図るという目的の下で，資本主義体制から生じてきた矛盾を修正する手段と位置づけることもできる。日本国憲法における社会権の規定としては，生存権（憲25条），教育を受ける権利（憲26条），勤労権（憲27条），そして労働基本権（憲28条）がある。

（2）生　存　権

　社会権の法的性格をめぐっては，生存権との関係で学説上の対立があり，多くの議論がなされてきた。生存権は，憲法26条以下の社会権規定の総則でもあり，その法的性格は他の社会権にも共通していることから，これをいかに捉えるかは重要な問題である。

1）プログラム規定説

　この説は，生存権は政治的な権利であると主張する。憲法25条1項は，「健康で文化的な最低限度の生活を保障」すると規定している。しかし，何をもってそれとするかを基準を設けて示しているわけではなく，国の予算には限りがあることからしても，国民が具体的に何の給付を求めることができるのかは条文からは明らかではなく，その内容は一概にいえるものではない。そこで，この説は生存権の規定は国家の政策の指針を示したに過ぎず，単なる努力目標であって，国は道義的責任しか負っていないとしている。

2）抽象的権利説

この説は，生存権が憲法で保障されている以上は，法的な権利であるとする。しかし，プログラム規定説も指摘しているように，25条の規定の抽象性と事柄の専門性からすれば，法律によってその内容が具体的に展開されていない限りは，権利として主張できないとの立場をとっている。つまり，法律が設けられて権利の内容が明らかにされていない場合は，生存権の内容は未だ実現していないことになる。

3）具体的権利説

この説は，抽象的権利説と同様に，生存権は法的な権利であるとする。抽象的権利説との違いは，法律が設けられていない場合には，その立法の不作為につき違憲性を主張できるという点である。つまり，あるべき法律が存在していないのであれば，法律を制定するよう国会に働きかけることができるという考え方になる。

4）学説と判例の立場

プログラム規定説は，社会権が主張されるようになった経緯を軽視している点で批判されている。抽象的権利説については法律がなければ何も請求できないという点，具体的権利説については立法の義務づけは三権分立に反するのではないかという点につき，それぞれ批判がなされてきた。

この問題をめぐる参考判例としては，朝日訴訟（最大判昭和42年5月24日民集21巻5号1043頁）がある。原告は，兄からの仕送りを理由に生活扶助を打ち切られたため，憲法25条が保障する「健康で文化的な最低限度の生活」を営むことができなくなったと主張して，従来通りの扶助を支給するよう求めた。これに対し最高裁は，憲法25条は「直接個々の国民に対して具体的な権利を賦与したものではない」と判示した。これは，プログラム規定説の立場に与するものと評価できる。また，その後の堀木訴訟（最大判昭和57年7月7日民集36巻7号1235頁）においても，①25条の概念はきわめて抽象的・相対的であること，②立法による具体化にあたっては，国の財政事情を無視はできないこと，③多方面にわたる高度の専門技術的な考察と政策的判断を伴う問題であること，等から，具体的にどのような立法をするかについては国会の幅広い裁量に委ねられており，それが著しく合理性を欠いて明らかに裁量の逸脱・濫用といえない場

合を除いては，裁判所の判断に適しないと判示された。これは，最高裁が引き続きプログラム規定説を容認したものと評価できるであろう。しかし，何が「健康で文化的な最低限度の生活」であるかは全く判断できないわけではないとも考えられ，最高裁の判断には疑問も多く提起されている。

5）　環境権と憲法25条

環境権は，憲法典に明文の根拠はないものの，基本的人権と観念せざるを得ない利益として，新しい人権の一類型に挙げられている。具体的には，「良き環境を享受し，かつそれを支配しうる権利」であると説明されてきた（日本弁護士連合会編『ケースメソッド環境権』（日本評論社，2005年）22頁）。1970年代に提起された多くの公害訴訟や，東京都公害防止条例をはじめとする上乗せ・横出し条例が制定された経緯にも見られるように，環境対策は国にとって深刻かつ重要な課題の一つである。生存権は，この良好な環境を享受するという趣旨での環境権の間接的な根拠とされている。

（3）教育を受ける権利

教育を受けることは，憲法13条の保障する幸福追求権とも密接な関連があるほか，職業選択の自由といった自由権との関係でも，その不可避の前提というべきである。教育を受ける権利をめぐっては，その内容の決定権限はどこにあるのか，誰が保有しているのかをめぐって対立が見られた。これは，国家が教育内容にどこまで関与するかの問題ということもできる。

1）　教育権論争

国家教育権説は，国家が教育内容を決定する権限を有すると考える立場である。これに対し国民教育権説は，教育内容は子どもの親をはじめその付託を受けた教師らを中心に，国民全体が教育内容の決定について責任を負っているとする。国家教育権説に対しては，党派的支配に陥る懸念や教育の自主性への介入についての疑問が指摘されている一方，国民教育権説に対しては全国的に一定の教育水準を維持することの必要性が指摘されてきた。

この論争に言及した判例としては，旭川学力テスト事件（最大判昭和51年5月21日刑集30巻5号615頁）がある。この刑事事件では，全国中学校一斉学力調査の合憲性が争点となった。最高裁は，2つの学説は「いずれも極端かつ一方

的であり，そのいずれをも全面的に採用することはできない」として，折衷的な見解を示している。具体的には，国に教育内容を決定する権限を認めながらも，「子どもが自由かつ独立の人格として成長することを妨げるような国家的介入」を否定した。

2) 義務教育

憲法26条2項は，義務教育はこれを無償とすると規定している。この無償の意味であるが，授業料を徴収しないという意味であると解されている（最大判昭和39年2月26日民集18巻2号343頁，この判決では授業料の不徴収を憲法26条を根拠に認めているため，その点で憲法26条はプログラム規定ではないことになる）。国家予算の上で余裕が生じれば，この無償の範囲を拡大していくことはもちろん可能である。どこまでを無償とするかは，生存権の法的性格のところで見た学説にも関連するが，立法裁量に委ねられているというべきである。なお，これまで教科書については，無償とされている（義務教育諸学校の教科用図書の無償措置に関する法律）。

（4）勤 労 権

勤労権に関する憲法27条は，勤労する権利を保障すると同時に，国民はその義務を負うとしており，他の条文とは性格を異にしている面がある。勤労権を根拠として，国に職を提供するよう求めることはできるかという問題があるが，これもまた勤労権の法的性格をどのように理解するかに帰着する。この点については，具体的権利性までは認められないと解されている。

因みに勤労の義務は，子どもに教育を付与する義務（憲27条）および納税の義務（憲30条）とならんで，国民の3大義務とも呼ばれている。

（5）労働基本権

憲法28条が勤労者に保障する労働基本権は，具体的には労働三権と呼ばれる，団結権（労働組合を結成する権利），団体交渉権（労働組合から使用者に交渉要求をする権利であり，使用者は拒否することはできない），団体行動権（争議権）から構成されている。労働基本権は，資本主義経済の結果として生じてきた，社会的かつ経済的な強者である使用者と勤労者（労働者）との関係を対等にする

ための仕組みということができる。

1) 団結権

団結権とは，労働組合を結成する権利のことであり，この目的は労働条件をめぐる交渉をすることにある。憲法21条の保障する結社の自由が，主義主張のためのものであったことと比較すると，団結権は目的が限定されたそれということもできるであろう。労働者には，労働組合に加入し脱退する権利が保障されている。労働組合への参加を強制できるかが問われることがあるが，一般的には参加しない自由を制限できると解されてきた。これは，労働組合は労働者のための組織であることに起因している。

2) 団体交渉権

労働三権のうち，最も重要なのは団体交渉権である。団結権と団体行動権は，この団体交渉権を支える権利であるといっても過言ではない。団体交渉権は，労働組合が使用者に対して，賃金や勤務体系を中心とする労働条件の維持や改善についての交渉を強制するものである。

3) 団体行動権

団体行動権は，争議権とも呼ばれており，ストライキ（同盟罷業），サボタージュ（怠業），ピケッティング，リボン・ワッペン闘争といった手法がとられてきた。団体行動権の行使の結果として，労働者に民事責任や刑事責任が問われるような事態の発生も予想されるが，労働条件の維持や改善のためになされたのであれば，免責されることになっている（労働組合法1条2項・8条）。

4) 公務員と労働基本権

労働基本権は，労働者を対象とする権利保障であり，自営業者は対象にはならない。「全体の奉仕者」である公務員についても，労働基本権が認められる対象であるかが議論されてきた。公務員にもさまざまな職種があることから，労働基本権の保障がどのように制約されているかを一律に論じることは困難である。ごく簡単にいえば，いわゆる現業公務員（公権力の行使を伴わない行政事務を扱う国家公務員と地方公務員）については，団結権と団体交渉権が認められているのに対し，非現業公務員は団結権のみ，そして警察職員・消防職員・自衛隊員の場合は全く保障が及んでいない。

全逓東京中郵事件（最大判昭和41年10月26日刑集20巻8号901頁）は，郵政職員

の組合の役員らが，東京中央郵便局の職員に勤務時間中に職場大会に参加するよう求めて職員らを数時間職場離脱させた行為につき，刑事責任が問われたというものであった。最高裁は，公務員にも憲法28条の労働基本権の保障が基本的に及ぶことを前提とし，争議行為等に対して刑事制裁を科すことは，「必要やむを得ない場合に限られるべき」であると判示した。続く都教組事件（最大判昭和44年4月2日刑集23巻5号305頁）は，東京都教職員組合の役員らが勤務評定に反対して，一斉休暇をとったことが争われた刑事事件であるが，全逓東京中郵事件の枠組みを踏襲し，合憲限定解釈（法令を憲法の趣旨に適合するように解釈して，法令違反行為を限定的に捉える手法）を用いて公務員の労働基本権の保障に理解を示した。

　しかし，その後の全農林警職法事件（最大判昭和48年4月25日刑集27巻4号547頁）では，全逓東京中郵事件や都教組事件の判例法理とは異なる判断が示された。この事件は，全農林労働組合の役員らが警察官職務執行法の改正に反対する目的のため，勤務時間中に職場大会に参加するようにとの指令を出した行為につき，刑事責任が問われたものである。最高裁は，公務員にも憲法28条の保障は及ぶとしながらも，その地位の特殊性および職務の公共性と争議行為は相容れないほか，公務の停廃をもたらすため，国民全体の共同の利益を害するとまず判示した。そして，公務員の労働条件は法律と予算によって定められているため交渉には馴染まないこと，公務員の争議行為には民間の場合と異なりロック・アウトや市場の抑制力が働かないこと，さらには人事院をはじめとする代償措置が設けられていることを指摘した。この判例の立場は，現在も維持されている。

　公務員の労働基本権の保障がどうあるべきかにつき，一概に論じることはできないが，基本的人権であることからして，やはりその制約は最小限度に止めるべきではないかという見解も有力である。

7　参　政　権

(1) 参政権の意義

　参政権とは，国民が政治過程に参加する権利であり，国民主権原理を具体化し，国民の意思を政治に反映させるために重要な役割を果たす。

　参政権は，政治的自由ともいわれ，国家意思形成への参加を内容とする積極的権利と解されている。より具体的には，国民が直接にまたは代表者を通じて間接に，国政に参加することのできる権利である。明治憲法の下での参政権の内容は，選挙権・被選挙権の保障に限られていたが，国民主権（憲前文・1条）を採用する日本国憲法の下では，公務員の選定罷免権（憲15条1項），選挙権・被選挙権（憲15条1項・44条・93条2項），最高裁判所裁判官の国民審査（憲79条），地方特別法に対する住民投票の権利（憲95条），憲法改正に対する国民投票の権利（憲96条）など，その範囲は広い。

　参政権のうちで最も中心的位置を占めるのは選挙権である。

1) 選挙権の法的性格

(a) 自然権説……選挙権は，主権者たる国民が生来的に有する自然権である。

(b) 公務説（権限説）……選挙権は，選挙人が，公務員の選定という公務をなす権限であり，個人の権利ではない。

(c) 権利説……選挙権は，国政に関する自己の意思を表明することができる個人の権利である。

(d) 二元説……選挙権は，(b)と(c)の両説の性質を有するものである。選挙人は，一面，選挙を通して，国政についての自己の意思を主張する機会を与えられると同時に，他面において，公務員の選定という公務に参加する。選挙権には，個人の権利としての参政の権利の側面と公務員を選定する公務執行の義務としての側面の二重の性格がある。

　選挙権は，明治憲法の下では，権利性を否定する「公務説」が支配的見解であったが，日本国憲法の下では，選挙権は，「国民の固有の権利」（憲15条1項）であり，かつ，「日本国民は，正当に選挙された国会における代表者を通じて

行動し」(憲前文)，議院内閣制を通じて行動することから，国民の政治参加の権利的側面の他に，代表者を選ぶところまでは義務でもあるとして，権利と義務の双方をそなえたものとする「二元説」が通説である。

2) 被選挙権（立候補の自由）

被選挙権は，明治時代は，一定額以上の税金を納めている男子だけに与えられた能力・資格であったが，現在では，選挙権と同じく重要な自由権（立候補の自由）とされている。日本国憲法には，直接，被選挙権について定めた規定はないが，最高裁判所は，立候補の自由は選挙権の自由な行使と表裏一体にあるとの見地から，「憲法15条1項には，被選挙資格，特にその立候補の自由について直接には規定していないが，これもまた，同条同項の保障する重要な基本権の1つと解すべきである」としている（最判昭和43年12月4日刑集22巻13号1425頁）。

(2) 選挙の原則

選挙の基本原則として，次のものが挙げられる。

1) 普通選挙……普通選挙とは，選挙資格を納税額，教育の程度，性別その他の基準で差別することなく，成年者に等しく選挙資格を認める選挙をいう。日本国憲法は，「公務員の選挙については，成年者による普通選挙を保障する」(憲15条3項)と定め，普通選挙の原則を確認している。戦前の日本では，一定額以上の国税を納める男子のみに選挙資格を与えるなどの制限選挙を行っていた。

2) 平等選挙……平等選挙とは，選挙人資格について差別を禁止し，各選挙人の投票の価値を平等とする選挙をいう。日本国憲法は，14条1項に平等条項を定めるほか，「両議院の議員及びその選挙人の資格は，法律でこれを定める。但し，人種，信条，性別，社会的身分，門地，教育，財産又は収入によつて差別してはならない」(憲44条)と定め，平等選挙の原則を確認している。選挙人の納税額，教育の程度，性別その他の基準により特定の選挙人に複数の投票権を認める複数投票制や，選挙人の納税額，教育の程度，性別その他の基準によって選挙人間に等級を設け等級ごとに公務員を選ぶ等級投票制は，平等選挙に反し，認められない。最高裁判所は，

定数不均衡を憲法14条の平等権侵害の問題と捉えている（最判昭和51年4月14日民集30巻3号223頁）。

3）秘密選挙……秘密選挙とは，選挙人が誰に投票したかを他人に知られない選挙をいう。憲法は，「すべて選挙における投票の秘密は，これを侵してはならない。選挙人は，その選択に関し公的にも私的にも責任を問はれない」（憲15条4項）と定め，秘密選挙の原則を確認している。投票の秘密は，主として社会で弱い地位にある者の自由な投票を確保することを目的とする。最高裁判所は，「選挙権のない者又はいわゆる代理投票をした者の投票についても，その投票が何人に対してなされたかは，議員の当選の効力を定める手続において，取り調べてはならない」としている（最判昭和25年11月9日民集4巻11号523頁）。

4）自由選挙……自由選挙とは，投票する自由，投票しない自由，誰に投票するかを決定する自由が保障されている選挙をいう。自由選挙は，憲法上明示されていないが，選挙権が「国民固有の権利」（憲15条1項）とされ，思想良心の自由（憲19条），表現の自由（憲21条）が保障されていることから，憲法上の要請とされている。

5）直接選挙……直接選挙とは，選挙人が公務員を直接に選挙する選挙をいう。憲法は，「公務員を選定し，及びこれを罷免することは，国民固有の権利である」（憲15条1項），「両議院は，全国民を代表する選挙された議員でこれを組織する」（憲43条1項）と定める。直接選挙がより国民主権にかなっていることから，間接選挙（有権者が公務員を選挙する選挙人を選出する）は憲法上明文規定がない限り許されないと解されている。

（3）選挙制度

1）衆議院・参議院

衆議院議員選挙には，小選挙区比例代表並立制が採用されている。衆議院の議員定数は480名で，そのうち300名は小選挙区制（日本全国を300の選挙区に分け，立候補者個人に投票する），180名は比例代表制（全国を11ブロックに分け，政党に投票する。拘束名簿式）で選挙される。被選挙権は25歳以上の日本国民である。参議院の議員定数は242名で，そのうち146名は選挙区（各都道府県別の

選挙区で投票する。各都道府県の議員定数は人口に応じて異なる），96名は比例代表制（全国を1つの選挙区とし，政党名または候補者個人名で投票する。非拘束名簿式）で選挙される。参議院は3年毎の半数改選方式（総定数の半数の121議席。選挙区73，比例48）で，被選挙権は30歳以上の日本国民に認められている。

2）選挙制度
(a) 選挙区制度
(i) 小選挙区制……1つの選挙区から1名を選出する方法をいう。多数政党に有利であることから政権が安定するが，多くの死票を生じ，少数派の選出が困難になる。

(ii) 大選挙区制……1つの選挙区から2名以上を選出する方法をいう。死票が少なく少数政党も当選が可能となるが，小政党の出現を促すことから政局の不安をまねく可能性も高くなる。わが国の衆議院議員選挙でかつて採用されていた中選挙区制は，1つの選挙区から3～5名を選出する方法で，大選挙区制の一種である。

(b) 代表制
(i) 多数代表制……選挙区における多数派の意思を強く反映するようにしくまれた制度をいう。小選挙区制は，これに属する。多数派の全議席の独占という可能性が生じるため政局の安定がもたらされるが，少数派の選出が困難であるため，少数派の国民意思を議会に反映できない。

(ii) 少数代表制……選挙区における得票に応じて少数派にもある程度まで議席を配分できるように配慮された制度をいう。多数派による議席独占を防止して，少数派の意思を議会に反映できるが，小党濫立による政局の不安定をもたらす可能性がある。

(iii) 比例代表制……各政党が得票数に比例した議席を獲得しうるように工夫された制度。比例代表制の具体的方法は300種類以上あると言われる。例えば，名簿式比例代表制にも，拘束名簿式と非拘束名簿式がある。拘束名簿式比例代表制は，各政党があらかじめ順位を付した候補者名簿を作成し，選挙人は政党名で投票する。各政党の議席数は得票数に応じて配分され，各党それぞれ名簿における順位によって上位者から当選する。衆院議員比例代表制はこれに属する。非拘束名簿式比例代表制は，各政党があらかじめ順位を付さない候補者

名簿を作成し、選挙人は政党名または候補者個人名で投票する。各政党の議席数は政党名と個人名の得票数の合計に応じて配分され、具体的に誰が当選するかは、個人名の得票数が多い順に決まる。参議院議員比例代表制はこれに属する。

（4）外国人の選挙権

　日本国憲法の下では、選挙権は、「国民の固有の権利」（憲15条1項）であり、日本に住んでいる外国人（定住外国人）は、日本の国籍がないので、選挙権は認められない。この点、憲法93条2項は、地方議会議員の選挙権について、「地方公共団体の……議会の議員……は、その地方公共団体の住民が、直接これを選挙する」と、「国民」でなく「住民」と規定しているが、最高裁判所は、「国民主権の原理及びこれに基づく憲法15条1項の規定の趣旨に鑑み…日本国憲法93条2項にいう『住民』とは、地方公共団体の区域内に住所を有する日本国民を意味する」と述べ、定住外国人は選挙権を持たないと判示した。また、法律で定住外国人に選挙権を与えることは、憲法上禁止されてはいないので、定住外国人の選挙権は立法の裁量（国会の法律改正）に委ねられるが、「このような措置を講じないからといって違憲の問題を生ずるものではない」とした（最判平成7年2月28日民集49巻2号639頁）。

8 刑事事件と人権

（1）憲法における刑事事件と人権

　2009（平成19）年5月までに，裁判員制度が開始される。この裁判員制度は，殺人や強盗致死傷（強盗が人にけがをさせたり，死亡させること）などの重大事件が対象とされている。つまり，一般の国民も，裁判員として，「有罪か無罪か」「死刑か無期懲役か」といった重要で難しい判断をすることになるのである。この裁判員制度について，そんな難しい判断が素人にできるのか？と思っている人もいるだろう。事実，報道などでそのような声はよく耳にする。確かに，刑事裁判の判断は難しい。しかし，このような難しい判断が，日本ではあっさり簡単におこなわれているようにも思われる。例えば，逮捕＝犯人の確保とか容疑者＝犯人といった一般的にありがちなイメージを踏まえると，「犯人」が裁判にかけられるのだから，「有罪か無罪か」の判断には困らないのではないか。どうも刑事裁判のイメージは混乱しているようである。

　本講では，刑事裁判について，憲法がいかなる規制をしているかをみることで刑事裁判のイメージを明らかにする。

　日本という国のあり方を定める憲法は，103条のうち約1割に当たる10カ条において，刑事事件における人権を定めている。これは世界の憲法と比べても，相当に高い割合である。その主な理由は，刑事事件において被疑者（ニュースなどでは「容疑者」とされているが正式ではない）や被告人（ニュースでは「被告」とされているがこれも正式ではない）が，拷問を受けるなどの人権侵害が多くおこなわれてきたという歴史にある。「現在，そんな人権侵害を心配する必要はない」と思う人もいるかもしれないが，少し考えてみよう。

　誰が犯罪をおこなったかについては，事件のあとで，限られた証拠から確認するしか，私たちには方法はない。他方で，人々は真実を追い求める。それが熱心になるあまり，いきすぎて人権を侵害してしまうことがある。その結果，むしろ真実をねじ曲げてしまうことも十分予想される。国家権力が強いものであることを考えると，その危険性はさらに大きくなる。

このような過去の反省や刑事裁判の性格などから，憲法は，国家権力を適正にコントロールしながら刑事裁判をおこなうべきとしている。以下では，憲法の基本的な考えについて確認し，具体的な憲法の内容とその考え方を見ていく。

1）憲法の基本的な考え——適正手続主義と罪刑法定主義

憲法31条は，「何人も，法律の定める手続によらなければ，その生命若しくは自由を奪われ，又はその他の刑罰を科せられない」と定めている。この短い条文に，憲法の刑事事件に関する基本的な考え（適正手続主義）が示されている。刑罰は，人の生命・自由・財産を奪う，法においてもっとも厳しい制裁手段である。それゆえ，刑罰は，恣意的にならないように，しっかりと事前に法律で定められた手続を踏まえたうえで科される必要がある。基本的には，刑事訴訟法という法律で，捜査→検察官による起訴→公判（裁判所における審理・判決）という手続が定められている。

しかし，手続が定められているだけでは十分ではない。たとえば，「警察官は，犯罪の疑いをもったとき，いつでも被疑者を逮捕し，証拠を集めるためにいかなる場所へも踏み込むことができる」という手続は，適正とはいえない。なぜなら，刑罰と同様に，逮捕や証拠の収集は，人の自由・財産などを侵害するものであり，このような厳しい処分が警察の独断でおこなわれるのであれば，国民の自由やプライバシーが不当に制限されてしまうからである。

このように，憲法は，民主主義的に作られた法律によって事前に定められることに加え，その内容も国民の自由やプライバシーを不当に制限しない適正な刑事手続を要請しているのである。

また，憲法31条は，犯罪や刑罰も事前に明確に法律で定められるべきことも要請している。これは，近代刑法の大原則で罪刑法定主義（18「犯罪と法」を参照）という。なにが犯罪で，そしてどのような刑罰が科されるかわからない社会では，国民の自由は大幅に制限されてしまう。憲法31条は，民主主義的に作られた法律によって，どのような行為が犯罪で，それに対してどのような刑罰が科されるかが，事前に国民に知らされなければならないことを要請しているのである。もちろん，この犯罪や刑罰の内容も適正でなければならない（例えば，近年話題になっている共謀罪は適正といえるかが問題となる）。また，事件の後に法律を作ってその事件を処罰することも，国民の自由を不安定にしてし

まうので，憲法39条は事後法（遡及処罰）の禁止を定めている。

　刑事事件においては，捜査→起訴→公判といった手続が重要であり，憲法は，これらの手続についてそれぞれ具体的に条文を定めている。次に，それらの条文を，刑事手続の流れにそって確認する。

（2）捜査手続――捜査の流れとその原則

　捜査は，殺人や強盗などの刑事事件が発生したとき，その事件に関係する証拠を収集し，犯人と思われる者を発見して捕まえる警察など（捜査機関）の活動をいう。捜査機関の活動は，犯罪の摘発や治安維持を支える重要なものだが，その反面，真実発見や治安維持を追い求めるあまり，先に述べた人権侵害の危険性がもっとも高いものでもある。それゆえ，憲法は，捜査に関して，押収（証拠物をもっていくこと）や逮捕などの強制的な捜査は，事前に法律で定めるべきとし（強制処分法定主義），そして前もって裁判官が出す令状が必要であるとしている（令状主義）。また，犯人と思われた者（被疑者）に対しても，弁護人依頼権や黙秘権などの防御権を認めているのである。この捜査によって，被疑者を有罪とするために十分な証拠がそろうと，検察官は裁判所に対して，その事件について審理することを請求する（起訴）。被疑者は起訴されることによって，被告人となる。これが，一般的な捜査の流れである。

1）捜査の内容と原則――任意捜査と強制捜査

　先にも述べたように，捜査には，押収や逮捕のように（必要とはいえ）人権を侵害するものがある。これらの強制的な捜査は必要悪であり，その使用には慎重でなければならない。たとえば，逃げる危険性が全くない者を逮捕することは，不必要な自由の制限であろう。捜査は，できるだけ人権侵害の程度が低い手段を使って進められなければならないのである。押収や逮捕といった（必要悪の）強制捜査は最後の手段であり，聞き込み，張り込み，任意同行や取調べといった任意捜査こそが捜査の基本となる。

　この任意捜査と強制捜査の区別は，重要である。というのも，科学技術の進歩などにより，憲法や刑事訴訟法が作成されたときには予想されていなかった捜査方法が出現したからである。たとえば，写真撮影や盗聴，強制採尿などの捜査方法は，強制捜査に当たるかどうかによって，憲法が要請する事前の法律

の定めや裁判官が出す令状といった厳格な手続が必要かどうか決まるのである。

2） 強制捜査と憲法——令状主義

　人の権利や自由を侵害する強制捜査は，法律による事前の定め（強制処分法定主義）と裁判官が事前に出した令状を必要とする（令状主義）。このように，憲法は，行きすぎた捜査による人権侵害を防ごうとしているのである。

　憲法35条は，裁判官による令状がない状態で，人の家に踏み込んだり，その家の物を持ち去ることを禁止している。このように憲法は，捜査機関による恣意的な捜査を禁止しているのである。たとえば，令状がない状態で，警察官がある男の上着の内ポケットにいきなり承諾もなく手を突っ込み，覚せい剤と注射器を発見したというケースを考えてみると，この警察官は，結果として証拠を発見しているが，令状をもらうという手続を踏んでいない。このような捜査を，「結果的には正しかったのだから……」として許すならば，社会は違法な捜査であふれかえってしまうことになる。それゆえ，最高裁判所や有力な学説は，重大な手続違反によって得られた証拠は刑事裁判で使えなくなることを認めている（違法収集証拠排除法則）。憲法は，真実の発見以上に適正手続の要請を重視しているといえる。手続をしっかり守った結果こそ，重要であるとされているのである。

　さらに憲法33条は，被疑者の逮捕についても，令状が必要であるとしている。逮捕とは，被疑者の身体を最大で72時間拘束する処分である。人身の自由という個人の重要な権利を侵害するものであることから，十分な理由や必要性をもとに裁判官によって出された令状が必要とされているのである。例えば，何ら証拠もなく，ただ挙動不審というだけで殺人事件の犯人だと考え，ある男をいきなりはがいじめにして派出所へ連れて行った警察官の行為について考えてみると，この警察官は，令状をもらわずに逮捕しているので，違憲・違法であると評価されることになる。

3） 身体の拘束と憲法——代用監獄問題

　逮捕後に，引き続き被疑者に逃亡のおそれや証拠隠滅のおそれがある場合，検察官の請求にもとづいて，裁判官は令状を出して，最大20日間被疑者の身体を拘束することができる。これを（起訴前）勾留という（起訴後勾留もある）。逮捕と起訴前勾留で最大23日間被疑者は身体を拘束されることとなる。

この起訴前勾留を受けている者が警察署内の留置施設（代用監獄）に収容されることが，日本では多い。このことについて，「それがどうした。当たり前ではないか。」と思うかもしれない。しかし，この代用監獄は，「DAIYOU KANGOKU」として悪い意味で有名な国際語とされている。なぜなら，最大23日間，警察に監視されながら，誰と相談することもできずに取調べを受けさせられるということは，警察の不当な権限濫用につながるため，国際的に危険視されているからである。それゆえ，身体の拘束と犯罪の捜査は，それぞれ別の機関がおこなうべきであるとされているのである（捜査と拘禁の分離）。これを受けて，近年では，警察内部で身体を拘束する部門と犯罪捜査をおこなう部門とを区別するという運用がなされている。このような運用に対しては，不徹底な区別であり，代用監獄は廃止すべきだという批判も強い。2006（平成18）年の法改正では，上述の警察の運用が法律で認められたが，今後も代用監獄問題の議論は続けられるだろう。

4）被疑者・被告人の権利──黙秘権と弁護人依頼権

代用監獄問題についても述べたように，日本では最大23日間，連日で長期間の取調べがおこなわれることがある。また，日本の取調べは，弁護人など第三者の立ち会いのない密室でおこなわれるため，真実追究に熱心になるあまり，苛酷な取調べが生じる危険性をもっている。このような苛酷な取調べに耐えかねて，本当は無罪の者が，自分が犯人であるという虚偽自白をすることにもなりかねない。事実，最終的に無罪であることが明らかとなった事件の多くは，この取調べにおける虚偽自白が主な原因とされているのである。

このように，いきすぎた取調べは，拷問などの防止という人権保障の面でも，（自分を犯人と認めるような）虚偽自白をなくすという真実発見の面でも，認められるべきではない。そこで憲法38条1項は，黙秘権を認め，被疑者・被告人が自分の意思に反して供述させられることを禁止している。さらに憲法38条2項は，強制や拷問などが原因で「任意性」に疑いがある自白（自分の意思に反してなされた自白）は，刑事裁判で証拠として使えないとしている（自白法則）。また，憲法38条3項は，有罪を示す証拠が自白しかない場合は，被告人を有罪とすることはできないとしている（補強法則）。このような憲法の考えは，自白獲得にかたよった捜査は危険であるという前提から，取調べを含めた捜査

を適正にコントロールしようとするものである。さらに現在は，密室の取調べの危険性が指摘されており，取調べを録音・録画したり，弁護士に立ち会わせるなどの取調べの可視化を要求する声も強い。

　しかし，黙秘権が認められているとしても，法律の素人である被疑者・被告人だけでは十分な防御活動はできない。そこで，憲法は，法律の専門家である弁護人に依頼する権利を，被疑者・被告人に認めている（憲37条3項）。特に，逮捕・勾留は，弁護人に依頼する権利の保障が前提とされている（憲34条）。この弁護人依頼権は，「刑事訴訟の進化の歴史は弁護権拡充の歴史であった」といわれるほど重要な権利である。また，憲法37条3項は，お金がないなどの理由で弁護人を選任できない被告人には，国が費用を払って弁護人をつけることを要求している（国選弁護制度）。これに対して，被疑者には国選弁護制度は認められていなかった。そこで，弁護士会が自発的に当番弁護士制度を運用していた（逮捕・勾留された被疑者のもとへ弁護士を派遣する制度。最初の面会は原則として無料）。なお，2006（平成18）年10月から，一定の重大事件で，被疑者が勾留された段階からの国選弁護制度が運用されている。

（3）起訴と公判――公平な裁判

　先に述べたように，起訴によって被疑者は被告人とされ，舞台は裁判所における公判に移される。刑事裁判が公平でなければならないということは，当然のことであろう。そのために憲法も，さまざまな規定をおいている。

　憲法37条1項は，「公平な裁判所の迅速な公開裁判」を受ける被告人の権利を保障している。そこで，審理する事件に関する予断（特に被告人に不利な事前の情報）を排除するために，起訴状一本主義（起訴の際，裁判所には起訴状のみが提出され，証拠などを付けてはならないとする原則）が採用された。また，公判も検察官や被告人・弁護人（この三者をそれぞれ当事者という）が中心となって進められる（当事者追行主義）。事件について白紙の状態の裁判所が，当事者による活動の経過や結果を冷静に判断して判決を下すことが，「公正な裁判」とされているのである。

　さらに，憲法37条2項は，すべての証人に対して反対尋問する機会を被告人に与えている。なにかを思い出して話すということには，見間違い，記憶違い

などの誤りが入る可能性が潜んでいる（1週間前の夕食を思い出せない人は少なくないだろう）。それゆえ，憲法は，証言を適正にチェックするために，被告人による反対尋問を権利として認めている。しかし，公判以外のところでなされた証言などを書面で出されると，このようなチェックはできない。それゆえ，公判外の供述を証拠として用いることは原則として禁止される（伝聞法則）。また，被告人には，公費による強制的手続で証人を呼ぶ権利も認められている（証人審問権）。以上のように，憲法は，公平な裁判所が適正な証拠にもとづいて，有罪か無罪かを判断（判決）することを要請しているのである。

（4）憲法が示す刑事手続——無辜の不処罰

このような憲法が示す刑事手続のイメージについて，国家にさまざまなハードルを課しているとの不満を持つ人もいる。確かに，犯罪の摘発や治安維持は，国家の重要な任務である。しかし，国家による活動は，ときとして国民に襲いかかることもあるし，人間がかかわる以上，思いこみや間違いもある。憲法は，このような国家による思わぬミスなどによって，無罪の人が有罪にされる（「冤罪」）悲劇が生まれないように，越えるべきハードルをいくつも設定しているのである。「刑事手続」は，「真犯人を処罰するための手続」というより「捜査機関である国家をコントロール」し，「無実の人を罰しない（無辜の不処罰）」ことを目的とする手続なのである。

9 国会

(1) 国会の地位

1) 国民の代表機関としての国会

憲法前文は,「日本国民は,正当に選挙された国会における代表者を通じて行動」するとして,国民主権を宣言する。そして「そもそも国政は,国民の厳粛な信託によるものであって,その権威は国民に由来し,その権力は国民の代表者がこれを行使し,その福利は国民がこれを享受する。」としている。国会は,わが国の統治機構の中でも国民の代表による政治体制の中心に位置付けられている。

憲法43条1項は,国会の両院は「全国民を代表する選挙された議員」で組織されるとする。国民と代表者(議員)の関係については,具体的には,議員は,特定の選挙区や集団の代表ではなく,選出された以上は,全国民のために職務を行い,政党や選挙区の選挙人,支持者の意思に拘束されないと解されている。すなわち,①代表機関(国会)の行為は,法的に代表される者(国民)の行為とみなされる(法的代表)とは解されず,②国民は代表者を通じて行動し,代表機関は国民の意思を反映するものとみなされるというのが通説(政治的代表)である。しかし,政治的代表説によると,国民の意思と議員の意思との間に一致があるか否かは問題とされない。多様な政党や社会集団が存在する現代社会にあっては,主権者である国民の意思も多様である。そこで,こうした社会の構造変化を踏まえつつ,国民意思と代表者意思の類似性を重視しようとする考え方が提唱されるにいたっている(社会学的代表)。そして,議会が国民の代表によって組織されるからには,可能な限りこの不一致を是正し,議会に国民の意思を反映させるのに効果的な制度である選挙制度が要請される。

2) 国権の最高機関としての国会

憲法41条は国会を「国権の最高機関」と定める。ところで,「最高機関」という言葉にはさまざまな意味がある。たとえば,①主権者の意味,②明治憲法下の天皇のような「統治権の総覧者」の意味,③他のすべての国家機関に対し

て命令しうる地位にある機関の意味，④その活動が他の機関の意思から独立し，また，その意思が終局的である機関の意味，などの可能性が考えられる。しかし，①は，憲法上「主権者」は国民であるから妥当ではなく，②は，現行憲法上は明治憲法のような立法・行政・司法の三権を掌握する機関はないから，これも妥当ではない。③は，憲法上権力分立制が取られており，国会といえども他の機関に指揮・命令しうる地位にないから，これも妥当でない。さらに，④は，内閣も裁判所もそれぞれ独立に活動しその意思は終局的であるから，国会の最高機関性の説明としては妥当ではない。このようにいずれの意味づけも妥当でないとすると，憲法にいう「国会の最高機関性」とはどのように考えたらよいだろうか。

　そこで，国会の地位を改めて考えてみると，行政府や司法府の組織や権能は，憲法の枠内で法律によって規律され，これらの機関の行為は一般に法律に準拠しておこなわれる。そして，国会はこれらの法律を作り，国政全般がうまく機能するように配慮すべき立場にあり，しかも憲法の枠内でうまくいかないと判断した場合には，憲法改正を発議すべき立場にある。その意味では，国会は国政全般について最高の責任を負う立場にあるといえる。すなわち，国会が国権の最高機関であるとは，このようなことを意味するものと解するのが穏当であろう。

3）唯一の立法機関としての国会

　憲法41条は，国会を「国の唯一の立法機関」とする。これは，①憲法の特別の定めがある場合を除いて，国会のみが立法権を有するということ（国会中心立法の原則）と，②国会による立法は他の国家機関の関与なしに国会の議決のみで成立することができるとすること（国会単独立法の原則）を意味する。

　明治憲法は，①の点で議会の関与なしに，法律と同じ効力を有する行政権による立法を広く認め（明憲8条・9条），②の点では，法律に国民を拘束する潜在的な効力を付与する裁可という権能を天皇に認めていた（明憲6条）。これに対し，現行憲法は，内閣の発する政令（行政機関による命令形式での立法も）は，執行命令（憲法・法律を実施するための命令）および委任命令（法律の具体的な委任による命令）に限られるし，天皇に裁可権もない。ただ，両議院および最高裁判所の規則制定権（憲58条2項・77条1項）は，国会中心立法の原則

の例外である。また，憲法改正（憲96条）は特別の国民投票等を必要とし国会の議決だけでは成立しないし「一の地方公共団体のみに適用される特別法」（地方特別法）はその地方公共団体の住民投票において過半数の同意を得なければ制定できない（憲95条）。これらは国会単独立法の原則の例外である。

（2）国会の組織

1）議　　院

憲法42条は衆議院と参議院からなる二院制を採用する。両院とも「全国民を代表する選挙された議員」で組織される。

二院制を採用する理由は，以下の諸点にある。まず，①両院で議員の選出方法を変えることによって多様な意見を国政に反映させる可能性がひらかれること。そして，②議会内部での権力分立が可能となって，一院への権力集中・専制化を防ぐことができること。さらに，③第一院が解散されたとき，第二院が存在するかぎり，緊急集会を開いて緊急な案件を処理することが可能となって，政治的空白を避けることができるという点が挙げられる。

両院はあくまでも1つの国会として同時に活動する（同時活動の原則）。したがって，衆議院が解散された場合は参議院も同時に閉会となる（憲54条2項）。ただし，衆議院解散後，新国会成立までの間に緊急の必要がある場合には，内閣の求めにより参議院の緊急集会を召集することができる（同条2項ただし書）。

両院は，それぞれ独立して審議・議決を行う（相互独立の原則）が，その権限は原則として対等である。ただし，予算の先議権（憲60条）と内閣不信任決議権（憲69条）は，衆議院だけに認められた権限である。また，例外的に衆議院の優越が認められている場合として，①法律案の再議決（憲59条2項），②予算案の議決（憲60条2項），③条約の承認（憲61条），④内閣総理大臣の指名（憲67条2項）などがある。権力分立による相互抑制を図るためには両院の平等が望ましいが，国政上の意思決定の不能という事態を防ぐためには，一方の優越が必要となるからである。

国会の議決には，両院の意思の合致が必要であり，国会の議決を要する案件について両院で意見が一致しない場合には意見調整のために両院協議会（各議院から10名ずつ選出された20名の委員からなる）を開くことができる。両院協議

会は，①法律案の議決については，衆議院が希望したときにのみ開かれるが（憲59条2項・3項），②予算の議決，③条約の承認，④内閣総理大臣の指名の場合は必ず開かなければならない。そして，両院協議会で成立した成案が両院で可決されれば，国会の議決となる。両院協議会を開いても意見が一致しないときは，原則として議案は不成立となる。ただ，国会の臨時会・特別会の会期の決定，国会の会期の延長（国会13条），会計検査院の検査官の任命に対する同意（会計検査院法4条）などは，衆議院の優越を認めている。

すべての衆議院議員が任期満了前に議員の資格を失うことを衆議院の解散という（45条ただし書）。解散に続く総選挙によって，国家の重要な政策について，主権者である国民の審判を仰ぐという民主主義的な狙いがある。解散権者をめぐって議論があるが，実務上は7条・69条にもとづき，内閣に実質的な解散権があるという慣行が確立している。

2) 議　　員

国会議員は，発議権を持ち，国会における審議で討論し，質疑し，表決する権限を有する。ただし，予算（憲86条），条約（憲73条3号），皇室財産の授受（憲88条・86条）についての発議権は内閣のみが持つ。全国民の代表として自由に活動できるように，歳費特権（憲49条）をもつほかに，その職責の重要性から2つの特権が与えられている。

第1に，不逮捕特権（憲50条）である。犯罪捜査に名を借りた行政や司法による不当な圧力を防止し議員の活動を保障しようとするものである。議員は法律の定める場合以外，国会会期中は逮捕されない。「法律の定める場合」とは，院外における現行犯の場合と，議員の所属する議院の許諾がある場合である（国会33条）。会期前に逮捕された議員も，議院の要求があれば，会期中は釈放されなければならない。

第2に，免責特権である（憲51条）。これは議院において議員が自由に意見表明できるように認められたものである。免責は議院でおこなった討論，表決等（議院の本来的業務）に限られると解するのか，それとも議員の職務行為に付随するものに及ぶと広く解するのか立場が分かれる。免責される院外の責任とは，一般の国民であれば負うべき法的責任のこと（名誉毀損罪による刑事責任や損害賠償のような民事責任など）であって，所属政党や支持団体等からの政

治的・道義的責任の追及まで免責されるわけではない。

国会議員は，任期満了，資格争訟により資格がないと議決された場合のほか，懲罰による除名等の場合に身分を失う。

3） 選挙制度

国民主権の原理により，民主的な選挙が要請される。憲法上，国民の意思が公平に国政に反映されるよう，人種，信条，性別，教育などによる制限の否定（普通選挙，憲15条3項），有権者の投票価値を平等に扱う（平等選挙，憲14条1項・44条），直接選挙（憲15条1項），秘密選挙（憲15条4項），任意投票であることが求められている。具体的には公職選挙法が定める（憲44条）。

選挙権者は満20歳以上の日本国民であり（公選9条1項），被選挙権者は衆議院が満25歳以上，参議院は満30歳以上の者である（公選10条1項1号・2号）。選挙に際しては，一定地域（選挙区）ごとに代表が選ばれる。

わが国の議員の選挙制は以下の通りである。まず衆議院は小選挙区から300名，比例代表区（全国11選挙区から，それぞれ6～29名）から180名を選出する。

参議院は，全国区の比例代表により96名，各都道府県を選挙区として146名が選出される。

（3） 国会の活動

1） 国会の権能

国会は，法律の制定（憲41条），予算の議決（憲60条），条約の承認（憲61条），内閣総理大臣の指名（憲67条），憲法改正の発議（憲96条）など，国政に関する重要な権限を有する。

また，内閣不信任決議権のほか，三権分立制の下，罷免の訴追を受けた裁判官を裁判する弾劾裁判所を設けることができる（憲64条）。

2） 議院の権能

両院はそれぞれ，院の組織・運営等の内部事項について自主的に決定する自律権を有する。その内容は，役員の選任（憲58条1項），議員の資格争訟の裁判（憲55条），議員規則の制定（憲58条2項），議員の逮捕の許諾および釈放の要求（憲50条），議員の懲罰（憲58条2項）等である。

また，国政調査権を有し（憲62条），国政に関する調査，証人の出頭・証言・

記録の提出を要求することができる。その権限の及ぶ範囲については議論があるが，国政に全く関係のない事項を除いて国政の全般にわたるとされる。国政調査権が国民の知る権利にとって役立つ意義を強調すれば，その積極的活用が期待されるが，現に審理中の裁判について国政調査権を用いることは司法権の独立（憲76条）を侵害するおそれがあるのでその運用は慎重とならざるを得ない。

両院はそれぞれ，国務大臣の出席および答弁を求めることができる。また，特に衆議院は内閣不信任決議をすることができる（憲69条）。議院内閣制においては，内閣の在職要件として国会の信任を求めるからである。

3） 国会の活動

国会は一定の期間を区切って活動する。その期間のことを会期といい，常会（通常国会），臨時会（臨時国会），特別会（特別国会）の3つがある。

常会は会期が150日，毎年1月に召集され，次年度の予算案の審議などをおこなう（憲52条）。臨時会は，内閣が必要と認めたとき，またはいずれかの議院の総議員の4分の1以上の要求のあったときに召集される（憲53条）。そして特別会は，衆議院の解散に伴う総選挙の日から30日以内に召集され，新しい内閣総理大臣を指名する（憲54条1項）。なお，召集は，内閣の助言と承認により天皇がおこなう（憲7条2項）。

国会は会期ごとに独立しており，意思の継続はないものとされる（会期不継続の原則）。また，すでに議院で議決された案件については同一会期中は再び審議しない（一事不再議の原則）。

衆議院と参議院に分かれて審議し，公開が原則である（憲57条1項）。両議院とも委員会制を採用しており，すべての議員が参加する本会議のほか，常任委員会や特別委員会が審議にあたる。

議員・委員会・内閣により法律案や議案が発議されると，実質的な審議は委員会でおこない（委員会中心主義），そこで可決された案件だけが本会議で審議され採決されることになる。委員会審議は非公開が原則であり，必要な場合は公聴会を開いて，学識経験者や利害関係者などから意見を聞くこともできる。

議事をおこない議決をするのに必要とされる定足数は，本会議においては総議員の3分の1である（憲56条1項）。表決方法は，出席議員の過半数による

単純多数が原則であるが，①議院の資格争訟の裁判における議席喪失決議（憲55条ただし書），②秘密会の要求（憲57条1項ただし書），③議員の除名（憲58条2項ただし書），④衆議院における法律案の再議決（憲59条2項）については，出席議員の3分の2以上の特別多数，憲法改正の発議（憲96条1項）については総議員の3分の2以上の特別多数が必要である。可否同数のときは議長の決裁による（憲56条2項）。

10 内　閣

（1）内閣の地位

1）行政権の主体

　行政権は，国家の権力作用から立法権・司法権を除いて残った部分を指すものとされる（控除説）。

　憲法は「行政権は，内閣に属する」（65条）と定め，内閣を立法・司法と並ぶ三権の1つである行政権を担う機関として位置づけている。内閣の組織や権能に関する基本事項を憲法に定めることによって，より強固な憲法上の基盤が内閣に与えられている。さらに，その他の事項についても法律で定めることとし，具体的には内閣法が，内閣の職権，組織，行政事務の分担管理，閣議，内閣総理大臣の権限，内閣官房等の設置・組織など，組織および運営に関する基本事項を定めている。

2）議院内閣制

　わが国は，内閣と国会の関係のあり方について国会の信任を内閣存立の条件とする制度（議院内閣制）を採用している。議院内閣制は，議会が主導権をもち，内閣は単に対抗手段として解散権を有するにすぎないと捉え，民意による議会の統治を目指す議会優位型と，内閣にも議会と同等の主導権を認め相互のチェック・アンド・バランスを重視し，議院内閣制の本質は両者の均衡にあると解する均衡型の2つがある。

　わが国の議院内閣制は，衆議院の内閣不信任制度とそれに対抗する内閣の衆議院解散制度からなる。憲法は，衆議院が不信任案の可決あるいは信任案の否決をしたら，内閣は10日以内に衆議院を解散するか，総辞職しなければならないと定める（憲69条）。内閣が衆議院を解散すると，すべての衆議院議員が，任期満了前にその資格を失う（憲45条）。解散の日から40日以内に衆議院議員総選挙をおこない，選挙の日から30日以内に特別会が招集される（憲54条1項）。また，その時点で内閣は総辞職するため（憲70条），特別会で新しい内閣総理大臣が指名される。

3) 内閣の組織

内閣は，行政権を担当する合議制の機関であって，その首長である内閣総理大臣と，内閣総理大臣が任命した14人（必要があれば17人）以内の他の国務大臣によって構成されるが（憲66条1項，内閣2条），これらは全員が文民でなければならない（憲66条2項）。

内閣総理大臣は，国会の指名で国会議員の中から選ばれ（憲67条1項），天皇が任命する。

国務大臣は内閣総理大臣によって任命され，天皇が認証する。また，その過半数が国会議員であればよいから（憲68条1項），必要であれば，学識経験者や実務に精通した民間人など，国会議員ではない者を登用することも可能である。

内閣の下にあって行政事務を担当する行政機関は，一般的に，国家行政組織法（3条）が「国の行政機関」と定める省（総務省，法務省，外務省，財務省，文部科学省，厚生労働省，農林水産省，経済産業省，国土交通省，環境省，防衛省）とそれらの外局（委員会，庁）のほか，内閣府設置法に定める内閣府とその外局（委員会（国家公安委員会など），庁（国家公安委員会の特別の機関である警察庁など））を指す。

内閣の補佐機関としては，行政各部の施策の統一を図るために必要な総合調整に関する事務を担う内閣官房（内閣12条1項）のほか，内閣の業務遂行に必要な法制に関する調査・研究をおこなう内閣法制局（内閣法制局設置法1条），安全保障会議（安全保障会議設置法1条）などがある。

行政権が内閣に帰属するといっても，あらゆる行政活動を内閣がおこなうということではない。内閣は行政各部の機関が行政権を行使するのを全体として総合調整し統括する地位に立つ。ただ，人事院（国公3条）や国家公安委員会（警察法4条），公正取引委員会（独禁27条）などのように，内閣または内閣総理大臣の下にあるとされながら，内閣からある程度独立し，複数の委員によって構成され，人事・警察・行政審判等のような政治的中立性が高度に要求される行政的機能のほかに，規則制定等の準立法的機能や裁決・審決等の準司法的機能を有する合議制の行政組織がある。これを行政委員会といい，これら委員会が内閣とどのような関係に立てば，内閣の指揮監督に服するといえるかをめ

ぐって議論がある（独立行政委員会の合憲性）。

なお，会計検査院は内閣から完全に独立した地位を認められている（憲90条2項，会計検査院法1条）ため，上記の行政委員会とは異なる。

（2） 内閣の権能と内閣総理大臣の職権

1） 内閣の権能

憲法73条は，内閣が処理する重要な職権事項7種を列挙する。

内閣は，①国会の制定した法律を誠実に執行し，国務を総理する（憲73条1号）。内閣は国会が定立する法律の最終執行機関であり，政策の決定遂行機関である。そして，行政事務を統括管理し，国政全般に配慮する義務と権限を有すると考えられている。②外交関係の処理（同条2号）も行政権の一部をなすものであり，内閣の権限である。たとえば外交文書の認証等は天皇の権能（憲7条）とされるが，それら文書の発行権限は内閣にあり，日常的な外交事務は外務大臣が行う。また，③条約の締結（憲73条3号）も外交関係に関するが，国家が他国との間の取り決めに拘束されることに同意するということ（条約の批准）の重要性から別個に掲げられている。条約の成立・発効には国会の承認が必要である。承認は事前が原則であるが，事後であってもよい。④官吏（公務員）に関する事務の掌握（同条4号）とは，国家公務員法の定めに従い，人事院の下でなされる人事行政のことである。⑤予算の作成（同条5号）は，財務省が原案をつくり，各省との折衝が行われる過程でいわゆる族議員の干渉が問題となったため，近時，経済財政諮問会議（内閣府設置法18条）による基本方針を提示し内閣主導への転換が図られている。⑥行政に必要な政令の制定（同条6号）は，各省大臣が，案を内閣総理大臣に提出して閣議を求めてなされる。政令（内閣の制定する命令）には，執行命令（憲法・法律を実施するための細則を定める）と委任命令（法律の所管事項を委任する内容を定める）とがある。ただ，国会が唯一の立法機関とされるため，これに抵触するような一般的・包括的委任は許されない。⑦大赦，特赦，減刑，刑の執行免除，復権の決定（同条7号）をおこなう（恩赦法が詳細を定める）。

なお，憲法73条は，「他の一般行政事務の外」と断っており，同条に列挙された事項は限定的なものではなく，例示と見るべきである。

以上のほかに，内閣の権能としては，他の国家機関との関係では，憲法上，国事行為の助言と承認という天皇に対する権限（憲3条・7条），参議院緊急集会の要求等の国会に対する権限（憲53条・54条2項・63条・69条・72条），最高裁判所長官の指名等の裁判所に対する権限（憲6条2項・79条1項・80条1項）がある。

2）内閣総理大臣の権能

内閣総理大臣は，内閣の一構成員であり，同時にその首長である（憲66条1項）。

内閣総理大臣は内閣を代表して，①法律案・予算その他の議案を国会に提出する権限を有し，②一般国務や外交関係について国会に報告したり，③内閣の下で行政事務を分担する行政各部を指揮・監督する権限をもつ（憲72条）。これら三種の権限は，内閣の意思から独立して行使されるものではなく，原則として閣議を経て行使される。内閣総理大臣の権限は，憲法上，他の箇所にも規定があり，これらはその職権のうちで重要なものを例示したにすぎない。内閣総理大臣には内閣の一体性・統一性を確保するために強大な地位と権限が与えられ，国会に対する連帯責任を実効性あるものにしている。

内閣総理大臣は，内閣の首長として，国務大臣を任命・罷免する権限をもつ（憲68条）。この任免権があることにより全員一致の閣議決定をすることができ，内閣の統一性と一体性を確保することができる。国務大臣は，その在任中，内閣総理大臣の同意がなければ訴追されない（憲75条）。訴追機関の不当な圧迫を防ぎ，内閣の一体性を確保するためである。

このほか，行政の方針を決定する閣議を主宰し，法律・政令への署名連署権（74条），各省庁間で権限に争いが生じた場合の裁定（内閣7条），行政各部の処分または命令の中止等の権限（内閣8条）を有する。

（3）内閣の活動と責任

1）内閣の活動

内閣は合議制の機関であり，閣議を開いて国政に関する方針を決定し（内閣4条），閣議決定した方針にもとづき行政権を行使する。閣議とは，総理大臣が主宰し国務大臣の出席する会議のことである。閣議を招集し主宰するのは内

閣総理大臣であるが，各国務大臣もその召集要求権をもつ。閣議には，毎週定日に開催される定例閣議と，必要に応じて召集される臨時閣議があり，欠席閣僚について，後から書類を回付してその決裁を受ける持回り閣議という形式もある。閣議は，非公開であり，その決定も全員一致によるものとされるが，議事に関する特別の規定はなく，すべて慣習による。

2） 内閣の責任

内閣は国会に対し連帯して責任を負う（内閣1条2項）。憲法66条3項は，内閣が国会に対して連帯して責任を負うことを定める。明治憲法において各国務大臣がそれぞれ単独でその職掌についての責任を負う（単独責任；明憲55条1項）としていた方法を改め，合議体としての内閣が一体のものとして責任を負う方法を採用している。それにより，内閣の決議方法は，多数決によらず全会一致を必要とし，かりに法律案・議案に対し異論を唱える大臣があれば，罷免・辞職によってその意思統一を図るべきものと解されている。ただ，連帯責任が原則としても，個々の大臣の単独責任を追及することができないというわけではない。学説上，66条3項は国務大臣の単独責任を否定する趣旨ではないと解されている。たとえば失言の責任をとる場合には，個々の大臣が辞職するという扱いが慣行となっている。

国会による内閣の責任追及方法としては，質疑，質問（国会74条〜76条），国政調査（憲62条，国会103条・104条・106条）などがある。これに対し，内閣は，内閣総理大臣の一般国務・外交問題に関する報告義務（憲72条），内閣総理大臣その他の国務大臣の議院出席義務（憲63条），内閣の財政状況報告義務（憲91条）などにより対応することになる。また，そのほかに，内閣不信任案の可決等（憲69条）があり，これにより内閣は衆議院の解散または総辞職のいずれかを選択する義務を負うことになる。

総辞職とは内閣総理大臣とその他の国務大臣が一度に辞任することで，内閣は存続が適当でないと考えるときは，いつでも自ら総辞職することができる。ただし，存続したくても総辞職しなければならない場合が法定されている。以下の3つの場合である。

まず，①内閣総理大臣が欠けたときである（憲70条）。これには死亡の場合のほか，国会議員の資格を失ったときとか，単独で辞表を提出した場合などが

ある。つぎに，②衆議院で内閣不信任案が可決されるか，あるいは信任案が否決されてから，10日以内に衆議院を解散しないとき（憲69条）である。そして，③衆議院議員総選挙の後，初めて国会の召集があったとき（憲70条）である。その典型は，衆議院の解散に伴う総選挙後に，特別国会が召集されたときであり，ほかに任期満了による総選挙の場合もある。

　総辞職から新内閣が組織されるまで内閣が仕事をやめてしまうと，国政に空白が生じ，重大な支障を来たすことになる。そのため，新しい内閣総理大臣が任命されるまでは，内閣は引き続きその職務をおこなう（憲71条）。

11 裁判所・司法制度

（1）司法権の意味と範囲

1） 司法権と裁判所

　社会において紛争はつきものであるが，このような紛争が生じた場合，国家は，裁判という制度を設け，その解決を図ることとしている。裁判は，一定の基準すなわち法によってなされる。すなわち，紛争の解決は，まず法のもつ客観的な意味内容を明らかにし，それを当該紛争に適用することによってなされるのであり，このような法の適用・宣言によって紛争を解決する国家作用を司法権という。そして憲法は，「すべて司法権は，最高裁判所及び法律の定めるところにより設置する下級裁判所に属する」と定め（76条1項），司法権は裁判所が独占的に行使するものとしている。

2） 司法権の範囲

　明治憲法において，司法権とは，民事事件・刑事事件の裁判作用をおこなう権能を指し，行政事件は，通常の裁判所とは別系統の行政裁判所が担当するものとされていた。また，軍人・軍属などの刑事事件を裁判する軍法会議や，皇族の民事事件を裁判する皇室裁判所などの特別裁判所の設置も認められていた。

　これに対して日本国憲法では，司法とは，行政事件を含むすべての裁判作用をおこなう権能を指すものと解され，司法権の範囲は拡大されている。すなわち，①司法権は裁判所に帰属することとされており，司法権の行使は通常裁判所以外に認められておらず（憲76条1項），また，法の下の平等と裁判を受ける権利の保障の徹底を図り，司法権の統合的な行使を通じて法の秩序ある解釈運用を図る趣旨から，②特別裁判所の設置は禁止されているほか，原則として行政機関による終審裁判は禁止される（憲76条2項）。ただ，たとえば，公正取引委員会などの行政委員会による審決などの行政審判（準司法的手続）のように，終審でなければ，司法手続の一部を行政機関が担うことも許される（裁3条2項）。

3）法律上の争訟

　国民各自の具体的な権利・義務関係について，自己が適正に関与できない手続によって拘束力を伴う解決がなされることは不公正である。よって，憲法76条の「司法権」の行使は，具体的な事件や，争訟性のある事件についてのみ行使されなければならない。それを受けて，裁判所法3条1項は，裁判所は「日本国憲法に特別の定のある場合を除いて一切の法律上の争訟」を裁判すると規定している。

　判例は，法律上の争訟のことを「当事者間の具体的な権利義務ないし法律関係の存否に関する紛争であって，それが法律を適用することによって終局的に解決しうるもの」と捉えている（最判昭和29年2月11日民集8巻2号419頁等）。したがって，紛争は具体的でなければならず，当事者間の具体的な権利義務・法律関係と無関係な抽象的な審査はできない。自衛隊の前身である警察予備隊の設置等が無効であるとして最高裁判所に直接訴訟が提起された事件においても，この具体的事件性を欠くとして，訴えが却下された（最大判昭和27年10月8日民集6巻9号783頁）。また，司法権の対象は法律関係の存否でなければならないので，単なる事実の存否や個人の主観的意見の当否，学問上，技術上の論争も裁判の対象とならない。国家試験の合否判定について「学問または技術上の知識，能力，意見等の優劣，当否の判断を内容とする行為」であり，試験実施機関の最終判断に任せられ，裁判の対象とならないとされる（最判昭和41年2月8日民集20巻2号196頁）。同様に，法律を適用することで終局的に解決できなければならないので，宗教の教義の解釈をめぐる争いなどは審査できない。いわゆる「板まんだら」事件（最判昭和56年4月7日民集35巻3号443頁）でも「具体的な権利義務ないし法律関係に関する紛争の形式」をとっていて，「信仰の対象の価値又は宗教上の教義に関する判断は請求の当否を決するについての前提問題であるにとどまる」ものであったとしても，宗教上の判断が「必要不可欠」で，訴訟の「核心」とされている場合には，法的解決についての終局性を欠き「法律上の争訟」にあたらないと判示されている。

4）司法権の限界

　「具体的な争訟」にあたる事件であっても，裁判所が行使する司法権の対象に含めて考えられない事項がある。これを司法権の限界という。司法権の限界

には，憲法が明文で定めた限界や国際法上認められた限界，憲法に明文の規定があるわけではないものの解釈による限界がある。

　(a)　憲法の明文上の限界　　憲法が明文で定めた限界としては，以下のものがある。すなわち，(i)議員の資格争訟の裁判（憲55条）である。国会議員たりうる資格は公職選挙法で定められているが，ある国会議員についてその資格の有無が問題となった場合には，当該議員の所属する議院が裁判権を有する。次に，(ii)裁判官の弾劾裁判（憲64条）は，国会議員で構成される裁判官弾劾裁判所の権限とされる。ただし，国会からは独立した機関である。(iii)大赦・特赦，減刑，刑の執行の免除および復権の決定は内閣の職権とされる（憲73条7号）。これらは，通常裁判所以外の機関が裁判をおこなうことを認められた例である。

　(b)　国際法上の限界　　確立された国際法規や条約その他の合意による限界もある。すなわち，外交官や外交使節の治外法権や条約による裁判権の制限（日米安全保障条約に基づく行政協定による特例など）等である。

　(c)　憲法の解釈上の限界　　この種の限界としては，(i)自律権に属する行為・団体の内部事項に関する行為がある。自律権に関しては，たとえば，議院の内部事項に関する事項は各議院の自律権に委ねられ，司法審査の対象とはならないと解されている。地方議員に対する懲罰議決の効力が争われた事件で，最高裁は「自律的な法規範をもつ社会ないし団体に在っては，当該規範実現を内部規律の問題として自治的措置に任せ，必ずしも，裁判にまつを適当としないものがある」とし，本件懲罰は司法権の対象にあたらないとした（最判昭和35年10月19日民集14巻12号2633頁）。また，自律的な内部規範を有する団体内部の紛争については，その部分社会内部の規律の問題に止まっている限りは団体の内部秩序・自治を尊重すべきであり，それに対しては司法審査が及ばないという考え方（部分社会論）にもとづくものがある。国立大学の単位認定は「特段の事情のない限り，純然たる大学内部の問題として大学の自主的，自律的な判断に委ねられるべきものであって，司法審査の対象にはならない」とした，富山大学単位不認定等違法確認訴訟（最判昭和52年3月15日民集31巻2号234頁）がその例である。そして，(ii)政治部門の自由裁量に属する行為もある。これは，国会や内閣などの行政庁の自由裁量に委ねられている事項については，裁量権の範囲をこえ，またはその濫用があった場合に限り，司法審査の対象になると

解されている（行訴30条）。さらに，(iii)いわゆる統治行為の問題がある。これは，国家統治の基本に関する高度な政治性を有する国家の行為について，その高度の政治性ゆえに司法審査の対象にはならないとする考え方（統治行為論）にもとづくものである。日米安全保障条約に関し，駐留米軍の存在の違憲性が争われた砂川事件の最高裁判決は，同条約などのように高度の政治性を有する国家の行為については，「一見極めて明白に違憲無効」であると認められない限りは司法審査の対象であるとした（最判昭和34年12月16日刑集13巻13号3225頁）。

（2）裁判所の構成・権能

1）裁判所の種類

（a）裁判所の種類　憲法76条1項は，司法権を担当する裁判所として「最高裁判所」と「法律の定めるところにより設置する下級裁判所」を規定している。最高裁判所は東京のみにあり，憲法問題を決定する終審裁判所である（憲81条）。下級裁判所としては，高等裁判所が札幌・仙台・東京・名古屋・大阪・高松・広島・福岡の8都市のほか，6都市に支部が，また，特別の支部として東京高等裁判所に知的財産高等裁判所が設置される（知財高裁設置2条）。そして，地方裁判所は各都道府県に1カ所，ただし北海道は4カ所の計50カ所あるほか，各地裁に支部があり，計203カ所ある。ほかに簡易裁判所（全国438カ所），家庭裁判所（地方裁判所と同じところにある。特に必要性の高いところに家庭裁判所出張所がある）がある。

なお，裁判所に勤務している者のことを裁判所職員といい，主なものとしては，裁判官（判事，判事補），裁判所書記官，裁判所調査官，裁判所事務官，廷吏，裁判所技官，裁判所速記官，執行官などである。

（b）裁判所間の関係　裁判所間には上下の階級があるが，行政機関の場合とは異なり，司法権は各裁判所が独立して行使するものであり，下位の裁判所が上位の裁判所の一般的な指揮命令に服することはない。すなわち，ここでいう上下の階級とは，下級の裁判所の裁判に不服がある当事者は，より上級の裁判所に不服を申し立てることができ，上級の裁判所がそれを正当と認めるときは，下級の裁判所の審決を取り消しまたは変更する裁判ができるということを意味する。

2） 裁判所の権能

(a) 最高裁判所の権限としては，以下のようなものがある。

(i) 審級上の最高かつ終審の機関であり（憲81条），「上告」および「訴訟法において特に定める抗告」について裁判権を有する（裁7条）。

(ii) 国家の行為に対して合憲か違憲かを審査する権限（憲81条）を有する。

(iii) 最高裁判所規則の制定権（憲77条）を有する。

規則制定権を最高裁判所に認めることによって，三権分立制における司法府の自主性を確保すると同時に，司法内部における最高裁判所の統制権と監督権を強化することになる。また，実務に通じた裁判所の専門知識・判断を尊重するという狙いもある。

(iv) 下級裁判所の裁判官指名権を有する（憲80条1項）。

下級裁判所の裁判官は，最高裁判所が裁判官にふさわしいと考える者の名簿を示し，内閣により任命される（憲80条1項）。

(v) 下級裁判所及び裁判所職員を監督すべき司法行政監督権を有すること（裁80条1号）

(b) 下級裁判所には，先に述べたとおり4つの裁判所がある。それぞれ以下のような権限を有する。

(i) 家庭裁判所は家庭の事件や少年事件の審判をする（裁31条の3）。

(ii) 簡易裁判所は小額かつ軽微な事件を簡易かつ迅速に処理する第1審裁判所で，平成15年の改正で140万円を超えない請求は簡易裁判所の専属管轄となった（裁33条1項1号）。ただし，請求する価格が算定不能・困難な場合は地方裁判所の管轄になる（民訴8条2項）。

(iii) 地方裁判所は，家裁，簡裁が扱わない訴訟を受けもつ（裁24条1号）。

(iv) 高等裁判所は上記各裁判所の判決に不服があるときに利用される（裁16条）。

3） 裁判の公開

憲法82条は「裁判の公開」を原則としている。法廷における傍聴人のメモの採取に関する判例で最高裁は，「憲法82条1項の規定は，裁判の対審及び判決が公開の法廷で行われるべきことを定めているが，その趣旨は，裁判を一般に公開して裁判が公正に行われることを制度として保障し，ひいては裁判に対す

る国民の信頼を確保しようとすることにある」（最大判平成元年3月8日民集43巻2号89頁・レペタ事件）とし，「裁判が公正に行われることを保障したもの」と考えられている。例外として，「公の秩序または善良の風俗を害する」おそれがある場合は裁判の非公開が認められている（憲82条2項）。

（3）司法権の独立

　司法権の担い手たる裁判所がその職責を果たすためには，全体としての裁判所（司法府）が政治部門や立法部門から独立して自主的に活動できなければならない（司法府の独立）。しかしそれと同時に，裁判をおこなう裁判官が，具体的に裁判をおこなう際には，他から影響を受けることなく，法の客観的意味と信ずるところに従って，その職責を行使できることが必要である（裁判官の独立）。司法権の独立とは，この2つの面での独立を意味する。

　先に述べた，最高裁判所の規則制定権，最高裁による下級裁判所裁判官の指名権，最高裁を中心とする司法行政権などは，司法府の独立に資するものである。また裁判官の独立については，裁判官の「職権行使の独立」と，実際にそれを確保するための「身分保障」が規定されている。以下では，特に裁判官の独立に焦点を当てて説明しよう。

1）　裁判官の職権行使の独立

　裁判官は，中立の立場で公正な裁判をするために，その良心に従い独立してその職権をおこない，憲法および法律にのみ拘束される（76条3項）。ここでの「良心」とは，裁判官個人の主観的な良心ではなく，裁判官としての職務上当然に有すべき客観的良心，ないし裁判官の職業倫理と解されるべきである。

　また，裁判官の職権行使の独立性を確保するためには，対外的には，裁判に際して，立法権や行政権からの圧力がかかってはならない（対外的独立）。裁判所の下した量刑を批判した参議院法務委員会の国政調査が，司法権の独立を侵害しないか問題となった事件（浦和事件）がある。最高裁は国政調査の範囲を逸脱するものと強く抗議したのに対し，法務委員会は司法権に対しても監督権が及ぶと反論したが，学説のほとんどは最高裁を支持した。同様に，対内的にも，司法内部の監督権の名の下に，裁判官に不当な圧力がかけられるようなことがあってはならない（対内的独立性）。地方裁判所長が事件の担当裁判官に

対して事件の判断に示唆を与えるような内容の「書簡」を私信として送付したことが明らかとなった事件で，地裁裁判官会議は明らかに裁判に対する干渉にあたるとして当該所長を厳重注意処分にし，最高裁は同所長を注意処分にし，転任させた（平賀書簡事件）。

2）裁判官の身分保障

裁判官の職権行使の独立を保障するために，裁判官は行政府の圧力から独立して裁判を行えるよう，強力な身分保障が与えられている。

(a) 身分の保障　罷免される場合について，憲法上，次の3つの場合に限定される。まず，(i)裁判により，心身の故障のために職務を執ることができないと決定された場合である。次に，(ii)公の弾劾により罷免された場合（憲78条前段）である。このとき，罷免の訴追を受けた裁判官は国会の両議院の議員で組織された弾劾裁判所が裁判する（憲64条1項）。そして，(iii)最高裁判所の裁判官については，衆議院選挙の際に国民審査を受け，その投票の結果，多数決にもとづいて罷免される場合（憲79条2項・3項）がある。

そして，行政機関は裁判官を懲戒することはできない（憲78条後段）。

(b) 報酬の保障　裁判官は，定期に相当額の報酬を受けることになっており，しかも在任中減額することはできない（憲79条6項・80条2項）。

(c) その他の保障　裁判官は，弾劾裁判または国民審査によるほか，別に法律で定めるところにより心身の故障のために職務を執ることができないと裁判された場合以外は，その意思に反して免官，転官，転所，職務の停止または報酬の減額をされることはない（裁48条）。

また，在任中，裁判官は，国会や地方公共団体の議員になったり，積極的な政治運動をしたり，商売や，金銭上の利益を目的とする業務をおこなうなどのほか，最高裁判所の許可を得ない限り，報酬を得て他の職務に従事することはできない（裁52条）。

（4）違憲法令審査権

憲法81条は，「最高裁判所は，一切の法律，命令，規則又は処分が憲法に適合するかしないかを決定する権限を有する終審裁判所である。」と定める。このように，わが国の裁判所（最高裁判所以下，すべての下級裁判所を含む）は，

具体的争訟の解決に付随して法令その他の処分が憲法に違反するか否か（憲法適合性）を審査し，公権的に判断することができるものと解されている（付随的違憲審査制）。自衛隊の前身である警察予備隊の設置や維持に関する国の一切の行為の無効確認を求める訴えの提起に対し，最高裁は，具体的事件を離れて抽象的に法律，命令等が憲法に適合するかしないかを決定する権限を有するものではないとして訴えを却下した（最大判昭和27年10月8日民集6巻9号783頁，警察予備隊違憲訴訟）。

　付随的審査では，事件の解決に必要な限りで審査がおこなわれる。そこで，事件の解決が憲法判断をしなくても可能な場合には憲法判断そのものの回避がなされることがある。自衛隊基地内の電信線を切断したことが自衛隊法第121条の「その他の防衛の用に供する物を損壊」に該当するとして，自衛隊法の合憲性について争われた事件について，判決では「その他の防衛の用に供する物」に該当しない以上，被告人は無罪であり，無罪の結論が出た以上は憲法判断に立ち入るべきではないとした例がある（札幌地判昭和42年3月29日下刑集9巻3号359頁，恵庭事件）。また，法律そのものの合憲性を判断することなく，憲法の趣旨から，当該法律を制限的に解釈して適用したものもある（公共企業体労働関係法17条1項をめぐる，いわゆる全逓東京中郵事件判決〔最判昭和41年10月26日刑集20巻8号901頁〕）。

　また，違憲判決の効力をめぐって，当該事件の必要な限りで付随的に審査するだけなのだから，あくまでも当該事件にしか及ばないとする見解（個別的効力説）と，憲法98条1項などを根拠に，違憲と判断された法令は一般的に無効になると見解（一般的効力説）の対立がある。個別的効力説では，同一法令について判断に矛盾が生じるおそれがあり，法的安定性を欠く危険性が問題として指摘されている。しかし，一般的効力説では，事後処理にも重大な影響を及ぼすうえ，憲法41条との関係から，法令の効力は立法機関の改廃によるべきであると考えられることから個別的効力説が妥当と考えられている。

12 財政／地方自治

(1) 財　政

　財政とは，行政主体である国がその運営に必要な資金を調達し，それを管理し使用する活動のことをいう。日本国憲法では，83条から91条で財政に関する基本原則について規定している。財政民主主義，租税法律主義，そして支出・負担議決主義の3つは，財政を考える上での重要な原則である。

1）　財政民主主義

　憲法83条の財政民主主義は，財政に関する規定の総則であり，財政をめぐる原則の根幹を定めるものである。これは，憲法41条のいう国会中心主義の1つの現れでもあり，財政をめぐる権限が国会の議決にもとづいて行使されなければならないことを意味している。また，「国民の，国民による，国民のための財政」の実現を期するものとも説明されている。

　適正かつ公正な財政の活用を実現する上では，国民の権利義務に直接関わる権力的な活動について法律の根拠を要するというのが，行政法上の原則（法律による行政の原理）でもある。財政民主主義はこれを特に確認するものであり，国の歳入と歳出については国民が監視して政策形成に参加していく仕組みをとることを示したものである。

2）　租税法律主義

(a)　**租税法律主義の内容**　　租税とは，国がその経費を支弁するために徴収する金銭のことをいう。これは，国の提供するサービスへの対価ではなく，また一部を除き特定の目的のために徴収されるものでもない。租税は，公共サービスを提供するにあたっての資金調達目的から，また所得の再配分や景気調整の目的から存在するものである。

　憲法84条の規定する租税法律主義は，財政民主主義が歳入面で現れたものといえる。これは，国会の定める法律によらずに，新たな租税を賦課したりそれまでの租税を変更してはならないことを意味している。アメリカ独立戦争時のスローガンであった，「代表なくして課税なし」もこれにもとづくものといえ

るであろう。

　租税法律主義の下では，行政による恣意的な租税の賦課徴収を防止するため，租税の内容と徴収手続が法律で明白かつ明確に定められていることが要求されている。つまり，租税の種類，税率，納税義務者，徴収の手続のすべてが，法律で明らかとされていなければならない。法律の委任がない限り，行政立法でそれらについて定めることもできないといえる。

　(b)　通達による課税の問題　　通達とは，法令の解釈を統一するために，上級行政機関が下級行政機関に対して発する命令のことであり，下級行政機関はその内容に拘束されるが，国民や裁判所がそれに拘束されることはない。租税に関しては，他の行政の領域と比較すると，通達の果たす役割が大きくなっている。通達は，行政活動において取扱いを統一する手法として有益であるほか，租税徴収の細目については特に全国一律であることと公平であることが強く要請されているからである。

　法律が改正されていないにもかかわらず，通達の変更によってそれまでの運用が大きく変わってしまったことがあった。その例が，パチンコ球遊器事件（最二小判昭和33年3月28日民集12巻4号624頁）である。旧物品税法は，遊戯具の課税についての規定を設けていたが，パチンコ球遊器は遊戯具には属さないと解されており，非課税物品として扱われていた。しかし昭和26年になると，東京国税局長や国税局長官により，パチンコ球遊器は遊戯具であるとの通達が出され，これを根拠にそれ以降は課税されるようになった。そこで，パチンコ球遊器製造業者らが，課税処分の無効確認と納付税額の還付を求める訴えを提起したのがこの事件である。最高裁は，法の解釈として「遊戯具」の中にパチンコ球遊器が含まれるとの判断は正当であり，課税が通達を契機としておこなわれたものであっても，通達の内容が法の正しい解釈に合致しているのであれば，課税処分は法律の根拠にもとづく処分と解することに妨げはないとして，この事実関係における課税を合憲と判示した。しかしこの事件では，通達によって非課税から課税へと大きな転換があったことになり，実質的に新しい課税がなされるようになったと見ることも可能である。そこで，この通達による課税は，租税法律主義に反するものであり違憲ではないかとの批判がなされている。

3） 支出・負担議決主義

憲法85条は，国費の支出と国の債務負担は，国会の議決に基づいてなされなければならないと規定している。さらに憲法86条は，予算の作成とそれが国会の議決を経なければならないことを定めている。

(a) 予算の法的性格 予算とは，一会計年度における歳入および歳出の予定準則であり，憲法73条5号の下で作成と提出は内閣の権限とされている。なお憲法60条は，衆議院が予算案を先議すること，そして衆参両院で議決が分かれた場合には衆議院の議決が国会の議決となるという衆議院の優越を認めている。

予算の法的性格については，学説が分かれている。予算行政説は，予算とは国会が内閣に対して一会計年度の財政計画を承認するという意思表示であり，それは国会と内閣との間で効力を持つに過ぎないとする。この理由としては，予算は成立手続，対象，有効期間が法律とは異なる，という点が挙げられているが，財政民主主義との関係では疑問がある。これに対し予算法規範説（予算国法形式説）は，予算と一般の法律との相違に注目しつつ，財政民主主義からして，予算は国法の一形式ではあるものの法律とは異なる面があるとする。最後に予算法律説は，予算は予算法として考えるべきとの立場をとっている。国会の予算修正権との関連では，予算法規範説や予算法律説の立場が有力ではないかと思われる。

(b) 国会の予算修正権 日本国憲法の下では，国会の予算審議権を制約する規定は設けられていないため，予算の修正は許されている。修正には，増額修正と減額修正があるが，減額修正については財政法19条にも関連の規定があるため，問題とされることはない。しかし，増額修正の場合には予算を法律であると理解しなければ，国会は修正することができないであろう。予算の発案権が内閣にある以上は，それを覆すようなことは国会には許されないと考えるからである。予算法規範説および予算法律説であれば，法律の改正に含めて考えることができるため，増額修正も可能といえる。しかし，この場合でも新たな財源を示す必要はある。

(2) 地方自治

　明治憲法下の日本では，中央集権の考え方が支配的であり，地方公共団体は中央政府の下級機関としての位置づけが一般的であった。しかし，第2次世界大戦を経た日本国憲法の下では，地方公共団体は中央政府に従属する存在としてではなく，地方の自主性を確保すると同時に住民を保護する役割を担う存在として考えるという，アメリカの「ホーム・ルール制」が導入された。日本国憲法は，第8章の92条から95条において地方自治に関する定めを置いている。

　その後も，国と地方公共団体との間に対等な協力関係を築き，また個性豊かで活力に溢れる地域社会の実現を図っていくために努力が続けられてきた。平成11年7月には，地方分権一括法が制定されて，地方自治法の改正をはじめとする法律の改正が進み，「地方の時代」ともいわれるようになった。それまでは，地方公共団体の執り行う事務には，地方公共団体の事務である自治事務と，国の事務である機関委任事務とがあったが，地方自治法の改正で全てが地方公共団体の事務とされ，その中で自治事務と法定受託事務とに区分された。地方自治法は，平成14年にも改正がなされており，地方へのさらなる権限委譲が進められている。

1） 地方自治の保障

　地方自治の保障をいかに理解するかについては，学説の対立が見られる。まず固有権説は，フランスの影響を受けた考え方であるが，地方自治権を前国家的自然権として，国家による不当な介入を受けることのないよう，一種の絶対的権限を保障するものと捉えている。これに対しては，地方公共団体に絶対性を認めることや，憲法92条が地方自治の組織や運営について法律に留保していることが説明できなくなるといった疑問が提起されている。次に伝来説（承認説）は，地方自治権は国家の統治権に由来するものであり，国家が承認することによって保障されるものであるとする。しかし，これでは国家が地方自治権を承認しないという判断を下した場合に，地方自治権が空洞化する懸念がある。そこで，今日では制度的保障説が有力となっている。つまり，日本国憲法は民主主義の自由主義の維持のため，地方自治を制度として保障しているという考え方である。これによると，法律で地方公共団体の組織や運営を定めることは

できても，憲法92条のいう地方自治の本旨は，国家権力によっても奪うことはできないことになる。そこで，地方自治の本旨とは何かが重要となってくる。

2） 地方自治の本旨

憲法92条で言及のある地方自治の本旨は，法律をもってしても奪うことはできない。これは，具体的には住民自治と団体自治を意味している。

住民自治の原則とは民主主義の要請に基づくものであり，地方公共団体における行政は地域住民の意思と責任によって運営されるということである。これとの関連で見ると，憲法は93条2項で地方公共団体の長および地方議会議員の直接選挙について，そして95条で一の地方公共団体のみに適用される特別法の住民投票についてそれぞれ保障している。次に団体自治の原則とは，自由主義の要請に基づくものであり，中央政府に対する抑制均衡を図るため自らの事務を自らの責任で処理するということである。これは，地方公共団体に自治権を与えるという，地方分権の根幹にもある考え方ということができる。憲法94条は，財産の管理，事務の処理，そして行政を執行する権能について，法律の範囲内で条例を制定することができると定めている。

3） 条例をめぐる問題

条例制定権は，憲法92条の地方自治の本旨に基づき，直接94条により法律の範囲内において条例を制定する権能と理解されている。そこで，「法律の範囲内」とは何を意味しているのか，条例制定権の限界はどこにあるのかが問われることになる。

(a) 財産権規制 憲法29条は，財産権に対する規制は法律で定めるとしている。そこで，条例によって財産権を規制できるかが問題となるが，条例も法律と同様に民主的な裏付けがあることを根拠に，条例による財産権制限も認められてきている（奈良ため池条例事件・最大判昭和38年6月26日刑集17巻5号521頁）。

(b) 罰則 条例違反の行為に罰則を定めることについては，条例制定権には当然に罰則制定権が内包されているという見解と，法律による委任を必要とするという見解の対立が見られた。この点は，憲法31条の適正手続の保障が，「法律の定める手続」によるよう求めていることからも問題とされていた。

大阪市条例事件（最大判昭和37年5月30日刑集16巻5号577頁）では，条例に罰

則制定権を認めた地方自治法14条の合憲性が争われたが，判旨は条例によって刑罰を定める場合には，法律の授権が相当な程度に具体的で限定されていれば足りるとした。つまり，法律の委任が必要であるとの前提をとりつつ，委任の具体性については緩やかに解しており，実質的には条例制定権に罰則制定権も読み込んだものと見ることが可能である。

　(c)　**上乗せ条例と横出し条例**　日本が高度成長期を迎えた1960年代後半から1970年代以降になると，条例制定権を行使して，地域における独自の問題に対処したり，あるいは国の法律がまだ整備されていない行政の領域における先取り行政の実現（この典型は，情報公開条例，行政手続条例の制定である）などが見られるようになってきた。上乗せ条例（法律が定めている規制よりも，厳しい基準を規定する条例）や横出し条例（法律が規定しているよりも広い範囲について規制の網をかける条例）が登場してきたのは，公害対策の必要性を背景としたものである。上乗せ条例の最初の例は，昭和44年の東京都公害防止条例であった。この条例は，法律の規制基準では深刻な環境問題には十分対処し得ないとの認識に立つものであり，国との対決姿勢を明らかにしたものといわれている。

　その後，国の法令と条例の抵触をめぐっては，徳島公安条例事件（最大判昭和50年9月10日刑集29巻8号489頁）で判断の基準が示されるに至った。デモ行進をした行為が，道路交通違反に加え徳島市の公安条例にも違反するとされたことが争われたものであり，条例で法律と重複する規制を設けることの合憲性が問題となった事件である。最高裁は，まず「条例が国の法令に違反するかどうかは，両者の対象事項と規定文言を対比するのみでなく，それぞれの趣旨，目的，内容及び効果を比較し，両者の間に矛盾抵触があるかどうかによってこれを決しなければならない」と判示した。そして，①条例が国の法令とは別の目的に基づく規律を意図するものであり，条例の適用によって国の法令の規定する目的と効果が阻害されないとき，②条例が国の法令と同一の目的に出たものであっても，国の法令が必ずしもその規定によって全国的に一律に同一内容の規制を施す趣旨ではなく，その地方の実情に応じて別段の規制を施すことを容認する趣旨であると解されるとき，については，「国の法令と条例との間にはなんらの矛盾抵触はなく，条例が国の法令に違反する問題は生じえない」と

いう基準を示している。

　平成11年の地方自治法改正後も，この基準は維持されているが，国と地方の役割分担の明確化（地方自治法1条の2・2条）が図られていることからは，条例はできる限り適法と解釈すべきであるといえよう。

第Ⅱ編

市民生活と法

13 市民生活と法

（1）私法の一般法 ──民法──

　私たちは，人と人とのかかわり合いの中で日常の生活を送っている。たとえば，電車に乗って学校へ行ったり，食堂でご飯をとったりすることを考えても，他人の協力がなかったら大変な苦労である。しかし，私たちの行動は，他人から一方的に施しを受けたり，強制されたりするものではない。私たちは，つねに自由な意思で行動し，他人と対等に向き合って行動している。このように，社会で暮らす人々が独立・平等の人格をもち，自由に活動できることは，市民社会生活の根本ルールである。

　今となっては当たり前である，上記の市民法秩序は，近代までは当たり前というわけではなかった。もともと，ヨーロッパの中世封建社会は，国王と諸侯，領主と家臣という身分的な従属関係を前提とした社会であった。諸侯は国王に絶対的な忠誠を誓い，農民は土地から自由に離れることは許されず，領主に税を納めなければならなかった。ところが，近代市民革命以降，身分制度にもとづく封建社会は打破され，個人の人格が解放されることとなる。近代市民社会はおおむね資本主義の経済体制を中心に発展し，個人の経済活動は国家の干渉を受けずに自由に展開することが可能となった。ここでは，国家は個人の経済的な自由が阻害されないよう監視する役割に回ることになる。このように，封建社会においては，身分的支配服従の関係と土地の利用関係が混在一体となっていたのに対し，近代市民社会においては，個人と個人の間の財産的関係は国家権力関係から分離されたものとなった。ここに，近代市民法，つまり近代私法というものが生成されたのである（公法と私法の分化）。

　今日，平等な私人間の財産的関係や家族的関係を規律する法のことを一般に私法と呼んでいる。私たちの身近な生活関係も，たくさんの私法で規律されている。中でも，最も基本となる法律が，民法（civil law）である。「民法は，私法の一般法である」といわれるが，それはどういう意味なのだろうか。たとえば，売買契約という典型的な契約について規律している法を見てみると，民法

555条以下と，商法524条以下，さらに，割賦販売法2条に「割賦販売」という用語を探すことができる。これらを比較すると，民法では，とくに売買をする人や場合を限定していないのに対し，商法では，「商人」同士の売買に限定され，割賦販売法では，購入者から商品の対価を2カ月以上に渡り3回以上の分割で受け取る等の内容の売買に限定されている。つまり，民法は，売買契約に代表される，私たちの生活でよく使われる，ごく基本的なルールについて広く一般的に定めているところが特徴である。このような性格の法律を「一般法」とよんでいる。これに対し，商法，割賦販売法は，民法の定めより特殊なケースの売買について，より実際の取引に合った細かい定めを置いているので，特殊なケースでは民法に優先して適用されることになっている。このような性格の法律を「特別法」といい，特別法は一般法に優先するのが決まりである。特別法がなければ，基本に立ち返って一般法が適用されることになる。ただし，一般法，特別法の関係は，相対的であることに注意すべきである。たとえば，商法は民法の特別法であるが，保険業法に対しては一般法である。

　以下では，私法の最も基本となる民法の内容を，少し掘り下げてみることにしよう。

（2）民法の指導原則

1）　3つの指導原則

　近代市民革命以降，形作られた市民法秩序においては，個人は国家から独立した人格があり，国家からの干渉に対し自由であって個人はみな平等であることが大前提となっていた。民法は，市民社会において，各人が独立・自由・平等であることを根本とし，市民個人に権利の享有主体である人格（法人格も含む）を認めている（民3条）。そのうえで，平等な個人と個人の間では，自由な意思でお互いの社会生活関係を自治的に作っていくべきことを，法の理念としている。このような考えを，私的自治の原則という。

　私的自治の原則は，民法全般に渡って（財産法，家族法を問わず）広い意味で通用する原理であるが，ここでは，主に財産的関係を念頭において，民法の指導原則とよばれるものを順にみていくことにする。民法が規律している財産的関係は，大きく分けて「物」に対する関係と「人」に対する関係とに分ける

ことができるため、一般には、その2者との関係で、次の3つの指導原則があると説明されることが多い。

(a) 所有権絶対の原則 私人が経済活動を自由に行う前提には、各人が自分の財産を持ち、独占的に支配できることが必要である。このような「物」に対する絶対的支配権のことを所有権といい、民法は、所有権が、国家や他人によって侵すことのできない排他的な権利であることを指導原則としている（所有権絶対の原則）。この原則により、私人は、安心して資本を投下し、個人の財産を築くことができるようになったといえるため（私有財産制）、資本主義経済の発達と密接に結びつく原則でもある。

(b) 契約自由の原則 私人の経済活動の基礎は、財貨の交換である。個人が自由で平等である社会においては、人が「人」に対して、経済活動の具体的内容を自由に決めることができる。法律的な効果を生じる行為（法律行為）の中で、最も代表的な行為が契約であるため、民法は、人が、契約の締結、内容、方式のいずれについても自由に決めることができることを指導原則の1つとしているといわれる（契約自由の原則）。この考えは、人は皆同等の能力をもっていることを前提として、自由競争の社会と結びつく。

(c) 過失責任の原則 「人」に対する契約自由を保障した民法は、同時に、私人が自由な活動によって他人の権利を侵害したとしても、行為者に故意や過失がなければ、責任を問うことができないとする原則をも指導原則としている（過失責任の原則）。これは、私人の自由な活動を裏側から推進する役割を果たし、人の経済活動の範囲を拡げることへとつながる。

2） 原則の修正

民法の指導原則は、生産に必要な資本や生産手段を私人のものとし、国家の干渉がない自由競争社会を導いた。しかし、資本主義が高度に発展してくると、自由競争は富の不均衡を生み、やがて経済的弱者にとっては、かえって上記の指導原則が権利の妨げとなる事態となった。そこで、今日では、民法の指導原則を以下のように修正して理解するのが妥当である。

第1に、所有権絶対の原則については、権利の名の下に他人の権利を侵すことは制限される。たとえば、自家用ジェット機を毎晩飛ばして騒音を起こすような行為は許されない。憲法が「財産権の内容は、公共の福祉に適合するやう

に，法律でこれを定める。」（憲29条2項）とし，また，民法が「私権は，公共の福祉に適合しなければならない。」（民1条1項）とするのは，所有権の制約原理としての「公共の福祉」を法が認めていることの表れである。

　第2に，契約自由の原則については，私人間が実質的に不平等であるとき，国家が契約に干渉することを許容する。たとえば，使用者に対して弱い立場にある労働者の側から，使用者の定めた契約内容を変更できるよう，国が制度を保障し，私人間に介入することを認めるような事である。労働基準法や借地借家法の制定は，この修正原理の表れである。

　第3に，過失責任の原則については，過失が無くとも責任を問いうる場合を認める。たとえば，人力では避けることができない危険を内包しながら，他人に損害を与え，他方で多大な利益をあげている人（とくに企業）については，無過失でも責任を問いうるのではないかという考えが強い。このような考えを，無過失責任主義という。民法の中にも，工作物の所有者には無過失責任を認める規定がある（民717条）。また，自動車損害賠償保障法3条は，加害者に運転の際の注意を怠らなかった等の証明責任を課して，過失責任の原則を修正している。

（3）人の一生と法

1）権利能力

　私たちは，市民生活において，財産に対し所有権をはじめとした権利をもち，契約等を通じて他人に対して権利をもつ。この権利の主体となれる地位または資格を，権利能力という。かつて，封建社会にあっては，この権利能力を身分や性別によって差別化していたが，近代私法は，これを否定する。わが国の現代民法も，「私権の享有は，出生に始まる。」（民3条1項）とし，権利の主体としては皆平等であり，生死の境目だけが基準となるとしている。

　権利が消滅する場合は，その主体の死亡のみである。ここで，死亡したとはいつを言うのかが議論となっている。民法の伝統的な解釈によれば，心臓の機能が停止したときだとされていた。しかし，今日では，臓器移植の登場にともない，脳死（「脳幹を含む全脳の機能が不可逆的に停止するに至ったと判定されたもの」（臓器の移植に関する法律6条2項））を人の死と認めるべきか否かが問題

となっている。

2） 意思能力と行為能力

　民法において，契約に代表される法律行為が，自由な意思によっておこなわれることは前述した。では，自由な意思を形成できないような乳幼児は，物を売ったり買ったりすることができるだろうか。法律行為が有効であるためには，行為が何であるかを正常に判断できる能力が必要である。この判断能力のことを，民法の解釈では意思能力とよび，これを欠く者がした法律行為は無効とされている。

　もっとも，この意思能力の法理には欠点がある。それは，個々の具体的なケースにおいて，行為者に正常な判断能力があったかどうかを判定するのは非常に難しいということである。その結果，たとえば，意思能力のない人が運悪く義務を課されてしまったり，あるいは逆に，商売をする店主に，売る相手によって契約が無効になるリスクを課すことになりかねない。そこで，民法は，一般的に能力が不十分だとみられる者を定型化し，能力が不十分な者の能力を一定の保護者が補うものとし，仮に能力が不十分な者が単独で法律行為をしたときはあとで取り消しうるものとした（民5条2項・9条・13条4項・17条4項）。法律上単独で有効な法律行為をなしうる地位または資格を行為能力という。

3） 制限能力者の保護

　民法が行為能力を制限した一定の者は，制限能力者とよばれる。民法は，制限能力者が市民生活の中で不当に利益が害されることのないよう，細かな規定を置いている。民法の定める制限能力者は，未成年者，成年被後見人，被保佐人，被補助人の4者である。未成年者は，満20歳に達しない者をいい，その財産上の取引については，法定代理人（例，親権者）の代理または同意を得なければならない（民5条1項）。成年被後見人は，精神上の障害により事理弁識能力を欠く常況にある者で，家庭裁判所で後見開始の審判を受けた者である。成年被後見人には，成年後見人が保護者としてつけられ，日常生活に必要な行為を除く広い範囲で代理権が与えられている（民9条）。被保佐人は，精神上の障害により事理弁識能力が著しく不十分な者で，家庭裁判所で保佐開始の審判を受けた者である。被保佐人には，保佐人が保護者としてつけられ，一定の

重要な財産上の法律行為について同意権が与えられている（民13条1項）。被補助人は，精神上の障害により事理弁識能力が不十分な者で，家庭裁判所で補助開始の審判を受けた者である。被補助人には，補助人が保護者としてつけられ，特定の行為について家庭裁判所の審判により個別に同意権が与えられる（民17条1項）。制限能力者のうち，後三者に関する制度を法定後見制度（成年後見制度）という。法定後見制度は，判断能力が不十分な成年者を保護しつつ，高齢者，知的障害者，精神障害者の福祉の視点から，自己決定の尊重，残存能力の活用などをも図った制度である。

（4）人の財産と法

1） 物権と債権

市民生活において，私人の経済活動の対象となる権利を，財産権という。民法では，財産権として，物権と債権という2つの権利を定めている（第2編，第3編）。この物権と債権の違いはどこにあるのだろうか。

物権は，所有権に象徴されるように，物を直接支配できる権利である。所有権絶対の原則で学んだように，物権には他人から介入を受けない性質をもっている（排他性）。また，物に対する権利であるので，世間の万人に対して権利を主張できる（絶対性）。このように，物権は，非常に強力な権利であるので，法で定めた以外の物権を私人が勝手に創造することは許されない（民175条）。これを物権法定主義という。さらに，排他性から，同一の物に同一内容の物権が重複して成立することはできないことになる（一物一権主義）。

これに対し，債権は，特定の者（債務者）に対し，一定の給付（作為・不作為，物の引渡など）を求めることのできる権利である。債権は特定の人にしか主張できない対人的な権利といえる（相対性）。ただし，不動産の賃借権のように，登記を備えれば物権と同様に扱われるものもある。また，債権は，契約自由の原則に従い，私人の自由な意思で設定できるため，同一内容の債務を同一の債務者が重ねて負担することも可能である。

2） 財産的な法律関係の生成

私人の財産的な法律関係は，市民生活の中で，どういうきっかけで形成されるのだろうか。これまでの知識を前提にすると，契約ということが挙げられよ

うが，民法で定めているのはそれだけではない。

(a) 契約　契約の締結は，契約自由の原則に従い，私人と私人の自由な意思によっておこなわれる。お互いの意思がバラバラであっては，契約の内容が定まらないため，意思の合致（合意）が必要である。合意は，「申込み」と「承諾」によって成り立っており，通常は，「申込み」に対応する「承諾」があって契約は成立する。ただし，申込者が承諾の意思表示を不要としているとき等には，相手方が承諾の意思表示と認めるべき行為をした事実があれば契約が成立することもある。たとえば，客からのリザーブの申込みを受けたホテルがそれに従って客室を準備した場合がそれである（意思実現という）。

(b) 不法行為　日常においては，契約以外の理由により法律関係が形成されることがある。この代表例が不法行為である。たとえば，交通事故で被害者が加害者に病院の治療費を請求するような場合である。民法は，このような契約以外の事故の場合について，その事故から生じた損害を誰に負わせるのが公平かという視点に立ち，他人に損害を加えた者は，現実に生じた損害の填補と被害者の救済のため，損害賠償責任を負うとの定めを置いている（民709条以下）。ただし，先述した過失責任の原則により，故意または過失がなければ責任を負うことはないのが原則となっている。

14 　家族と法

（1）　家族法の意義

1）　制度としての家族

　人は出生と同時に権利義務の享有主体となる能力（権利能力）を獲得し，法律上は独立し自立した存在として扱われるが，出生から死亡まで誰の助けも必要としない人はいない。幼児であれば，衣食料や家屋だけでなく，身の回りの世話を誰かに見てもらわなければならず，判断能力や身体能力や稼働能力などが衰えた高齢者もまた他者による面倒見を必要としている。また，現在は健康で自分の食い扶持は自分で賄っている者も，病気や怪我をしたときや失業したときに面倒を見てもらうことでは同様である。もちろん，面倒を見る他者が家族でなければならないという必然はない。しかし，家族が共同生活を営み，必要に応じて助け合うという行為は，それがなぜなのかという理屈抜きに私たちが自然におこなっていることである。そのような人々の営みに立脚して，国家はまずは家族構成員相互に面倒見の役割を担わせ，国家はそれを支援するという仕組みを採ることにしたのである。そのために，国家は家族を1つの法制度として確立しなければならなかったのである。

2）　家族のもめごとと家族法・家庭裁判所

　家族は親密な関係であり，長年共に暮らしてきたといっても，別の人格を持った人間同士である以上，その関係はいつも円満であるとは限らない。妻が作る飯がまずいなどの取るに足らないことから，浮気を繰り返す夫に愛想を尽かした妻が別れを切り出すなどの深刻なものまで，家族のもめごとはさまざまであるが，深刻なもめごとを放置しておくことは決して好ましいことではない。家族間に限らず，一般的にもめごとは当事者がじっくりと話し合って解決することが望ましいことはもちろんであり，家族間のもめごともまずは当事者の話し合い（協議）による自主的解決が望ましいが，家族は他の社会関係と比べて感情的結びつきが強く，普段は冷静で穏やかな人でも家族のこととなると冷静さを欠くことは決して珍しくない。冷静さを欠いた話し合いが合理的で円満な

解決を導くとは考えにくく，それどころか，力の強い者や経済的に優位な者が自分の都合と利益を押しつけて弱者が泣き寝入りすることも十分にあり得るが，それが決して好ましくないことは明らかである。そこで，家族間の力関係によらず公平な解決を導くために，国家は家族のもめごとの解決基準として家族法を設け，最終的家族紛争解決機関として家庭裁判所を設けたのである。

3） 家族紛争解決機関としての家庭裁判所とその特殊性

家族のもめごとはさまざまであるが，家庭裁判所はその全てを解決するわけではなく，家事審判法9条およびその他の法律（人事訴訟法，戸籍法，児童福祉法，生活保護法，精神保健及び精神障害者福祉に関する法律など）によって定められた，法的判断になじむ事項のみを取り扱う（ただし，家族間の法律上のもめごとであっても，内縁や婚約の解消，相続回復請求，遺留分減殺請求などは地方裁判所の管轄であることに注意を要する）。これは，もめごとをそのままの状態で解決することの困難さを回避するだけでなく，当事者自身が自分たちのもめごとの主題が何かを認識した上での解決に向けてのやりとり（コミュニケーション）が成立することを可能にするという目的もあるだろう。そして，家庭裁判所の審判あるいは判決によってなされる最終判断は法的基準にもとづいて公正・中立になされる合理的なものでなければならない。しかし他方で，家族は信頼や愛情などの当事者の感情によって強く結びついた長期的で継続的な関係であるため，その判断は家族関係を修復したり再構築したりするといった将来志向のものでなくてはならない。このように，家庭裁判所は，これまでのもめごとを法的基準に照らして将来に向けて解決するという「将来志向型紛争解決機関」という特殊な性格を有している。

4） 家族(法)の基本構造と現代的課題

このように，家族は私たちの生活にとってはもちろんのこと，国家・社会にとっても必要かつ重要なものであるため，日本最大の法典である民法典においても，全5編のうち後2編を第4編親族と第5編相続として多くの規定を定め，さらに家事審判法などの多くの関連法規を定めている。しかし，家族は多種多様であり，1つとして同じ家族は存在しない。そこで，民法は夫婦とその間の未成熟子からなる核家族を1つの単位ととらえ，その構成員に血縁的に近い者を親族と定めて，それらの者の間の権利義務関係という形式で家族のルールを

定めているのである。

ところが、近年、離婚・再婚の増加、夫婦別姓（氏）、同性カップル、代理母、凍結精子・卵子・受精卵などを用いた生殖、少子高齢化に伴う相続状況の変化などが、「夫婦とは何か」「親子とは何か」「家族とは何か」といった、深刻かつ重要な課題を私たちに突きつけている。私たちは、この課題に答えることから逃げることはできない。しかし、この問題について取り組んで何らかの答えを出すためには、これまで考えられてきた家族はどのようなものだったのかということを知らなければならないだろう。以下では、現行家族法がどのような規定を置いているのかを簡単に紹介することにする。

（2）婚　姻

1）婚姻の成立

　法律上の結婚のことを「婚姻」といい、婚姻が成立するためには形式的要件と実質的要件を満たすことが必要となる。形式的要件とは届出であり、実質的要件とは婚姻意思が存在し、かつ、婚姻障害事由が存在しないことである。婚姻意思を欠く場合はその婚姻は無効であるが、判例は、婚姻意思とは社会生活上夫婦と認められる関係を作ろうとする意思と婚姻届を提出しようという意思の両側面を満たしたものでなければならないとしている（実質的意思説）。婚姻障害事由とは、①婚姻適齢（男性18歳、女性16歳に達していなければならない：731条）、②重婚の禁止（配偶者のある者は重ねて婚姻できない：民732条）、③近親婚の禁止（直系自然血族および3親等内の傍系血族間（民734条）、直系姻族間（民735条）、養親または養親の直系尊属、養子もしくはその配偶者、養子の直系卑属もしくはその配偶者との間（民736条）では婚姻できない）、④女性の再婚禁止期間（女性は、前婚の解消または取消の日から6カ月間は再婚できない：民733条）である。これらのうち1つにでも該当する婚姻や詐欺強迫（民法96条）による婚姻は取消し可能である。「取消可能」とは、無効とは異なり、一応有効に成立しているけれども、取消権を有する者が取消権を行使することによって無効とすることができるという意味である。ただし、通常の取消しと異なり、婚姻を取り消しても当初から無効とはならず、取消しの時点から効力が失われるだけである（民748条1項）。また、①に関連して、婚姻適齢に達した未成年者が婚

姻する場合は，父母どちらかの同意を得なければならないが（民737条），同意を得ていない婚姻届を戸籍係が誤って受理してしまった場合，その婚姻は取り消すことができなくなる（民744条）。

2）婚姻の効果

婚姻が成立すると，①夫婦同氏（夫婦は，婚姻の際に夫または妻の氏のどちらかを夫婦の氏として選択しなければならない：民750条），②同居協力扶助義務（夫婦は同居し，互いに協力し扶助しあわなければならない：民752条），③貞操義務（夫婦は，他方配偶者以外の異性と性的関係をもってはならない：名文の規定はないが，この義務に反すると民770条1項1号により離婚原因となる），④成年擬制（未成年者が婚姻すると，その者は成年に達したものとみなされ，民法上は行為能力者として扱われる：民753条），⑤夫婦間の契約取消権（夫婦は，婚姻中に夫婦間で締結した契約を理由無しにいつでも取り消すことができる：民754条）⑥姻族関係の発生（民725条・728条）⑦夫婦間の子への嫡出性の付与（民772条・789条），⑧配偶者相続権（民890条），⑨夫婦財産契約を締結できるが，それを締結しない場合は法定夫婦財産制に服する（民755条以下）などのさまざまな民法上の権利義務が発生するだけでなく，社会保障法や税法上の効果も生じる。

(3) 婚姻の解消

1）離婚の種類

婚姻は，さきほど述べた婚姻の取消しのほかにも，配偶者の死亡や離婚によっても解消する。離婚には，民法が定める①協議離婚（離婚意思と届出によって成立する離婚：民763条）と判決離婚（判決によって成立する離婚：民770条）と，家事審判法が定める③調停離婚（家審21条）と④審判離婚（家審24条）と，人事訴訟法が定める⑤訴訟上の和解による離婚（人訴37条）があるが，ほとんどが①である。判決離婚は，夫婦の一方が離婚に同意しないにもかかわらず離婚を認めるため，それを認めるためにはそれ相応の理由が必要となる。そのため，民法は770条1項に不貞行為，悪意の遺棄，3年以上の生死不明，回復の見込みのない強度の精神病，その他婚姻を継続しがたい重大な事由をあげているが，前4者が存在しても，離婚を認めるべきではない場合には裁判官の裁量で離婚を認めないことが同条2項で許されている（裁量棄却）。離婚の原

因を作り出した配偶者が離婚を請求することを，判例は当初認めていなかったが，のちに一定の場合に認めるようになった。

2） 婚姻の解消の効果

婚姻が解消されると，①再婚が可能になる，②姻族関係の終了（ただし，死亡の場合は原則として終了しない），③復氏（ただし，死亡の場合は原則として復氏しない），④財産分与，⑤子の養育に関する事項の決定（親権者・監護者の指定，面接交渉権，養育費）などの効果が生じる。

（4） 親子関係と後見・扶養

母子関係は分娩の事実によって成立する。父子関係は，母が婚姻関係にある場合はその夫が父と推定され，そうでない場合は父の認知によって成立する。父が任意に認知しない場合は，裁判認知（強制認知）という方法をとることができる。婚姻関係にない男女間に生まれた子を非嫡出子（嫡出でない子，婚外子）というが，準正によって嫡出子の身分を取得することができる。また，親子関係は，養子縁組によっても成立する。養子縁組には実親との法律上の親子関係が切断されない普通養子縁組と切断される特別養子縁組がある。未成年者を養子とする場合には，子の保護の観点から様々な家裁によるチェックがなされる。養親子関係は，離縁によって終了する。

後見には，未成年後見と成年後見がある。未成年後見は，単独親権者の死亡，親権喪失，親権者の辞任，親権者の成年後見開始の審判などの未成年者に対して親権をおこなう者がいない場合や親権者が財産管理権を有しないときに開始する。成年後見は，精神上の障害によって十分な判断能力を有しない者がいる場合に開始する制度で，家庭裁判所の判断によって開始する法定後見と，あらかじめ本人が定めておく任意後見に分類できる。

扶養とは，配偶者，直系血族，兄弟姉妹，3親等内の親族のなかに経済的に自立できない人がいる場合に経済的に支援する制度のことであるが，未成熟子に対する親の場合を除いて，扶養義務者が自発的に望まない限り，引取扶養は義務づけられないことに注意を要する。また，金銭の代わりに現物で支給することも可能である。

(5) 相　　続

　日本の相続は，法定相続と遺言制度で構成されており，遺言で法定相続と異なる定めがなされていた場合，遺留分などによる制限は受けるが，原則としてその定めが優先される。

　相続人には配偶者相続人と血族相続人があり，前者は常に相続人になるが，後者には順位があり，上位の者がいる場合は下位の者は相続できない。第1順位は子，第2順位は直系尊属，第3順位は兄弟姉妹である。各共同相続人の法定相続分は，①配偶者と子の場合は1／2ずつ，②配偶者と直系尊属の場合は2／3と1／3，③配偶者と兄弟姉妹の場合は3／4と1／4である。同順位の血族相続人の法定相続分は平等であるが，婚姻外の男女間に生まれた子（非嫡出子）の相続分は婚姻夫婦間に生まれた子（嫡出子）の相続分の半分であり，父母の一方のみを同じくする兄弟姉妹の相続分は，両方を同じくする兄弟姉妹の相続分の半分となる。また，相続分は，遺言によって修正することができる（指定相続分）。

　相続秩序を侵害する非行をした相続人の相続権は，法律上当然に剥奪される（相続欠格：民891条）。これほどではないが，被相続人が自己の財産を相続させたくないと思うような非行や被相続人に対する虐待や侮辱がある場合にも，その相続人の相続権を剥奪することができる（相続人の廃除：民892条）。ただし，相続欠格者や相続廃除者の直系卑属は，その者に代わって相続することができる。これを代襲相続というが，相続人となるべき子や兄弟姉妹が死亡した場合も同様である。

　相続は，被相続人の死亡と同時に開始し，一身専属権（民896条ただし書き）や祭祀財産などのいくつかの例外を除いた一切の権利義務が相続人に帰属することになるが，他方で，相続財産を全面的に承継するのか（単純承認），逆に拒否するのか（放棄），それとも相続した積極財産の範囲内でのみ責任を負うのか（限定承認）の選択を認めてバランスを取っている。

　遺言の方式は民法で厳格に定められ，それに反する遺言は無効である。また，遺言でなすことができる処分も民法，商法，信託法などに定められているもののみで，それ以外の記載事項は法的な効力を有しない。

兄弟姉妹以外の相続人は，法定相続分の一部を遺留分として保障されている。

● コラム　これからの家族と夫婦別氏（姓）
　内閣府が平成18年12月に実施した家族の法制に関する世論調査の結果が，翌年の1月29日に公表された（http://www8.cao.go.jp/survey/h18/h18-kazoku/index.html）。今回は，家族の役割，女性の婚姻適齢，名字（姓），裁判上の離婚原因，嫡出でない子についての世論の動向が調査されており，それらのすべてが大変興味深いが，紙幅の都合上，夫婦別氏（姓）のみについて述べたいと思う。
　今回の調査結果で注目すべきなのは，婚姻前から仕事をしている人が婚姻によって氏を変えた場合に何らかの不便を生ずることがあると思うと答える人の割合は若い世代ほど多いという，世代間でのギャップであろう。この結果は，晩婚化現象（2004年の平均初婚年齢は男性29.6歳，女性27.8歳（国立社会保障・人口問題研究所 http://www.ipss.go.jp/syoushika/seisaku/html/112a1.htm））とも関係があるように思われる。卒業後いわゆる結婚適齢期を迎えるまでの間に10年近く経過しており，その間に相当のキャリアと人間関係を形成しているだろう。結婚による氏変更で他人と間違われてしまうことによる不都合が生じうることは容易に推測が付く。
　ただ，今回の調査結果をもって直ちに結論を出すべきではないように思われる。なぜなら，氏は，自分が誰であるかを認識したり他者に認識させたりする手段の1つであると同時に，私たちは氏というものに何らかの精神的な価値を感じ，相当数の人々が感じているように，家族の結びつきや一体感やきずなを強めるものでもありうるからである。確かに，人類の誕生と共に発生したと思われる家族は必ずしも夫婦同氏の原則を採用していたわけではなく，他に夫婦別氏の原則を採用している国もあるのだから，夫婦同氏の原則は家族制度に必須の要件というわけではなさそうである。個人的には，婚姻前の氏をそれぞれが名乗るかどちらかの氏を名乗るかを夫婦の選択に委ねる「選択的別氏」が，多種多様な家族観と家族生活を営む現代の私たちに最もフィットする制度のように思えるが，夫婦や家族の氏という問題は軽々しく論じる問題ではないようにも思える。やはり，この問題については，今回の調査結果をふまえた上で，さらに国民的議論を経て決めるべきであろう。

15 犯罪と法

(1) 犯罪とは何か

　犯罪とは何かと問われた場合，人は何をイメージするであろうか。テレビや新聞によって，陰惨な殺人事件，窃盗やら強盗，凶悪な少年犯罪など連日のようにさまざまな犯罪に関する報道がなされている現代社会において，それぞれの人が犯罪に対してかなり具体的なイメージを有しているのではないだろうか。そして，そのようなイメージに共通するのは，何か社会的な正義に反するものであり，きちんと処罰されなければならないという憤り，言い換えれば，処罰感情が向けられる対象というものではないだろうか。

　しかし，法の世界においては，このようなイメージだけで犯罪を捉えることは誤りである。なぜなら，正義感に基づく処罰感情の範囲や程度は人によって大きく異なり，何が社会的に許されないものであり，当然に処罰されるべきものであるかということは，それを判断する人の個人的な感覚に左右されてしまうからである。例えば，殺人事件の場合でも，人が殺されているのであるから，犯人は絶対に許せない，死刑にすべきであると考える人は当然にいるだろうし，よくよく事件の背景を調べてみると被害者にも実は悪いところがあり，殺されても仕方がなかったと思える事情がある場合などでは，犯人を死刑にするのは気の毒であると考えたり，何とか刑務所に行かないですむようにできないかと思い悩む人もでてくるであろう。このように，個人の正義感や処罰感情だけで犯罪を捉えてしまうと，ある意味，非常に不安定なことになってしまうのである。

　そこで，犯罪を法という公のルールによって取り扱うことが必要となってくる。このような公のルールによって，どのような行為が犯罪として処罰の対象となり，どのような刑罰によって（刑罰も罰金刑や懲役刑などいくつもの種類がある），そしてどのような程度でもって処罰されるのかということを，個人の視点を離れてきちんと定めておかなければならないのである。こうして初めて，犯罪は1つの法の問題として捉えられることになる。わが国においては，「刑

法」と呼ばれる法律が，公のルールとしての効力を有し，犯罪を取り扱うことになっている。

（2）刑法における犯罪と刑罰

1）刑法という法律

　犯罪を扱う公のルールである刑法は，明治40（1907）年に制定され，その翌年に施行された非常に古い法律であるが，既に100年近くにわたり，部分的な手直しをされながら，今日もなおわが国において犯罪に対処する法としての効力を有している。では，この刑法が犯罪を法の問題としてどのように取り扱っているのかを見てみよう。

　刑法は大きく分けて2つの部分からなっている。前半部分を「総則」，そして後半部分を「各則」と呼ぶ。総則においては，各則で規定されているさまざまな犯罪類型に共通する問題や刑法がどのような内容の刑罰を予定しているかなどの一般的なことがらが書かれており，各則では，殺人罪や窃盗罪，強盗罪，放火罪など具体的な犯罪類型がどのような場合に成立するかという要件と，そのような犯罪が行われてしまった場合に，いったいどのような種類・程度の刑罰が科されるのかということが規定されている。

　ここで，殺人罪に関する刑法199条を例にとって見てみよう。同条は，「人を殺した者は，死刑又は無期若しくは5年以上の懲役に処する」と規定している。この刑法199条によれば，人を殺すことが殺人罪ということになる。しかし，人を殺す場合でも，喧嘩をしているうちに勢いあまって相手を殺してしまう場合もあれば，計画的に執拗に相手を付け狙い残忍な方法で殺害する場合のようにさまざまな状況があるはずである。だが，わが国の刑法の199条は，このように考えられ得る殺人行為のすべてのパターンをまとめて，「人を殺した」場合として処理している。どのような状況まで，刑法199条の「人を殺した」場合に当てはまるかという限界は，裁判官の判断に委ねられることになるが，このように条文をシンプルなかたちで規定して，裁判官の裁量の余地を大きくしているのがわが国の刑法の大きな特徴である。

　そして，刑法199条は殺人行為に対して，「死刑又は無期若しくは5年以上の懲役」を刑罰として予定している。死刑，無期刑，5年以上の懲役刑がここで

は問題となるが，その具体的な内容を知るためには，「総則」に含まれるいくつかの条文に目を転じなければならない。刑法11条は死刑について規定しているが，その執行方法は「絞首」であると定めている。無期刑というと，死ぬまで刑務所に入っていなければならないと思う人がいるかもしれないが，そうではない。刑法28条によれば，10年が経過した段階で仮釈放が可能とされている。また，刑法12条1項で，有期懲役刑は1月以上20年以下とされているため，刑法199条が「5年以上の懲役」と規定している場合は，上限は20年ということになる。つまり，ここで裁判官は5年以上20年以下の範囲で有期懲役刑を言い渡すことができるのである。

　刑法199条にあるように，刑法の各則は，許されない犯罪行為の内容を定め，それをおこなった者に一定の刑罰を予定することによって，そのような犯罪行為の実行を一般国民に対して禁止し，社会秩序の維持を図ろうとしているのである。

2） 刑法の基本原則

　刑法は，社会秩序の維持のために犯罪行為を禁止し，それが発生してしまった場合には，刑罰によって犯罪者を処罰する法律である。しかし，いくら社会秩序を維持するためとはいえ，国家が刑罰でもって一定の道徳的な立ち居振る舞い方を国民に対して押し付けることまでもが許されていいわけがない。そこで，刑法はあくまで社会生活上の重要な利益を守るかたちで社会秩序を維持するものでなければならないことになる。ここでの重要な利益は，法によって守られるべきものであるから，「法益」と呼ばれている。法益は，生命，身体のような個人的法益，社会全体の利益を念頭におく社会的法益，国家の存在や統治機構を利益と考える国家的法益に分けることができ，それぞれが刑法で保護の対象となっている。たとえば，刑法199条が殺人行為を禁止して処罰するのは，人を殺すことが道徳的に許されないことを理由とするものではない。あくまで，殺人行為が刑法によって保護されるべき生命という個人的法益を侵害するものだからである。このように，刑法が社会秩序の維持を目的とするにしても，あくまで法益の保護だけを念頭に置かなければならない。これを法益保護主義といい，刑法の重要な原則となっている。

　法益を効果的に保護するためには，できる限り処罰される犯罪の対象範囲を

広げ，しかも犯罪結果が発生するよりはるか以前に，例えば，犯罪者が頭のなかで犯罪計画を思い描いた段階で処罰できるようにしたほうがよいことになる。しかし，それでは処罰範囲が無限定に広がりかねないことになり，犯罪者そして一般国民の人権が不当に侵害されるおそれが生じてしまう。そこで，刑法においては人権保障を配慮した原則も重要となる。人権保障を配慮する原則には，処罰される犯罪とは外界に行為のかたちで現れた法益侵害またはその危険性でなければならず，たとえば頭のなかで犯罪計画を思い描いただけでは処罰されないとする行為主義の原則，犯罪を処罰するためには，その前提として犯罪者に責任を問えなければならないとする責任主義の原則などがあるが，特に重要なのが罪刑法定主義の原則である。罪刑法定主義とは，事前にどのような行為が犯罪とされ，どのような刑罰で処罰されるのかを法律によって明確なかたちで告知して，処罰の不意打ちをなくし，一般国民の行動の自由を不当に侵害しないように配慮する原則である。一般国民は，自分がどのような行為を行ったら犯罪として処罰されるのかを事前に予測できなければならない。さもないと，自分の行為がいつ処罰の対象となるのか皆目わからないことになり，自由に行動することができなくなってしまう。一般国民の行動の自由を不当に制限することのないよう，刑法は罪刑法定主義の原則に乗っ取って運用されなければならない。さらにここから，慣習刑法の排除，刑罰法規不遡及（事後法の禁止）の原則，類推解釈の禁止等の派生原則が導き出されることになる。

　慣習刑法の排除とは，慣習を根拠として刑罰を科すことを禁止することである。その理由であるが，慣習のように内容と適用範囲が不明確なものを根拠として犯罪と刑罰の内容を定めてしまうと，処罰の不意打ちを生じさせるおそれがあるからである。刑罰法規不遡及（事後法の禁止）の原則とは，行為後に施行された刑罰法規によってその施行前の行為を処罰してはならないという原則であり，憲法のなかに規定されている（憲39条）。行為のときには適法であったというのに，いくら後になって処罰する法律ができたからといって，遡らせるかたちで処罰ができてしまったら，処罰の不意打ちとなり，国民の行動の自由が不当に侵害されてしまいかねないことになる。それ故，刑罰法規の不遡及（事後法の禁止）が人権保障のための原則として重要となる。類推解釈とは，法律で処罰の対象になっている行為と処罰の対象になっていない行為のあいだに

類似の性質があることを理由としてその法律を適用してしまい，処罰の対象になっていない行為の処罰を認める解釈手法である。このような類推解釈を裁判官がおこなうことは，刑罰法規が本来予定していた処罰範囲を大きく広げてしまい，処罰の不意打ちを招くものであるため，人権保障の観点から禁止されることになる。これが類推解釈の禁止と呼ばれる原則である。以上の3つの派生原則は，罪刑法定主義の原則の根幹にある，処罰の不意打ちによって国民の行動を不当に制限することがないようにするという要請をそれぞれ具体化するものである。

　また，謙抑性の原則も人権保障のための刑法の原則として重要である。これは，刑法が刑罰という厳しい制裁手段によって法益の保護を図るものであるため，あくまで控えめに，民法や行政法といった他の法律では法益を保護できないときに初めて，それを補うかたちで刑法を用いるべきであるとする原則である。つまり，刑法はあくまで「最後の手段」でなければならないことになる。

3）　刑罰の機能

　刑法は，犯罪に対処するための手段として，刑罰を条文で定めている。刑法は社会秩序を維持するためのものであるから，当然に刑罰の執行も社会秩序を維持することをその目的としなければならない。つまり，犯罪者の処罰を通じて社会秩序を維持するために，犯罪を減らす犯罪予防の効果を刑罰は目的として追求しなければならないのである。このように刑罰を犯罪予防効果という目的の達成のための手段として捉える考え方は特に目的刑論（予防論）と呼ばれている。目的刑論からすると，刑罰が追求すべき犯罪予防の効果として，犯罪者の処罰を通じて，社会にいる他の潜在的な犯罪者を威嚇する消極的一般予防（威嚇予防）の効果がまず考えられる。また，犯罪者の処罰を通じた威嚇ではなく，一般市民に対して法秩序がいまだ信頼するに足るべきものであることを示して，法に対する忠誠心を高める積極的一般予防の効果というものも主張されている。さらに，目的刑論では，犯罪者を処罰する際に社会にきちんと立ち返って遵法的な生活を送れるように教育を施すことに着目する特別予防（再社会化）の効果も重視されている。

　このように犯罪予防の効果を刑罰の目的とする目的刑論は，正当な考え方であるが，犯罪予防効果だけを過度に追求してしまうと，発生した犯罪と不均衡

に重い刑罰を許容することになりかねない。そこで，あくまで刑罰は犯罪に見合ったものでなければならないとする応報刑論という考え方によって刑罰の量の大枠を定め，その範囲内で犯罪予防効果という刑罰の目的を考慮しようとする見解（相対的応報刑論）が有力に主張されている。

（3）犯罪の成立要件──3段階の体系──

1） 構成要件・違法性・有責性

　学説上，刑罰が発動するための根拠である犯罪とは，刑罰法規の構成要件に該当し，違法で有責な行為であるとされている。犯罪を構成要件該当性・違法性・有責性という3つの要素に分解して体系的にまとめあげたものを犯罪論体系というが，ここで重要となるのが構成要件，違法性，有責性という3つの概念である。

　構成要件とは，犯罪の形式的な大枠であり，刑法各則のそれぞれの犯罪類型ごとに固有の構成要件がある。つまり，刑法199条の殺人罪なら殺人罪の構成要件が，刑法235条の窃盗罪なら窃盗罪の構成要件があるわけである。構成要件という大枠に，ある犯罪行為が該当するためには，構成要件が予定するいくつかの要素をその犯罪行為が有していなければならない。犯罪類型の相違に関係なく，共通に求められる要素として，犯罪行為の主体，（実行）行為，客体，結果発生，行為と結果とのあいだの因果関係，犯罪行為の主観面（故意又は過失）などがある。たとえば，殺人罪なら，殺人者が実際におり，殺人行為がなされ，そこにいる被害者が死亡し，殺人行為と死亡結果とのあいだに因果関係が認められ，しかも殺人者が故意でもってそれをおこなったという状況がある場合に，殺人者の行為は刑法199条の殺人罪の構成要件に該当することになる。構成要件とは，刑法上禁止された犯罪行為の大枠を表すものであるから，構成要件に該当する行為は原則として違法であるという推定を受けることになる。

　このように，構成要件に該当する行為は原則として同時に違法性を備えることになるが，しかし，刑法は例外的に違法性が欠ける場合を規定している。このような状況を違法性阻却事由といい，刑法35条の正当行為，同36条の正当防衛，同37条の緊急避難が重要である。たとえば，刑法199条の構成要件に該当するような殺人行為がおこなわれたとしても，実はそれが自らの身を守るため

にやむを得ずにした行為であり，刑法36条の正当防衛の条件を満たす場合には違法性が欠けることになる。犯罪の成立を考えるにあたっては，構成要件該当性の判断の次に，その行為が違法であるか否かを判断するわけであるが，その判断はあくまでも違法性阻却事由にあてはまる事情があるかないかというかたちでなされることになる。

　構成要件に該当する行為があり，しかも，違法性阻却事由がないと確認された後に，その行為が有責的になされたかどうかを判断しなければならない。有責性の判断とは，犯罪行為にでないように意思決定をできたかどうかの判断であり，それができたにもかかわらず犯罪行為をおこなおうと意思決定をした者に対しては有責性があるとして責任非難が可能となる。しかし，場合によっては精神障害等のため是非善悪の区別ができなかったり，できたとしてもそれに従って行動することができない責任無能力者もいる（刑法39条１項はこのような責任無能力者［心神喪失者］を，同条２項は責任能力がないわけではないが，それが制限されている限定責任能力者［心神耗弱者］を規定している）。そして，自分の行為が違法なものであることそもそも洞察できないような事情に陥っている者もいる（違法性の錯誤と呼ばれる事情である）。また，やむにやまれぬ事情で適法行為にでるようには期待することが不可能な状況にある者もいる（これを期待可能性の問題という）。このような者たちに対しては責任非難ができないため，犯罪は成立しないことになる。責任非難を不可能にするこれらの事情は責任阻却事由といい，有責性の判断とは，この責任阻却事由の有無を見極めることによってなされることになる。

２）　犯罪論体系の意義

　以上のように，犯罪の成立は，構成要件該当性・違法性・有責性という３つの段階的判断を経て吟味されることになる。このように慎重な段階的判断を行う理由は，やはり犯罪が刑罰という過酷な制裁を発動させる根拠であるため，人権侵害に至らないように慎重かつ精確な方法によってその成否が判断されるべきだからである。構成要件該当性とは形式的な大枠の判断であり，これによってまず犯罪の大枠を確定しておけば，その後で実質的な違法性と有責性の判断をおこなっても，犯罪の成立範囲が不当に広がることを防ぐことができる。次に違法性の判断とは，客観的なものであるので，主観的な有責性の判断より

も明確におこなうことができる。そこで，違法性を先に判断しておくのである。そして，比較的一番不明確になりがちな有責性の判断を最後におこなうことになる。つまり，構成要件該当性→違法性→有責性という順番は，できるだけ形式的で明確な判断を先におこなっておき，その後で不明確になりがちな判断をおこなっても問題が起こらないようにするためのものである。

（4）少年犯罪に対する特別な取り扱い

1） 少年法という法律

少年は，成人に比べて人格が未成熟であり，周囲の環境や対人関係から影響を受けやすい。そこで，少年が犯罪をおこなってしまった場合には，教育的・福祉的な配慮の下，成人に対する場合とは異なった取り扱いが必要となる。このことを取り決めているのが少年法と呼ばれる法律である。

2） 手続法上の特色

20歳未満の少年も犯罪をおこなった場合には刑事訴訟法の適用を受け，成人と同様に逮捕されるが，警察官および検察官は捜査の後，その少年が起こした事件の取り扱いを家庭裁判所に委ねなければならない。これを全件送致主義といい，少年法41条以下に規定されている。このように，犯罪をおこなった少年は教育的・福祉的な配慮の下，刑事訴訟法による刑事手続ではなく，少年法による保護手続によって取り扱われることになる。家庭裁判所は，少年に対して保護観察，児童自立支援施設・少年院への送致等の保護処分を科すことができるが，死刑，懲役，禁錮にあたる罪の事件について，保護処分よりも成人と同様に刑罰を科すことが相当であると判断する場合には（ただし，犯行時16歳以上の少年が故意の犯罪行為により被害者を死亡させた事件については原則的に），事件は検察官に送り返され（これを逆送といい，詳しくは少年法20条に規定されている），少年も成人と同様の普通の刑事手続で取り扱われることになる。ただし，少年が刑事手続によって有罪判決を受けることになっても，犯行時18歳未満であった場合には死刑と無期刑を科すことは制限されており（少51条），そもそも有期の懲役・禁錮刑を科す場合でも相対的不定期刑のかたちで言い渡すことになっている（少52条）。つまり，成人に対する場合とは異なる特別の配慮がなされているのである。

16 取引と法

（1）取引と契約

　衣食住の購入からサービス利用にいたるまで，社会生活はさまざまな取引によって成り立っている。食料品や衣類，住宅の購入は売買契約という財産取引であり，マンションを借りるのも賃貸借契約という財産取引である。あらゆる財産取引は契約によって行われる。また，資本主義の要素たる生産・消費・雇用も契約という法的システムなしには成り立たない。このように，契約は個人と個人の法律関係ならびに社会経済活動全般にとり不可欠なものである。本項では取引の基本法たる民法のうち，契約を中心とした財産法分野を取り扱う。

（2）契約の成立

1）契約とは何か

　契約とは，一定の法律行為の発生を目的とした，2人以上の相対立する意思表示の合致により成立する法律行為である。たとえば，売買契約は，売主の「売ります」と買主の「買います」という意思が合致することによって成立する。また，契約が成立すると，契約当事者間に債権債務関係が発生する。債権とはある特定の者に具体的な行為を要求することのできる権利であり，債務とはある特定の者に具体的な行為をしなければならない義務のことをいう。物の買主には代金支払債務が，売主には引渡債務が発生する。

　民法は，贈与・売買・賃貸借など民法制定当時の代表的な契約を13種類規定している。これを典型契約（または有名契約）という。民法に規定のない契約類型は非典型契約（または無名契約）と呼ばれ，社会の変化や技術革新がもたらす新しい取引に対応する。また，典型契約と非典型契約が組み合わさった契約を混合契約と呼ぶこともある。

　契約の性質に関しては，債務・対価性・合意の有無等に着目して次のような分類がある。まず，契約当事者双方に債務が発生する契約を双務契約と呼び，当事者の一方にだけ債務が発生する契約を片務契約と呼ぶ。次に，契約上の給

付を受けるのに対価を要する契約は有償契約，対価なしに給付を受けられる契約は無償契約と呼ばれる。対価は，客観的に等価値である必要はなく，当事者が対価性を認めていれば足りる。さらに，当事者の合意だけで成立する契約を諾成契約，合意に加えて目的物を引き渡さなければ成立しない契約を要物契約と呼ぶ。

2） 契約の成立

前述したように，契約は当事者の意思が合致することによって成立する。当事者の意思は，法律効果の発生を意図して外部に表示された意思表示でなければならない。ここで，先になされた意思表示を申込み，後になされたものを承諾と呼ぶ。民法は原則として申込と承諾の意思表示が合致することをもって契約成立とするが，場合によっては承諾の意思表示と認められるような行為（意思実現行為）があれば明示的な承諾がなくても契約は成立する（民526条2項）。他にも①両方からほぼ同時に同じ内容の申込みが行われる交叉申込み，②一定の行為をした者に報酬を与える懸賞広告（民529条），一定の行為をした者のうち優等者にのみ報酬を与える優等懸賞広告（民532条），などの場合にも契約を成立させることができる。

3） 契約の成立時期

一般の意思表示は到達時に効力を生じるが（到達主義の原則：民97条1項），隔地者間の契約は承諾の意思表示が発信された時に成立する（発信主義：民526条1項）。隔地者間の契約で発信主義が採られているのは，取引の迅速に配慮し，承諾者が承諾の発信と同時に履行に着手できるようにしたものである。

承諾期間の定めのある申込みの場合，民法はその期間内に承諾の意思表示が到達しなければ契約は成立しないと規定する（民521条2項）。526条1項と521条2項の関係については諸説があるが，前者は，契約は承諾の意思表示の発信によって確定的に効力を生じる旨を規定したものあるが，後者はその例外として，承諾期間がある場合，承諾は期間内に到達しなければならない旨を規定したものと解するのが妥当であろう。

なお，コンピュータ等を用いた取引に対応するため，2001年に「電子消費者契約及び電子承諾通知に関する民法の特例に関する法律」という特別法が制定された。電子承諾通知に関しては，民法526条1項の発信主義を適用せず，

意思表示に関する到達主義の原則を適用する（同法4条）。

（3）契約の効力

双務契約は当事者が相互に債務を負担する契約であるため，双方の債務には対価的依存関係ともいうべき繋がりがある。この繋がりのことを牽連関係といい，以下に見る原始的不能（成立上の牽連関係），同時履行の抗弁権（履行上の牽連性），危険負担（存続上の牽連性）において具体的にあらわれる。

1） 原始的不能

たとえば，火事で焼失した建物のように現実に存在しない物を目的物とする売買契約をしても，売主は引渡債務を履行することはできない。このとき，売主の引渡債務は原始的に不能であり，売主の債務が成立しない以上，買主の代金支払債務も成立しない。つまり，双務契約の一方の債務が原始的不能により成立しないときは，他方の債務も成立しない。これを成立上の牽連関係という。

2） 同時履行の抗弁権

双務契約においては，契約の相手方がその債務を履行するまで自らの債務の履行を拒むことができる（民533条：同時履行の抗弁権）。たとえば，売買契約の買主は，売主が目的物を引き渡すまでは代金を支払わないと主張することができる。先に債務を履行した当事者が相手方に債務を履行してもらえないと，訴訟を提起したり契約を解除したりする必要性が生じ，それでは公平を欠くばかりか取引の迅速にも反する。双務契約における2つの債務には履行上の牽連関係があるため，売主が買主に代金を請求するためには，自らの引渡債務を同時に履行しなければならない。しかし，契約当事者が「代金先払いの後，商品を引き渡す」などのように，一方の債務の先履行を合意しているときは同時履行の抗弁権は存在しない。また，同時履行の抗弁権を使うことのできる間は，履行が遅れても違法性がないため，債務不履行にならず損害賠償を請求されたり契約を解除されることはない。

3） 危険負担

危険負担とは，双務契約から生じた一方の債務が，債務者の責めに帰すべからざる理由によって後発的に不能になった場合，他方の債務も消滅するのかどうかという問題である。たとえば，契約時には存在していた建物が，引渡しの

前日類焼によって焼失した場合，売主の引渡債務は消滅するのか存続するのかという問題が生じる。民法は，特定物に関する物権の設定および移転を目的とする双務契約の危険負担につき，債権者（買主）がその損失を負担すると規定する（民534条）。これを危険負担の債権者主義といい，逆に売主が損失を負担することを債務者主義という。危険負担において債権者主義をとるということは，牽連性を否定するということである。すなわち，売主の債務が消滅しても買主の代金支払債務は存続する（買主は損失を負担する）ことになる。しかし，目的物が引き渡されておらず，買主に実質的な支配可能性がない時点での滅失の危険を債権者（買主）に負担させるのは不合理であることから，債権者主義の適用される場面を制限すべきとの考えも強く主張されている。

　それ以外の双務契約（賃貸借，請負，雇用など）の危険負担については債務者主義がとられており，一方の債務が債務者の責めに帰すべからざる事由により履行不能になった場合は，他方の債務も消滅する（民536条1項）。

（4）第三者のためにする契約

　契約は当事者間においてのみ効力を有する（債権の相対的効力）。通常の契約において，当事者はその契約の効果を自己に帰属させようと欲し，その意思ゆえ契約に拘束されると考えられるからである。しかし，特別な社会的・経済的理由があるときは，当事者の意思によって第三者に契約の効果を帰属させることも認められる。契約当事者の一方が，第三者に直接に債務を負担することを相手方に約する契約を第三者のためにする契約という（民537条1項）。第三者には利益を与えることはできても，負担を課すことはできない。また，第三者にもっぱら利益を与える契約ではあっても，第三者が受益の意思表示をしなければ契約の効力は生じない（民537条2項）。

（5）契約の履行

　契約が成立して債権債務関係が発生すると，契約当事者はその債務を履行しなければならないが，債務者が何らかの理由で債務を履行しないことも生じうる。このとき，債権者は法の力を借りて債権の内容を強制的に実現することが認められている（民414条および民事執行法による）。これを強制履行という。強

制履行は債務者の帰責事由を要件としない。本来的な債務の履行を求めることに変わりはないからである。また，債権を強制的に実現するといっても，債務者の人格（強制されない自由）を尊重しつつ債権者保護（債権の実現）を図らねばならないことには注意が必要である。

1）直接強制

物の引渡し（民168条）など「与える債務」については，債務者の意思にかかわらず国家機関が債務者から直接的・強制的に物を取り上げ債権者に引き渡す方法がとられる（民414条1項）。債権者は，判決など債権の存在を証明する書類をもとに裁判所に強制執行を申し立て，執行官が執行する（金銭の支払い（民執43条以下）については，債務者の財産を差し押さえ，換価し，その代金を引き渡すことになる）。

2）代替執行

しかし，債務者の債務が「なす債務」の場合は直接強制の方法をとることができない。債務者の人格（強制されない自由）を尊重しなければならないからである。しかし，債務者本人でなくても債権を実現できる場合は，債務者の代わりに第三者にその行為をさせて，そこにかかった費用を債務者から取り立てることができる。この方法を代替執行という（民414条2項・3項，民執171条）。たとえばブロック塀の除去工事をする債務の場合は，債務者でなくても他の建築会社にその工事はできるので，代替執行の手段がとられる。

3）間接強制

さらに，「なす債務」の性質によっては，代替執行ができない場合もある。立ち退きや工事中止のように，作為または不作為を目的とする債務で債務者本人にしか履行できない債務の場合は，債務者が債務を履行するまでの間一定の金銭の支払いを命じ，債務者を心理的に圧迫して間接的に債権の実現を実現させようとすることができる（民執172条）。

以上の3種の強制履行の相互関係は，直接強制が可能な場合は間接強制は許されず，直接強制が適さない場合でも代替性がある限りは代替執行によるべきで，間接強制は「なす債務」のうち代替性がない場合にのみ許されると考えられていた。これを「間接強制の補充性」と呼ぶが，平成15年の民事執行法の改正により，直接強制や代替執行が可能なときでも，間接強制の方法をとること

が認められた。間接強制もできない債務は，次に説明する債務不履行責任に基づき債務者に損害賠償を請求することで対処することになる。

（6）契約の不履行（債務不履行）

1）債務不履行の態様

債務者が債務の本旨に従った履行をしないとき，債権者はこれによって生じた損害の賠償を債務者に請求することができる（民415条）。債務不履行には次の3つの態様がある。

（a）履行不能　履行不能とは，債務の履行がもはや不可能になった場合をいう。建物が焼失したなど，物理的に履行が不可能になった場合だけでなく，社会生活上・取引上の通念から履行不能と判断される場合も含まれる。金銭債務には履行不能はなく，履行遅滞になる。履行不能の場合の損害賠償は，本来の履行に代わる金銭による賠償である（塡補賠償という）。

（b）履行遅滞　履行遅滞とは，履行が可能であるのに履行期を過ぎている場合をいう。履行遅滞に陥ったかどうかは，債務の履行期がいつ到来したかによる（民412条）。①債務の履行に確定期限の定めがある場合は，その日が到来した時点で遅滞に陥る（同条1項）。②不確定期限の定めがある場合は，債務者が期限の到来を知った時点から遅滞に陥る（同条2項）。③期限の定めがない場合は，債務者が履行の請求を受けたときから遅滞に陥る（同条3項）。履行遅滞の場合の損害賠償は，履行が遅れたことにより生じた損害である（遅延賠償という）。

（c）不完全履行　不完全履行とは，履行期に一応の履行はなされたが，その履行が不完全な場合をいう。不完全な履行をおって完全なものにできる（追完可能）場合と完全にはできない（追完不可能）場合がある。前者の場合は完全履行請求をすればよく，後者の場合は損害賠償を請求することができる。給付の目的物や内容が不完全だったために損害が他にも及んでしまった場合（病気の家畜を給付したために他の家畜に病気が移りみな死んでしまった場合など）は，債務不履行責任だけでなく不法行為責任（民709条）も問題になりうる。

2）債務不履行の要件

（a）債務の本旨に従った履行がないこと　まず，上記3態様に見るよう

な，債務不履行の事実が存在しなければならない。

　(b) 帰責事由　　債務者に債務不履行責任を追及するには，債務不履行の事実が存在するだけでなく，①不履行が債務者の責めに帰すべき事由（帰責事由）によるものであること，②履行しないことが違法であること，が必要となる。

　帰責事由とは，債務者の故意・過失よりも広い概念で，信義則上債務者の故意・過失と同視すべき事由まで含むものと解されている。過失とは，分かりやすくいえば，一般に要求される程度の注意義務に反して，債務不履行になることを認識しないことである。債務者の故意・過失と同視すべき事由とは，債務者が履行のために用いるいわゆる履行補助者の故意・過失がこれにあたる。

　多くの場合，債務を履行しないことは違法であるが，例外的に，債務者が同時履行の抗弁権（民533条）を使うことができるときは，債務不履行は違法性を欠くため，債権者は債務者に債務不履行責任を問うことはできない。

　(c) 立証責任　　帰責事由の立証責任は債務者が負担する。債権者は，債務不履行の事実だけを指摘し契約の解除や損害賠償を請求すればよく，債務者はこれに対し「自分には帰責事由はなかった」ことを裁判で立証しない限り損害賠償を免れない。

　(d) 損害の発生　　債務不履行によって債権者に損害が発生していなければならない。損害は財産的損害であるか精神的損害であるかを問わない。

　(e) 因果関係　　債権者の損害は，債務不履行によって発生したものでなければならない。この因果関係を事実的因果関係と呼ぶことがある。

　3）債務不履行の効果

　債務不履行責任を追及するにあたり，債権者には損害賠償と解除の2つの手段をとることが認められている。契約の解除をしても，損害賠償の請求は妨げられない（民545条3項）。

　(a) 損害賠償　　以上の要件を満たした場合，債権者は債務者に損害賠償を請求することができる（民415条）。損害賠償の方法は，金銭賠償による（民417条）。賠償されるべき損害の範囲は，①債務不履行から通常生じる損害，②特別な事情によって生じた損害のうち予見可能性があったもの，である（民416条1項・2項）。当事者があらかじめ損害賠償の額について合意をしていた

場合はその予定額が賠償額になり，裁判官はこれを増減できない（民420条1項）。

 (b) **契約の解除**　債権者は，強制履行や損害賠償を請求する以外に契約を解除することができる（民540条以下）。契約の解除は，履行遅滞と履行不能で手続きが異なる。①履行遅滞の場合は，債務者に相当の期間を定めて催告をし，期間内に履行がなされなければ債権者は契約を解除することができる（民541条）。②履行不能の場合は，債務の履行がもはや不可能であるため，催告なしで直ちに契約を解除できる（民543条）。③不完全履行の場合は，不完全な履行が追完可能であれば履行遅滞に準じて扱い，相当期間を定めて催告してから解除できる。追完不能であれば履行不能に準じて扱い，催告なしで直ちに解除することができるとされる。契約を解除すると，契約は遡及的に消滅し，契約当事者は原状回復義務を負う（民545条1項本文）。

17 消費生活と法

（1）消費者問題の背景

　食品や家電製品の購入，レジャーや介護サービスにいたるまで，人々が事業者との間で締結する契約は，もはや社会生活上不可欠なシステムである。契約による社会的分業を利用せずに社会生活を送ることはできない。その意味で，社会生活に参加する人はすべて消費者であるといえる。

　ここで，消費者と事業者との間に存在するさまざまな格差が問題となる。それらは，①情報格差（商品やサービスに関する知識・情報はもっぱら事業者側にある），②交渉力格差（事業者主導の契約交渉で消費者は不利な契約を押し付けられやすい），③社会経済的格差（資金力や知名度のある事業者と無名の個人の力の差），などにわたる。これらの格差は，消費者と事業者の対立を招き，結果として弱者たる消費者に被害が生じることが多くなる。また，現在，規制緩和や技術革新による事業者間の競争がますます激化し，消費者は消費生活の多様性や利便性をメリットとして享受できる反面，事業者からは攻撃的な販売攻勢をしかけられている。事業者は客の来店を待つ代わりに，家庭や職場を訪問し，路上・電話で勧誘し，ネット上にオンラインショップを開設する。買いやすさを強調するために，割賦販売，クレジット，ローン提携など支払方法に工夫をこらす。構造的な格差の存在と競争の激化は，ここに①消費者の意思決定や契約内容の適正に関する危険，②製品の安全性に関する危険を消費者にもたらす可能性がある。

（2）消費者法の必要性

　私的自治の支配する民法の世界で生きるということは，人々が自らの利害を合理的に判断し，その自律的な意思に従って契約を締結することを意味し，その結果自らに過失があった場合には責任を負わなければならない（過失責任の原則）。しかし，消費者と事業者の間には構造的な格差があり，消費者は，契約内容を十分に理解しないまま，あるいは無理やり不利な契約条件を押し付け

られたりするなど被害を受けやすい。しかも，そのような場合に民法の錯誤（民95条）や詐欺（民96条）を適用しようとしても，巧妙なセールストークに乗せられてつい契約してしまったというだけでは錯誤や詐欺は成立しない。あるいは事業者が契約通り商品を引き渡してさえいれば，消費者は契約を解除することもできない。消費者問題に対処するには，民法の規定だけでは限界があるといえよう。ここに，消費者の保護・救済のため，個別に法を設ける必要性が生じる。

（3）割賦販売法

1）割賦販売とは

　割賦販売とは，売買代金を分割して定期的に支払うことを約する売買契約のことである。いわゆる分割払いや，信販会社を介した商品・サービスの購入契約がこれにあたり，商品の引渡し時期と代金の支払い時期が切り離され，分割される仕組みとなっている。つまり，割賦販売は，販売業者や信販会社が，消費者に対し支払いを一定期間猶予し，これを認める点に特徴がある。これを信用供与という。割賦販売は，高額な商品を購入するときに便利な契約であるが，支払いが長期に及ぶこと，多重債務の発生，分割払いにかかる金利負担で現金購入より割高となるといった問題点もある。消費者の「買いやすさ」は事業者の「売りやすさ」であり，契約条件によっては消費者に，過酷な結果となりうる。昭和36年に制定された割賦販売法は，消費社会の進行とともに多様化・複雑化する割賦販売取引に対処するため，昭和47年，59年，平成11年の改正を経て，今日に至っている。

2）対象となる取引

　割賦販売法は，前払金として毎月一定額の会費を支払うことによってサービスを受ける前払式特定取引（同法2条5項），商品引渡し前に代金の一部または全部を2回以上にわたり前払いする前払式割賦販売（同法11条）の他，①支払条件が，2月以上の期間，3回以上に分割して売買代金を支払うものであり，②政令で指定された商品・役務・権利に関する取引であり，③割賦販売・ローン提携販売・割賦購入あっせんの取引形態であること，の要件を満たす取引をその対象とする。

3）規　制

前払式特定取引と前払式割賦販売には開業規制として許可制度がとられている。割賦販売には開業規制はないが，①割賦販売条件の表示（割賦販売法3条），②契約書面の交付義務（同法4条），③クーリング・オフ制度（同法4条の4），④契約の解除などに関する制限（同法5条），⑤損害賠償等の額の制限（同法6条），このうち③・④・⑤に関しては消費者に不利な特約は無効である。

4）所有権留保

割賦販売で指定商品を購入した場合は，消費者が売買代金を完済するまではその所有権は販売業者に留保されたものと推定される（割賦販売法7条）。

5）抗弁権の接続

割賦購入あっせん契約（クレジット契約）においては，消費者と販売業者の間に売買契約（あるいは役務提供契約），消費者と信販会社との間に立替払契約，そして販売業者と信販会社との間に加盟店契約が締結されている。売買契約につき，販売業者が商品の引渡しをしなかった，あるいはその欠陥が判明した場合には，消費者は信販会社からの支払い請求に対し，販売業者に対して生じている事由（債務不履行，欠陥など）により抗弁することができ，支払いを拒むことができる（割賦販売法30条の4）。

（4）特定商取引法

1）訪問販売の問題点

かつての商品販売方法は，事業者が店舗を構え，消費者がそこに出向き自由意思で商品を購入するというものであった。しかし，高度経済成長にともなう大量消費社会の到来により，事業者は積極的なマーケティング戦略を採用し，消費者の自宅や職場を訪問するようになった。消費者にとって，訪問販売は店舗に出向かず商品を購入できるという便利さがある反面，リスクもある。

それは，訪問販売における①不意打ち（突然訪問をうけ勧誘されると熟慮できない），②密室性（一種の密室状態で事業者主導の勧誘を受けるため，十分な説明を受けにくく，契約の内容もあいまいになりやすい），③不明確な責任（店舗という物理的な信頼基盤がないため，トラブルが生じた際の責任追及が困難になるおそれがある）といった問題である。

訪問販売は，少ない資本で新規参入が可能であるがゆえ，事業者は過度の競争状態に陥りやすい。そのため，消費者が強引な勧誘で不当な契約を締結させられ，高額な商品を購入してしまうといった消費者被害が社会問題化した。このような問題を抑止・規制するため，1976年（昭和51年）に旧訪問販売法（訪問販売等に関する法律）が定められたが，その後も新たな販売方法による消費者被害があとを絶たないため，同法は幾度も規制対象を拡大し改正を重ね，平成13年に特定商取引法（特定商取引に関する法律）に改められた。

2） 特定商取引法

特定商取引法が適用される販売方法は，①訪問販売（住居・職場訪問，キャッチセールス，アポイントメントセールス），②通信販売，③電話勧誘販売，④連鎖販売取引，⑤特定継続的役務提供，⑥業務提供誘引販売取引，⑦ネガティブオプション，である。

特定商取引法は，販売事業者に氏名等の明示義務（同法3条1項），書面の交付義務（同法4条・5条）などを行政規制として課しているが，私法規制としてクーリング・オフ制度（同法9条）と損害賠償の制限（同法10条）を規定することで消費者被害の救済を図る。

訪問販売の場合のクーリング・オフをみると，指定商品等（同法3条）の購入申し込みをなし，または契約を締結した買主は，書面を受け取ってから8日以内は損害賠償や違約金なしに契約の申し込みを撤回し，または契約を解除することができると定められている（同法9条）。クーリング・オフ（cooling off）とは「熟考して頭を冷やす」という意味で，消費者が攻撃的な販売方法によって形成された意思にそのまま拘束される危険から保護するものである。クーリング・オフは割賦販売の場合にも認められているが（割賦販売法4条の4），通信販売では認められていない。

（5） 消費者契約法

1） 消費者契約法の必要性

消費者と事業者の間には構造的な格差が存在するため，消費者は事業者ペースで勧誘を受けた結果，真意でない契約を締結してしまうことが少なくない。そこで，割賦販売法や特定商取引法はクーリング・オフ制度を設け，消費者を

不当な契約から保護してきた。しかし，クーリング・オフには行使期間の制約があり，適用される消費者取引も限定されているので，クーリング・オフで救済されない消費者契約の問題は依然として残ることになる。そこで，事業者と消費者が公正なルールと自己責任に基づいて行動し，ルール違反に対しては司法的解決をおこなうべく，新たな民事ルールとして2001（平成13）年「消費者契約法」が施行された。消費者契約法は，消費者と事業者が締結したすべての消費者契約を対象とし，消費者に契約の取消権や不当条項の無効を主張できる権利を認め，消費者の利益の擁護を図ることを目的としている。

2） 消費者取消権

消費者が契約を取り消すことができるのは，消費者が①重要事項に関する不実告知（事業者が消費者に事実と異なることを告げること，消費者契約法4条1項1号），②断定的判断（将来における変動が不確実な事項について事業者が消費者に断定的判断を提供すること，同条1項2号），③不利益事実の不告知（事業者が消費者の利益になることを強調し，不利益になる事実を故意に告げないこと，同条2項）によって契約の申込や承諾の意思表示をしたときである。また，事業者が①不退去（消費者が事業者に対し退去を要求したのに退去しないこと），②退去妨害（消費者が退去する意思を示したのに退去させないこと）によって消費者を困惑させた場合も，消費者は契約を取り消すことができる（同法4条3項）。

消費者はこれらの誤認・困惑によって契約をした場合，誤認に気づいてから，あるいは困惑を脱したときから6ヵ月間，契約成立後は5年以内であれば契約を取り消すことができる（同法7条1項）。

3） 不当な契約条項の無効

消費者契約法は，事業者が作成した不当な契約条項が消費者の権利を制限することを防ぐため，①事業者の損害賠償責任を免除する条項の無効（同法8条），② 消費者が支払う損害賠償の額を予定する条項の無効（同法9条），③消費者の利益を一方的に害する条項の無効（同法10条）を規定し，契約条項が無効になる場合を規定する。なお，無効になるのはこれら条項のみであって，契約全体が無効になるわけではない。

（6）電子商取引

　契約の成立から履行の過程の一部または全部が電子的手段によって行われる取引を電子商取引（Electronic Commerce）という。インターネットの普及により，その簡便性・迅速性といったメリットが浸透し，電子商取引の需要は増大している。そこで，電子的手段を用いた消費者契約に対応するため，2001年（平成13年）に「電子消費者契約及び電子承諾通知に関する民法の特例に関する法律」が制定された。

　同法は①クリックミス，映像面上の選択ミス等の操作ミスに対応するため，事業者－消費者間取引（Business to Consumer）においては民法95条但書の規定を適用せず，同条本文の原則（錯誤無効）を適用する措置を規定し（同法3条），②契約成立時期につき，電子的な方式による契約は，意思表示の効力発生時期の原則に基づいて承諾の通知が到達したときに成立すると規定する（同法4条）。また，電子商取引は特定商取引法上の通信販売に該当するので，特定商取引法による規制も受けることに注意が必要である。

（7）製造物責任

　消費者被害は，契約の問題だけにとどまらず，製品自体の欠陥からも生じる。家電製品の突然爆発による火災，有害な食品・薬品による健康被害など，製造物の欠陥によって生命，身体，財産に損害が生じる場合に備えて製造物責任法（PL法）が制定されている。

1）製造物責任とは

　製造物の欠陥によって生命や身体あるいは財産に被害が生じた場合に，その製品の製造者等が被害者に対して負う損害賠償責任，あるいはこれに関する特別な責任を製造物責任（Product Liability 略してPL）と呼ぶ。製品の欠陥により消費者が被害を受けた場合，直接の販売業者に対しては民法上債務不履行責任（民415条）や瑕疵担保責任（民570条）を追求することが認められている。しかし，直接の契約関係にない製造業者に対しては，不法行為責任（709条）を問うしかない。だが，製造過程の知識や情報を持たない被害者側が製造業者の過失を立証することは容易ではない。そこで，被害者救済の観点から，「過失

要件を製造物の「欠陥」に置きかえ，欠陥製品の製造者の損害賠償責任を認める製造物責任法（PL法）が1994（平成6）年に制定された。

　PL法は不法行為特別法として立法されているので，製造物の欠陥による製造業者等の損害賠償については，同法の規定の他に民法の規定が適用される（金銭賠償の原則，過失相殺，損害賠償の範囲など）。

2）要　件

(a) 欠　陥　PL法にいう「欠陥」とは，「当該製造物が通常有すべき安全性を欠いていること」である（同法2条2項）。なお欠陥は，①製造上の欠陥，②設計上の欠陥，③指示・警告上の欠陥に分類される。なお，欠陥の判断にあたっては①製造物の特性（壊れやすいか，専門家用か），②通常予見される使用形態（誤使用や不適切な使用ではないか），③製造物を引き渡した時期（引渡時に欠陥があったか），の3つの事情が考慮される。

(b) 製造物　PL法2条1項は，製造物を「製造又は加工された動産」と規定し，製造物に該当するのは有体物の動産である。したがって，サービスの提供・ソフトウェア・無形エネルギー・不動産は対象外となる。

(c) 製造業者等　「製造業者等」とは，①製造物を業として製造，加工または輸入した者（製造・加工・輸入業者），②製造物に氏名等の表示をした者，またはその製造業者と誤認させるような氏名等の表示をした者（表示製造業者），③製造物にその実質的な製造業者と認めることができる氏名等の表示をした者，のことである（PL法2条3項）。

3）免責事由

(a) 開発危険の抗弁　PL法は，製造者を免責する事由として開発危険の抗弁を認めている。同法は，製造物の引渡し時における「材料又は技術に関する知見によっては，当該製造物にその欠陥があることを認識できなかった」ことを証明した場合には，製造業者等は免責されると規定する（同法4条）。このような免責事由が規定されたのは，開発危険の抗弁が認められないと，新製品の研究開発，技術革新が停滞してしまうからである。ただし，免責の基準となる科学技術の水準は，製品が流通に置かれた時点での世界最高水準の知見と解されており，欠陥の予見可能性を判断する基準は過失責任よりも高い水準となる。

(b) 部品・原材料製造業者の抗弁　部品・原材料の製造業者が，製造物本体の製造業者からの指示・設計通りに部品を製造し，そのために欠陥が生じた場合にまで責任を負わされるとすると，製造業者にとり過大な負担となる。そこで，PL法4条2号は，部品・原材料の製造業者が「その欠陥が専ら当該他の製造物の製造業者が行った設計に関する指示に従ったことにより生じ，かつ，その欠陥が生じたことにつき過失がないこと」を証明すれば免責されると規定する。

4）効　果

(a) 賠償の対象となる損害　PL法における損害賠償の対象は，製造物の瑕疵によって生じた拡大損害である。損害が当該製造物についてのみ生じたときは，製造業者等は責任を負わない。欠陥製造物自体の損害を責任の対象から除外したのは，同法は拡大損害の填補を目的とする趣旨であり，製造物自体の欠陥は品質上の瑕疵との区別が困難であることによる。ただし，拡大損害が発生すれば，製造物自体の損害も賠償の対象になる。

(b) 責任の存続期間の制限　PL法にもとづく損害賠償請求権は，損害および賠償義務者を知ったときから3年間，製造物の引渡し時から10年で時効消滅する（同法5条1項）。この規定と民法724条とを比較すると，請求権消滅の短期が3年という点では民法724条と同じだが，①長期が20年でなく10年，②時効の起算点は「当該製造物の引き渡し時」とされている，という点で異なる。PL法がこのように規定したのは，日進月歩の技術進歩と製品寿命の短期化を考慮したことによるが，蓄積性損害・後発性被害に関しては，起算点を「損害が生じた時」（同法5条2項）とし，被害者保護を図る。

18 不動産と法

　不動産を取得するということは，人間の一生で1度あるかないかの取引であると言われている。スーパーで食料品の買い物をする，あるいは電気量販店でパソコンを購入するといったことは，毎日，あるいは数年に1度はおこなうことになるため，購入する際，どのような点に注意したらよいのかを経験上，理解していることが多い。この経験があるため，その取引に失敗することは少ない。また仮に失敗したとしても，一般的に動産は不動産に比べると経済的価値が低いため，それほどの損失を被らなくてもすむ。これに対し，不動産に関する取引は，思ったとおりの取引ができないことによって，住居や仕事の場を失い生活の基盤がなくなることにもなりかねない。本章では，不動産の取得方法，取得した担保権の設定および不動産を利用する権利について学ぶ。

（1）不動産の所有権を取得する

1）不動産とは何か

　不動産の定義は国により異なる。わが国の場合，不動産とは土地およびその定着物のことをいい（民86条1項），定着物のうち建物については，独立の不動産として捉えられている（不登2条1号）。

2）取得方法

　所有権の取得方法には原始取得と承継取得がある。原始取得とは，前主の権利を受け継がず，全く新たになんの負担もついていない所有権を取得する方法である。不動産の場合，時効による取得（民162条）が，その主なものとして挙げられる。不動産の場合，承継取得のほうが一般的であるが，これは前主の権利をそのまま受け継ぐ，つまりその権利に何らかの負担がついていれば，その負担もついた状態で所有権を取得する方法である。たとえば，売買のように，個々の不動産の所有権を取得する場合（特定承継）と，相続のように被相続人が有していた権利・義務をすべて一括して承継する場合（包括承継）とがある。

3）所有権の移転時期

　売買のような特定承継の場合，それではいつの時点で，売主から買主へ所有

権が移転するのであろうか。売主が不動産の所有権を買主に移転することを約し，買主がこれに対してその代金を支払うことを約するという売買契約（民555条）の成立によって，所有権が移転するのであろうか。民法の規定によれば，所有権の移転は，「当事者の意思表示のみによって，その効力を生ずる」（民176条）とされる。つまり，売主から買主へ所有権を移転するという意思表示が当事者間であれば，その時点で所有権は買主に移転する。この意思表示を売買契約の中に含めることも可能である。代金支払いや登記は所有権移転の要件とはされていない。ただし，実際の不動産売買では，代金完済時に所有権が移転するという合意がなされるのが一般的である。

4） 対抗要件

売主・買主間では，不動産の所有権が買主へ移転した場合でも，この土地の所有権をめぐり第三者が登場したとき，買主が所有権をその第三者に主張できるかが問題となる。この場合，買主はその第三者に対抗するために，登記を備えることが必要となる（民177条）。たとえば，AがBにAが所有する土地を売却したとする。このとき，AがCにもこの土地を売却していた場合（二重売買），BとCのどちらがこの土地の所有権を取得できるのであろうか。この場合，登記を先に得たほうが所有権を確定的に取得できるのである。所有権をはじめとする物権は，本来誰に対してでも主張できる権利であるが，その効果を認めるために登記という対抗要件が必要となる。

5） 物権変動の公示

（a） 不動産登記の公示　登記はどこに公示されているのであろうか。不動産登記は，商業登記とともに，法務省が管轄しており，全国各地にその出張所が設けられ，誰でも登記情報を登記事項証明書の交付手続きによって，その情報を知ることができる。また，インターネット登記情報提供サービス（http://www1.touki.or.jp/）にて登録をすれば，だれでもインターネットを通じて登記情報を確認することができる。取引に入ろうとする者は，目的の不動産登記記録の情報を知ることによって，現在の所有者，権利関係を知ることができる。しかしながら，不動産登記には，公信力が認められておらず，推定力しか認められていないため，取引に入った者が，所有権者と不動産登記記録に記録されている者を相手に取引をしたが，その者が真実の所有者でなかった場合に

所有権を取得できない可能性がある。

　(b) 不動産登記の仕組み　登記は，各建物ごとに，また一筆の土地ごとに別々に登記記録が作られる（物的編成主義，不登2条5号）。登記記録は，表題部と権利部に分けられ（不登12条），表題部には各不動産を特定するための情報，すなわち所在，地番，地積などが記録されている。権利部は，甲区と乙区に分けられ，甲区には所有権に関する事項，乙区には所有権以外の用益権，担保物権が記録される。

　(c) 不動産登記の申請　登記を申請するためには，その登記を得ることによって形式的に利益を受ける者（登記権利者）と不利益を得る者（登記義務者）が共同で申請をしなければならない（共同申請主義，不登60条）。たとえば，土地の売買を行った場合，売主が登記権利者，買主が登記義務者となる。権利に関する登記を申請すると，登記官が提出された申請情報を審査し，問題がないと判断するとその申請された内容で登記記録に記録される。登記官は，本人確認以外は裁判官のように対面審査をすることはなく，提出された申請情報をもとに審査する。

（2）不動産に担保権を設定する

　不動産を取得しようとするとき，その代金のすべてを一度に用意できる人は少ないであろう。銀行などから融資を受けて住宅ローンを組むことが一般的であるが，この場合によく利用されるのが抵当権である。また，不動産を取得したが，すでに第三者の担保権が設定されていることもある。以下では，主な担保権についてその内容を説明する。

　1）抵当権，質権

　担保とは，自己の債権の回収を確実にするための手段であり，人的担保（保証など）と物的担保に分かれる。この項目で扱うのは，物的担保であり，この物的担保は，さらに法定担保と約定担保に分類される。法定担保は，法律に定められた要件を充たすと自動的に発生するもので留置権（民295条以下）と先取特権（民303条以下）がある。約定担保は，当事者の合意により成立するもので抵当権（民369条以下）と，質権（民342条以下）がある。

　(a) 抵当権と質権の違い　抵当権は，原則として不動産に利用される。

他方，質権は，動産，不動産を問わずありとあらゆる物に設定可能である。しかしながら実際には，質権はほとんど利用されず，抵当権のほうが利用度が高い。その理由は，抵当権は担保権者に占有を移す必要がない非占有担保権であるのに対し，質権は担保権者に占有を移さなければならず，そのため所有者は担保目的物を利用することができなくなるため，使い勝手が悪いということがあげられる。

(b) 抵当権の設定 抵当権を設定するためには，担保目的物となる不動産の所有者と融資をおこなった者との間で，抵当権設定契約を結ばなければならない。担保目的物を提供した者を抵当権設定者というが，債務者自身がなる場合もあれば，第三者が担保を提供する場合もある。この場合を，物上保証人という。融資をおこない，抵当権を取得した者のことを，抵当権者という。債務者が債務を履行し，債権が消滅したとき，抵当権も消滅する。この性質を抵当権の付従性という。付従性は，抵当権だけでなく，他の担保物権にも共通して認められる。

(c) 抵当権の実行 債務者が債務を履行できないとき，抵当権者は債権を確保するために，抵当権を実行することができる。抵当権の実行により，競売手続きが開始し，抵当権者は，他の債権者よりも優先して弁済を受けることができる（優先弁済権，民369条1項）。抵当権者が複数いる場合，登記した順序で，弁済を受けることができる（民373条）。

2） 仮登記担保権，譲渡担保権

抵当権や質権のように，民法に担保権として定められているもの（典型担保）に対して，民法に規定がない担保権もある。それが非典型担保である。非典型担保の代表的なものとして，仮登記担保権と譲渡担保権がある。なぜこれらの非典型担保が生れたのかというと，典型担保による債権の回収では，債権者にとって不便な点が多かったからである。たとえば，抵当権を実行する際には必ず競売にかけなければならないが，その手続が複雑で時間がかかったり，競売を妨害する者が現れたために買受価格が低額に抑えられ，債権回収がうまくいかない場合もあった。そこで，担保目的物の所有権を取得するという新しい担保権が利用されるようになった。仮登記担保権は，将来債務が履行されないときに備え債権者が仮登記をし，債務が履行されないときに代物弁済により，

担保目的物の所有権を取得し，債務の弁済を受けるものである。譲渡担保権は，いったん所有権を形式的に債権者に移転し，登記も債権者名義にする。債務が弁済されたときに，再び債務者にその所有権を返すが，履行されなければ確定的に債権者がその所有権を取得するというものである。

(3) 他人の不動産を利用する

不動産を取得したが，転勤などにより長期間，その不動産の利用をしないとき，その不動産を他人が利用する権利がある。自己の所有する不動産をもっと利用しやすくするために，隣の土地を使用する権利が予定されている。以下では，不動産を所有せずに，利用するための方法について学ぶ。

1) 地上権，賃借権

ある人が，自己の所有する土地を別の人に利用させようとする。このとき，2つの方法が考えられる。1つ目が物権である地上権（民265条），2つ目が債権である賃借権（民601条）を設定する方法である。民法の規定によれば，地上権は物権，賃借権は債権という性質から，大きな違いが生じる。しかし，建物所有を目的とする土地の利用については，借地借家法の中で，両者は借地権として一括して扱われている（借地借家2条1号）。以下では，借地権を中心に説明する。

　(a)　**借地権の成立**　借地権は，地上権の設定契約あるいは賃貸借契約を結ぶことによって成立する。

　(b)　**借地権の存続期間・更新**　借地権の存続期間は最低で30年である。ただし，当事者間でそれよりも長い期間を定めることもできる（借地借家3条）。

　(c)　**借地権の対抗要件**　民法の規定では，土地の登記簿に賃借権の登記をすることがその対抗要件とされているが（民605条），貸主の協力がなければこの登記を借主が単独で申請することはできない（共同申請主義　不登60条）。物権であれば，貸主の協力がなくとも判決を得て，登記をする手段が認められているが（不登63条1項），債権である賃借権の場合，貸主には登記に協力する義務はないと解されている。そのため，借地借家法では，借主が単独で申請できる建物の保存登記でもって，第三者への対抗要件を備えたと認めている（借地借家10条1項）。

(d) 借地権の譲渡・転貸　ある土地の借主が，転勤などでその土地を利用できなくなったとき，他人に借主が所有している建物を貸したい，あるいはその建物を売却したいと思ったとする。この場合借主はその土地の所有者（貸主）に黙ってその行為をおこなうことができるであろうか。原則として，借主は貸主の承諾を得ないで黙って第三者に賃借権を譲渡・転貸することは認められていない（無断譲渡・転貸の禁止，民612条1項）。借主が無断で譲渡・転貸したとき，貸主は賃貸借契約を解除できる（同条2項）。しかし，1回限りで契約が終了する売買契約とは異なり，賃貸借契約は継続的契約であり，借主にとってはその賃借目的物は生活の基盤となっていることが多い。そこで，当事者間の信頼が続いている間は，解除が認められない場合がある（信頼関係破壊の法理）。たとえば，個人名義で借りていた土地が，その個人の経営する会社に転貸した場合のように，実態としてはその土地を利用する者が変わっていない場合などがそれに当たる。また，先ほどの例のように，賃貸人が，譲渡・転貸を承諾しても特に不利益が生じないにもかかわらず，承諾を拒む場合には，裁判所が賃貸人の承諾に代わる許可を認めることもある（借地借家19条1項）。

(e) 借家権　借家権も，原則として土地の賃借権と同様に考えることができる。第三者への対抗要件については，引渡しがあれば第三者に対抗できる（借地借家31条1項）。

2）地役権

地役権とは，設定行為で定めた目的に従い，他人の土地（承役地）を自己の土地（要役地）の便益のために利用する権利である（民280条）。たとえば，ある者が自己の土地の通行の便をよくするため，他人の土地を通行する権利（通行権）を設定する場合などがこれに当たる。他にも，承役地に水路を設ける，眺望を確保するために承役地に高い建物を建てない，また承役地の上空に送電線を設置するなどに利用される。地役権は，要役地のために承役地に設定されるものであるから，地役権のみを譲渡することはできず，要役地の利用権と運命をともにする（付従性，随伴性，民281条）。

19 事故と責任

（1）不法行為とは

　Aが車を運転中，歩行者のBをはねるという交通事故が起きたとする。このとき，被害者Bは，加害者Aに対して損害の賠償を請求できるが，この権利を認めているのが不法行為制度である。もちろん，同じ場面で加害者に刑事罰が課される可能性があるが，民事責任と刑事責任はその対象が別であることに注意して欲しい。この章で扱う不法行為制度は，当事者間においてあらかじめ何の契約関係もないところで発生した損害について，加害者の被害者に対する行為を理由に，加害者の責任を認めるわけであるから，その要件が法律で定められていなければならない。この要件を充たしてはじめて，不法行為責任が認められるのである。以下では，その要件についてみていくことにする。

1）不法行為の要件

　民法709条は，「故意又は過失によって他人の権利又は法律上保護される利益を侵害した者は，これによって生じた損害を賠償する責任を負う」と定めている。以下で個々の要件について説明するが，その際，上記の交通事故の事例をもとに説明を加えていく。

　（a）**権利侵害**　　この事例でAがBを負傷させてしまったとすると，Bの身体に関わる権利を侵害したことになる。明治時代に民法が制定された当初は，709条に定められた「権利侵害」について，この要件を厳格に考えており，権利と名前の付くものでなければ「権利侵害」にはあたらないとされていた。例えば，著作権という権利が権利として認められていなかった時代，浪曲をコピーしてレコードを販売しても，それは権利侵害には当たらないとして，不法行為の成立が認められなかった（大判大正3年7月4日刑録20巻1360頁）。しかし，このような結論になっては不公平であり妥当でない。そこで，大正14年に「老舗」にもとづく得意先関係について，これを権利とはいえないが「法律上保護されるべき利益」であるとし「権利」を広く解釈することが認められた（大判大正14年11月28日民集4巻12号670頁）。さらに，平成16年の改正により「他

人ノ権利」という文言から「他人の権利又は法律上保護される利益」へ，適用範囲を拡大した文言に改められた。

(b) 故意・過失　　上記の事例で，Aにはそのつもり（＝故意）がなくても過失があれば，不法行為責任が認められることになる。このように，故意・過失があってはじめて責任を負う考え方を過失責任主義という。わが国の民法は，過失がなくとも責任を負う無過失責任主義の考え方を，原則として採用していない。無過失責任主義の考え方が原則になると，他人に損害を与える可能性を考えるあまり，人は活動することが怖くなってしまい，自由な行動が不当に制限される危険があるからである。過失については，その人ごとに注意深さが異なるため，過失の基準はその人個人ではなく，平均的な人を仮定し，平均人であれば事故を防げたであろうか否かで判断することになる。さらに，この平均人は，社会生活を送る上でその人が属するグループごとに分けられ，過失の有無が判断されることになる。たとえば医師が医療行為をおこなう際に，その人が開業医なのかあるいは大学病院などで最先端の知識に触れられる医師なのかどうかで，その人の注意義務の程度が異なることになる。開業医であれば過失とならないことでも，大学病院の医師では過失と認定されることもあり得る。

(c) 因果関係　　さらに，上記の事例でBのAに対する損害賠償の請求が認められるためには，加害者Aの行為と損害との間に因果関係がなければならない。因果関係の成立を判断するために，まず被害者Bに生じた損害が加害者Aの行為の結果であるという関係が認められる必要がある（事実的因果関係）。つまり，加害者Aの行為がなかったとすると，損害も発生していなかったということが言えなければならない。しかし，この要件だけでは十分ではない。この事実的因果関係が成立すれば因果関係がありということになると，風が吹けば桶屋がもうかる式に範囲が非常に拡大することになり，適当でない。そこで，因果関係ありというためには，事実的因果関係の成立が認められたうえで，さらにその行為が結果の発生にとって，相当性があると認められなければならないとされている（相当因果関係）。

(d) 損　害　　損害には，財産的損害と非財産的損害とがある。財産的損害とは，被害者Bの身体・生命・財産に対して被った損害のことであり，非財産的損害とは，主に精神的苦痛に対する損害（慰謝料）である（民710条・711条）。

また，財産的損害は，積極的損害と消極的損害に分けられる。怪我の治療費，身につけていた時計の修理代金のように被害者Bの有している財産が失われた場合が前者であり，けがをしたために仕事を休まざるを得ず，そのために得られるはずの収入が得られなかったように，被害者Bが将来受け取ることができたはずの財産（逸失利益）が後者であり，いずれも損害賠償の対象となる。

2）　免責される場合

上述の不法行為の成立要件が充たされた場合でも，加害者Aは損害賠償の責任を負わない場合がある。その理由は，加害者Aに対して非難しても仕方がない場合（責任無能力）と加害行為に違法性がない場合（正当防衛・緊急避難，正当業務行為など）との2つに大きく分けられる。

(a)　責任無能力　未成年者でその行為の是非を判断できない者（民712条）と精神上の障害によりその行為の是非を判断できない者（民713条）を責任無能力者という。未成年者の場合，責任能力の有無は，個人ごとに判断されるため，何歳からは責任能力ありとされるかは一概にいえない。また，その行為ごとに判断される能力も異なるため，なおさら一義的には定義できないが，一応の目安は12歳くらいとされている。加害行為時には泥酔のため判断能力を失っていたと判断された者であっても，その者が酔っ払ったときには不法行為を行うと認識していながら酔った場合には，責任を問われる（民713条ただし書）。

(b)　正当防衛・緊急避難　他人の不法行為から自らのまたは第三者の権利を守るために，やむを得ず加害行為をおこなった者は，損害賠償の責任を負わない（民720条1項）。たとえば，上記の事例でBに殺されそうになったため，逃げようとして車に飛び乗り運転したところ，Bをはねてけがさせてしまったのであれば，Aは免責される。また，他人の所有する犬が襲い掛かってきたのでやむを得ずこの犬に攻撃を加えるというように，他人の物から生じた急迫の危難を避けるための行為も，緊急避難として免責される（民720条2項）。

(c)　正当業務行為　医師が患者を治療するために，たとえば，手術をして患者の身体に傷をつける場合がある。患者の身体への侵害行為は，原則として患者の同意があれば，違法性は阻却される（被害者の承諾）。他にもボクシングなどのスポーツ時の怪我の場合も，違法性が阻却される。しかし，患者が意識を失っていて，被害者の承諾が得られない場合には，他の根拠が必要となる。

この場合，患者の身体への加害行為となる医療行為をおこなっても，それは正当業務行為として違法性が阻却されると解されている。ただし，なぜその医療行為が必要なのかを患者に十分に説明する義務を医師は負っている（インフォームド・コンセント）。

3） 不法行為の効果

(a) 損害賠償，差止請求　不法行為が成立すると，被害者Ｂは加害者Ａへ損害賠償を請求できる。被害者の救済方法としては，損害賠償が原則であるが，差止請求が認められる場合もある（民723条）。たとえば，作家Ｘが書いた本によって，Ｙが名誉を傷つけられたり（名誉毀損）プライバシーが侵害された場合には，Ｙはその本の出版をあらかじめ差し止めることができる。また，騒音や日照権の侵害などその人が生活をしていくうえでの環境が侵されている場合に，その発生源を止めるために差止請求が認められることもある。

(b) 過失相殺　上記の交通事故の事例で，被害者Ｂもよそ見をしていたために，その事故が発生したと考えられるようなとき，加害者Ａにすべての責任を負わせるのは公平ではないと考えられる。そこでこの場合，被害者Ｂの過失を考慮して，加害者への損害額を算定することができる（民722条2項）。

(c) 消滅時効　不法行為の損害賠償請求権は，他の一般債権とは異なり，被害者が損害及び加害者を知った時から3年間，また不法行為の時から20年を経過した時，時効により消滅する（民724条）。

（2） 共同不法行為

Ａが車を運転中，Ｂの運転する車と衝突し，その衝突により塀に激突し塀が倒れてＣがけがをした場合のように，加害者が複数存在し，それによって被害者が損害を受けた場合，各個人がおこなった行為をどのように考えればよいのだろうか，これが共同不法行為の問題である。

1） 関連共同性

加害者が複数存在する場合として，たとえば，ＤとＥが共謀してＦを殺そうとするように共に不法行為をおこなうという意思が互いにある場合と，上の事例のように，たまたまＡとＢの行為が重なってＣが被害を受けるというように，互いの意思は通じていない場合もある。共同不法行為が成立するためには，行

為者に不法行為を一緒におこなおうという意思が必要とする考え方（主観的共同説）と，一緒におこなうという意思は不要であり，客観的に見て関連しあっていればよいという考え方がある（客観的共同説）が，判例は，客観的共同説をとっている（最判昭和43年4月23日民集22巻4号964頁）。

2）共同不法行為の効果

共同不法行為が成立すると，共同行為者は連帯して被害者に対し損害賠償の責任を負うことになる（民719条1項前段）。そして，この損害賠償債務は，不真正連帯債務であるとされている。

（3）使用者責任，監督者責任

1）使用者責任

A会社に雇用されている従業員Bが，仕事で会社の車を運転中，交通事故を起こしてしまった。このとき，加害行為をおこなったB自身は当然，不法行為責任に問われるが，Bを雇っているAも責任を問われることがある（民715条）。使用者に対して責任を負わせる理由について，使用者は被用者を使い，業務を広範囲におこなうことによって利益を得ている以上，被用者による活動から生じた危険も負担すべきであるとされている（報償責任の原理）。また，使用者に責任を負わせることにより，被害者はより資力のある使用者に損害賠償の請求ができることから，被害者の救済につながるとされている。

　(a)　**使用者責任の成立**　従業員BをAが雇用しており（使用関係），そのBが業務に関連して起こした加害行為であれば責任が認められる。この使用関係については，必ずしも雇用している必要はなく，実質的に使用者が被用者を指揮監督している状態であればよいとされる。また，業務に関連して起こしたかどうかの判断についても，非常に緩く解釈されており，たとえば，被用者が私用で勤務時間外に会社の車を運転中に起こした事故であっても事業を執行する際に起こした事故と判断されている（外形標準説）。これらの要件を充たした場合，使用者責任が免責される場合はほとんどない。

　(b)　**加害者本人への求償**　使用者Aは，不法行為をおこなった被用者Bに対して，求償権を行使できると民法上は定められている（民715条1項ただし書）。しかしながら，報償責任の考え方からすれば，使用者Aが最終的に責任

を負わずに済むのはおかしいことになるので，判例も求償権が制限されるとの立場に立っている（最判昭和51年7月8日民集30巻7号689頁）。

2）監督者責任

　加害者が自らの加害行為について，その是非を判断できる能力がない場合には，加害者は不法行為責任を問われない（（1）2）(a)責任無能力の項参照）。

　このように責任無能力者が不法行為を行ったとき，その者に代わって監督者が責任を負う（民法714条）。たとえば，子供が遊んでいて友達にけがをさせてしまった場合，加害者である子供の親が子供に代わって不法行為責任を負う。しかしながら，子供に責任能力ありと判断されると，被害者はその親に監督者責任を問えなくなる。そのため，裁判例では，判断能力がある場合でも責任無能力者と認定し，監督責任者責任を問うなどして，被害者の救済をはかるケースが見られる（たとえば，13歳6カ月の少年に対して責任能力なしと判断された。東京地判昭和60年5月31日判時1202号64頁）。

（4）交通事故に関する特別法

　不法行為の例として，これまで何度もとりあげたように，最も身近で起こる可能性があるのが，交通事故であろう。しかもひとたび事故が起きると，家族は悲しみにくれるだけでなく生活にも困るということになりかねない。

自動車損害賠償保障法（自賠法）

　(a) 過失の立証　　民法の不法行為責任が認められるためには，加害者の過失を被害者側が立証する必要がある。しかし，被害者が加害者の過失を立証することは，たとえば被害者自身が死亡した場合などを考えても，困難であることが多い。そこで，自賠法3条で，被害者の立証責任を転換し，自動車の運行供用者（加害者）が，自己に過失のなかったことおよび自動車に整備不良がなかったことなどを証明しない限り，責任が問われることになった。

　(b) 加害者の資力　　加害者が被害者に対して不法行為による責任が認められ，損害賠償の請求ができるとしても，加害者に資力がなければ，画に描いた餅にすぎない。そこで，自賠法11条以下で，自動車の運行供用者は必ず，責任保険に加入しなければならないこととされた（強制保険）。これにより，資力の不十分な加害者がいても，被害者は最低限の救済が得られることになった。

20 社会福祉と法

(1) 社会福祉の概念

社会福祉とは，老齢や障害等のさまざまな生活上の支障を有する者に対して，これらの者の自立を助けることを目的として，福祉サービスの提供等のさまざまな援助をおこなうことを言う。社会福祉は，社会保険や公的扶助と並んで，憲法25条が定める生存権（＝健康で文化的な最低限度の生活を営む権利）の実現のためにおこなわれる国家活動としての社会保障の一領域をなす。

(2) 社会福祉の法体系

社会福祉の法は，生存権を具体的に実現するための法分野の1つであるが，そこでは，生活上の支障の種別に応じて種々の法律が整備されている。まず，福祉分野における個別法の全てに共通する基本理念や原則的事項を定めたものとして，社会福祉法がある。同法の目的は，「社会福祉を目的とする事業の全分野における共通的基本事項を定め，社会福祉を目的とする他の法律と相まって，福祉サービスの利用者の利益の保護及び地域における社会福祉（以下「地域福祉」という）の推進を図るとともに，社会福祉事業の公明かつ適正な実施の確保及び社会福祉を目的とする事業の健全な発達を図り，もって社会福祉の増進に資すること」（1条）であるとされているとおり，社会福祉全般にわたる基本法として位置づけられる。そして，同法で規定されている諸原則が，個々の社会福祉立法によって具体化されている。主な社会福祉立法として，児童福祉法，母子及び寡婦福祉法，老人福祉法，身体障害者福祉法，知的障害者福祉法，精神保健及び精神障害者福祉に関する法律，障害者自立支援法がある。

(3) 社会福祉の法の特質

少子高齢化の進展や国家財政の行き詰まりを背景として，1990年代半ば頃から，日本の社会福祉の法は，その基本理念の見直しにまで至るほどの大きな転換期を迎えている。この契機となったのは，1995年に「社会保障体制の再構築

—安心して暮らせる21世紀の社会を目指して—」と題して公表された社会保障制度審議会勧告（以下「勧告」という）である。勧告は，敗戦直後の日本の社会保障制度生成期における社会保障政策が救貧政策に重きを置くものであったのに対し，今後は広くすべての国民を対象とする普遍的制度へと転換することが求められているとの認識に立ち，経済・社会の情勢変化を踏まえた新しい社会保障の理念と原則について提言した。このうち，福祉に関する提言として特筆すべきは，介護保険制度の創設に関する部分であり，これによって，介護の社会化が進められることとなった。この結果，1997年12月に，介護保険法が制定され，2000年度から施行された。さらに，勧告から介護保険法施行に至るまでのこの時期には，社会福祉の法を抜本的に変えるきっかけとなったもう1つの政策が進められていた。それは，「社会福祉基礎構造改革」と呼ばれるもので，1997年11月から中央社会福祉審議会社会福祉構造改革分科会において審議され，翌1998年6月に「社会福祉基礎構造改革について（中間まとめ）」を公表して，その方向性が示された。この結果生じた福祉法制における主な変化として，戦後わが国の社会福祉における基本法であった旧社会福祉事業法（1951年制定）を社会福祉法に変えるという抜本的改正をおこなったこと（2000年の「社会福祉の増進のための社会福祉事業法等の一部を改正する等の法律」の制定），幅広い需要に応えるために多様なサービス供給主体の参入を促進すること，そして，福祉サービス利用の法的仕組みとして従来存在してきた措置制度をサービス利用者と事業者との間の契約を媒介とした利用制度へと転換したことが挙げられる。第3の変化については，一般に「措置から契約へ」と呼ばれる。

勧告と「社会福祉基礎構造改革」とによって，1990年代半ば以降，日本の福祉法制は，大きく変化し，この結果，現行の社会福祉の法は，次の3つの特質を有するに至っている。

1）　援助を要する者の人権保障

社会福祉の法における究極目標は，援助を要するすべての者に対する生存権保障と，これらの者を個人として尊重することである。すなわち，憲法25条および13条の実現が，社会福祉の法における最も重要な基本理念となる。

社会福祉は，生存権の具体的実現をおこなうための諸活動の総称であるから，

各福祉分野において援助の対象とされている一人ひとりの者に対して，質・量ともに生存権の名に値する給付を保障することが最も重要な法目的となる。そしてその際，援助を要する者の心身や生活状況等の様々な状況をきめ細かく考慮に入れて，これらの者が自らの生や人格を実現するために必要不可欠となる個人の希望や意思を最大限尊重することが重要である。この点について，「措置から契約へ」と呼ばれるサービス利用の法律関係の契約化は，援助を求める本人の選択権を保障して，自らが希望するサービス供給主体との契約締結を可能にするという意図にもとづいて導入された側面がある。しかし，確かに契約化は本人の選択権行使を可能にするものの，その反面として供給主体による顧客の選別とも言うべき「逆選択」の問題も指摘される等，福祉分野における契約をめぐっては，しばしば契約関係の当事者間の不対等性がもたらす諸問題が提起されている。それゆえ，この点について現行法は，福祉サービスに関する情報の公表制度の整備や，権利擁護の仕組みを導入することを通じて対処しようとしている（社会福祉法第8章等）。

2） 地域福祉の推進

2000年の社会福祉法制定によって，社会福祉の基本理念として地域福祉の推進が掲げられた。この理念を定める同法4条は，「地域住民，社会福祉を目的とする事業を経営する者及び社会福祉に関する活動を行う者は，相互に協力し，福祉サービスを必要とする地域住民が地域社会を構成する一員として日常生活を営み，社会，経済，文化その他のあらゆる分野の活動に参加する機会が与えられるように，地域福祉の推進に努めなければならない。」としている。これは，旧社会福祉事業法にはなかった規定であり，現在の社会福祉の法の基本的考え方を示すものとして重要である。前述のとおり，介護の社会化やサービス供給主体の多様化は，1990年代後半からの福祉法制の変容の象徴的要素である。そしてこれは，要するに，サービス供給主体を国・地方公共団体または社会福祉法人に限定することをやめ，NPO等の非営利法人や株式会社のような営利法人にも解禁して，社会全体の力を活用することによって，何らかの援助を必要とする国民・住民の需要に応えようとするものである。このような考え方にもとづく福祉法制であるからこそ，社会福祉に何らかの形で関わる全ての者に対して地域福祉の推進という責務を課すこととしたといえる。このように，現行

の福祉法制は，福祉に関わるすべての者や組織が地域における福祉のために有機的協力関係を形成することを通じて，それぞれの地域社会に相応しい福祉の実現を図ること（＝地域福祉）を推進すべきものとしている。したがって，この意味においては，もっぱら国・地方公共団体の責任によって福祉を実現してきた従来の福祉法制とは異なり，国および地方公共団体も福祉に関する多様な主体のネットワークの中の一員として位置づけられている。

3）国および地方公共団体の責任

地域福祉の推進の理念が掲げられた中にあっても，国および地方公共団体は，地域福祉を担う一組織に過ぎないというわけではなく，依然として，福祉の実現において中核的な責任を担い続けなければならない。すなわち，社会福祉の法においては，国および地方公共団体は，他のいかなる社会福祉事業経営者らとも異なり，さまざまな理由のために生活上の支障を有するすべての者が自立した生活をおくることができるようにする役割を負っている。この点について，社会福祉法は「社会福祉を目的とする事業を経営する者と協力して，社会福祉を目的とする事業の広範かつ計画的な実施が図られるよう，福祉サービスを提供する体制の確保に関する施策，福祉サービスの適切な利用の推進に関する施策その他の必要な各般の措置を講じ」（6条）る責務を，児童福祉法は「児童の保護者とともに，児童を心身ともに健やかに育成する責任」（2条）を，母子及び寡婦福祉法は「母子家庭等及び寡婦の福祉を増進する責務」（3条1項）を，身体障害者福祉法は「身体障害者の自立と社会経済活動への参加を促進するための援助と必要な保護を総合的に実施するように努め」（3条1項）る責務を，知的障害者福祉法は「知的障害者の福祉について国民の理解を深めるとともに，知的障害者の自立と社会経済活動への参加を促進するための援助と必要な保護の実施に努め」（2条1項）る責務を定めることによって，明らかにしている。これらの規定から，国および地方公共団体は，各福祉事業者等への公的規制をおこなうとともに，地域福祉の全体状況の把握をおこない，もしも地域に存する福祉に関わるさまざまな人や組織の力だけでは住民に対して十分な福祉サービスが行き渡らないような事態が生じた場合には，自らの公的責任を果たす必要性が生じるものと解される。

（4）社会福祉の担い手

社会福祉の担い手は，前述した地域福祉の理念にも見られるように，今や，行政組織のみならずさまざまな民間組織にも及んでいる。

1） 行　政　組　織

(a) 国の行政組織　社会福祉を所管する国の行政組織は，厚生労働省である。厚生労働省における社会福祉行政を担当する内部部局は，雇用均等・児童家庭局（児童福祉および母子・寡婦福祉），老健局（高齢者福祉），障害保健福祉部（障害者福祉）であり，各社会福祉法制に関する法解釈や運用のあり方といった全国的に統一すべき基準の作成や，補助金交付等の事務を担当している。

(b) 地方公共団体の行政組織　社会福祉は，その性質上，住民にとって最も身近な地方公共団体において適宜実施されることが望ましい。したがって，対象者が比較的少数であったり特に専門性が要求されるために都道府県で担うことが相応しいと解されるような分野を除き，市町村が実施主体となる。この場合，市町村は，地域福祉の推進に係る行政組織として，住民や社会福祉に関わる民間組織と連携しつつ活動しなければならない（例，社福107条）。一方，都道府県は，広域的団体として，市町村の地域福祉の推進を支援するための活動をおこなわなければならない（例，社福108条）

市町村および都道府県における社会福祉行政の専門機関は，一般に，「福祉事務所」と呼ばれる（社会福祉法14条にもとづいて設置される「福祉に関する事務所」）。福祉事務所は，法律上，都道府県および市（特別区を含む）の必置機関とされている。ただし，町村については，条例にもとづき，設置することができる。都道府県の設置する福祉事務所は，「生活保護法，児童福祉法，母子及び寡婦福祉法に定める援護又は育成の措置に関する事務のうち都道府県が処理することとされているもの」を担当する（社福14条5項）。市町村および特別区の設置する福祉事務所は，「生活保護法，児童福祉法，母子及び寡婦福祉法，老人福祉法，身体障害者福祉法及び知的障害者福祉法に定める援護，育成又は更正の措置に関する事務のうち市町村が処理することとされているもの」を担当する（社福14条6項）。

2) さまざまな民間組織
(a) **社会福祉協議会**　地域福祉の推進を図る民間福祉団体として，1または2以上の市町村の区域ごとに市町村社会福祉協議会が置かれ，都道府県の区域ごとに，都道府県社会福祉協議会が置かれている（社福109条・110条）。市町村社会福祉協議会は，社会福祉を目的とする事業の企画・実施，社会福祉に関する活動への住民参加の援助，社会福祉を目的とする事業に関する調査・普及・宣伝・連絡・調整・助成をおこない，都道府県社会福祉協議会は，広域的組織としてこれらを支援したり，社会福祉を目的とする事業従事者への研修や指導・助言等をおこなう。

(b) **社会福祉法人**　社会福祉法人は，社会福祉事業をおこなうことを目的として，社会福祉法の定めるところにより設立された非営利の公益法人である。これは，民間福祉事業の財政的基礎の構築や福祉の公共性確保等の目的にもとづいて旧社会福祉事業法によって創設され，設立認可や行政監督に服するなど，行政からの種々の公的規制の下に置かれている組織であり，福祉サービス供給主体として従来からその大半を担ってきた。

(c) **NPO，株式会社等の非営利・営利事業者**　サービス供給主体の多様化が進められたことにより，NPO（特定非営利活動法人）や株式会社等の営利法人が，介護サービス分野を中心に，参入するようになった。これらの民間組織が供給主体となるためには，法令の基準にもとづいてなされる都道府県知事の指定が要件とされている。ただし，各種社会福祉施設の経営（これを「第一種社会福祉事業」という。社福60条）は，国，地方公共団体および社会福祉法人が経営するものとされているため，現行制度上，この分野への参入は原則として認められない。

（5）社会福祉の各分野とサービス利用の法律関係

1) 社会福祉の各分野

　社会福祉は，児童福祉，母子および寡婦福祉，高齢者福祉，障害者福祉の各分野からなる。根拠法は，順に，児童福祉法，母子及び寡婦福祉法，介護保険法および老人福祉法，障害者自立支援法，身体障害者福祉法，知的障害者福祉法および精神保健及び精神障害者福祉に関する法律である。障害者福祉におけ

る障害者自立支援法は，身体・知的・精神の3障害を統合してサービスを提供する仕組みとして，2005年に制定されたものである。

児童福祉は，児童が心身ともに健やかに生まれ育つことを目的として，出産から育成に至るまでの各過程において必要なサービスを保障している。保育所における保育サービスの提供や障害児に対する療育指導等である。児童福祉と密接に関連する分野として，母子および寡婦福祉がある。一般に，母子家庭は，経済的・社会的に不安定な地位に置かれていることから，母子および寡婦に対する日常生活相談や経済的援助をおこなっている。高齢者福祉とは，老齢に伴う障害への援助をおこなう分野であり，居宅または施設における介護サービスが主なものである。ただし，2000年度からは，介護保険という社会保険制度を通じて介護保障をおこなうことが原則とされた。障害者福祉は，障害の有無にかかわらず障害者が自立した日常生活と社会参加ができるよう，居宅または施設における介護や訓練，移動支援，相談・助言等をおこなっている。

2） サービス利用の法律関係

社会福祉におけるサービス利用は，従来は，もっぱら措置制度と呼ばれる仕組みであった。これは，何らかの援助を必要とする者からサービス利用の申請を受けた市町村（これを措置権者という）が，自らの責任でサービスを見出し，申請者に提供するサービスを決定する（決定は行政処分としておこなわれる）仕組みである。前述のように，1990年代後半からの福祉政策の下で「措置から契約へ」の改革がなされ，介護保険法において初めて，サービス供給主体（これを指定事業者という）との間で直接契約を締結することを通じてサービスを利用する仕組みが導入された。その後この仕組みは，障害者福祉分野においても導入された。こうしてしだいに法制度は契約化へと移行しつつあるようにも見えるが，児童福祉分野における保育サービスの利用と，高齢者と障害者の両福祉分野における契約方式の例外として，各福祉法上，措置制度は維持されている。（3）1）で述べたように，契約化をめぐっては種々の問題が指摘されているうえ，契約方式では，サービス利用の法律関係に行政組織が介在しないため，行政が果たすべき役割が曖昧なものになりやすい。この点をどのように明確化していくかが，今後の社会福祉の法における大きな課題である。

第Ⅲ編

社会生活と法

21 団体と法

(1) 法人制度の必要性

　現在，われわれは，自らの意思で自由に契約を結び，権利を持ち，財産を得ることができる。これはわれわれが私法上，権利を持ったり義務を負ったりする資格（＝権利能力）を生まれながらにして有し，権利・義務の主体となっているからである。民法ではこれを「人」と呼び，われわれ生身の人間を「自然人」と呼ぶ。しかしわれわれは，1人で活動をおこなうよりも何人かが共同で活動をおこなうことも少なくない。例えば，A，B，Cが共同で事業をおこなうとすると，事業として他者と契約を結ぶ際，契約者の名義（契約より生ずる権利・義務の帰属先）は，誰かを他の者の代理人としない限りA，B，Cの連名ということになるが，人数が多くなるほど不便である。また，事業のために拠出された財産も一般にはA，B，Cの共有名義ということになるが，たとえばAが個人的に借金をして，A個人の財産だけで返済できない場合，Aの債権者の取立が事業用の共有財産にまで及ぶとしたら，安定した事業活動に支障をきたすこともありうる。こうした不便・危険をクリアするには，事業体の構成員であるA，B，C個人から独立した事業体それ自体の名義で取引をし，拠出財産も事業体名義とすることが必要であるが，そのためには事業体そのものに権利能力を付与する必要がある。事業体は自然人ではないので，法によってある一定の団体を法律上「人」とし，これに権利能力（これを「法人格」という）を付与する，という約束ごとを設けておくほかはない。これが「法人」制度である。

(2) 社団と財団

　では，自然人以外のいかなる存在に法人格が付与されるか。1つは，前述のように複数の人が共通の目的（活動内容）のもとに結集した人の集合体が考えられる。これを「社団」という。たとえば，会社は社団に法人格が付与された社団法人である（なお，社団法人の構成員を法律上，「社員」と呼ぶが，ここでいう「社員」とは日常用語でいう，会社から給料をもらって働く「従業員・職員」（労働

者）とは異なることに注意）。もう1つは、たとえばある篤志家が「勤労学生への奨学事業」という目的のもとに財産を拠出して、その財産を元に事業を行う、ということがある。このような、ある一定の目的のもとに拠出された財産の集合体を「財団」という。たとえば、私立学校は財産の集合体に法人格が付与された財団法人である。社団・財団は社会的実在であるから、個々の社団構成員あるいは財産の拠出者から実質的に独立した人的・物的な集合体であれば、それは社団・財団といいうる。しかし、これら団体のすべてに法人格を認めてしまうと、その内部組織（機関）・運営管理等はまちまちとなり、制度としての安定性・信頼性を欠くこととなる。そこで法によって法人の種類を定め、さらに設立手続・機関等の規定をおのおの設け、これらに拠らなくては法人格は付与されず、法人としては成立しないとする（民33条）。

（3）法人の種類

1）公法人と私法人

法人は伝統的に公法人と私法人とに大別されてきた。公法人とは、法令等によって定められている国家的公共的事務を遂行することを目的とし、公法にもとづいて成立した法人をいう。例としては、国、地方公共団体等があげられる。これに対して私法人とは、私人による自由な意思に基づき事業を行なうために、私法に基づいて成立した法人をいう（もっとも、現在では公法と私法を区分する実益は少ないとされている）。私法人はさらに以下のごとく分類される。

2）私法人の分類（総説）

これまで一般に私法人は、公益に属する事業を行い営利を目的としない「公益法人」と「営利法人」とに大別される、と説明されてきた。ただ、ここで注意すべきは、「公益」の反対概念とは「私益」であり、これは、その事業内容が広く社会全般の利益に通じ、不特定多数の者に対して貢献する性質のものか、あるいはある特定の者に対してだけ利益となるべき性質のものか、という基準にもとづく区分である。公益性の基準は民法にも例示的に列挙されているが、実際には公益・私益の区別はかなりあいまいで、公益法人でも実質上は私益に近い事業をおこなう団体（業界の親睦団体等）が存在する一方、営利法人でも公益に属する事業を行う場合もある（たとえば鉄道業や福祉産業等）。したがっ

160　第Ⅲ編　社会生活と法

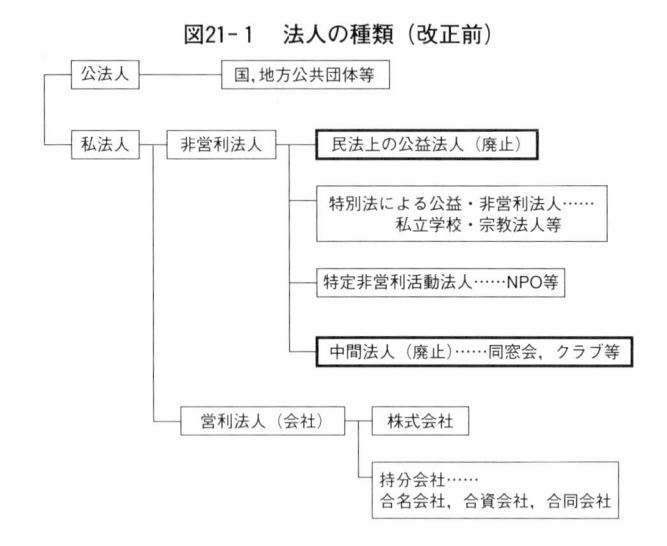

図21-1　法人の種類（改正前）

```
公法人 ── 国, 地方公共団体等
私法人 ┬ 非営利法人 ┬ 民法上の公益法人（廃止）
       │            ├ 特別法による公益・非営利法人……
       │            │  私立学校・宗教法人等
       │            ├ 特定非営利活動法人……NPO等
       │            └ 中間法人（廃止）……同窓会, クラブ等
       └ 営利法人（会社）┬ 株式会社
                         └ 持分会社……
                            合名会社, 合資会社, 合同会社
```

て私法人の分類にあたっては，公益法人の非営利性に着目して営利法人と対比させ，「営利法人」と「非営利法人」とに大別して考えるべきであろう。「営利法人」とは，利益を得，さらにその利益を社団構成員に分配することを目的として事業をおこなう法人である。「非営利法人」とは，事業によって利益を得ることを目的としない法人である。従って仮に利益を得たとしてもそれは構成員に分配せず，もっぱら事業の継続・発展のために使われる。非営利法人は，さらに設立の要件・目的等からいくつかの種類に分けられる（図21-1参照）。

3）営利法人

(a) 会　社　営利を目的とする社団法人は「会社」と呼ばれ，会社法によって成立する。自由な経済活動を法制度上，促進・保障するため，定款（法人の自治的・根本的規則。法人には必ず存在する）を作成し，その他会社法に定める設立の手続をすべてふめば必ず法人として成立する（これを「準則主義」という）。また，会社は，大企業あるいは中小・零細企業といった事業規模等の差異によるさまざまなニーズに応えるため，会社組織（機関）や運営・管理等のあり方が異なる以下の4つの種類に分かれる。

(b) 株式会社　株式会社は，一般に経営規模の大きい大企業向けの会社形態である。多額の資本を効率よく集めるために，会社における社員の地位を

均一な割合で割った「株式」を発行し，出資者に対し出資額に応じて株式を付与する。株式を取得した出資者（＝社員）は「株主」と呼ばれる。株主は，仮に株式会社が多額の負債を抱え，会社名義の財産だけでは弁済できなくなったとしても，株式を取得した際に会社に出資した以上の経済的負担を会社債権者に対して負うことはない（株主の間接有限責任）。会社に対する会社債権者の信用を担保するものは，もっぱら株主から出資された会社の財産であることから，会社の設立手続に関する規定は，会社に対する出資払込を徹底させるなど複雑かつ厳重である。また，会社財産を目減りさせないよう，株主は会社に出資した投下資本の回収を会社からの払い戻しではなく，第三者に株式を有償で譲渡することによって図る。そのため原則として株式の譲渡（＝株主の交代）は自由である。

(c) 持分会社（合名・合資・合同会社）　持分会社（会社575条以下）は，一般に経営規模の小さい中小・零細企業向けの会社形態である。設立や機関に関する規定は株式会社よりも簡素で制約が少なく，設立・運営は比較的容易である。持分会社はさらに合名会社・合資会社・合同会社の三種に分かれる。合名会社とは，直接無限責任社員のみからなる会社である。合名会社の社員は，会社が多額の負債を抱え，会社名義の財産だけでは弁済できず債務超過になった場合には，債権者の求めに対し，個人財産をもって無制限に弁済しなければならない（会社576条2項・580条1項）。小規模の会社であり，社員間での信頼関係が重要であることから，加入および社員の地位の譲渡（持分の譲渡）の手続については株式会社と比べると厳重であるが，株式会社と異なり退社（会社から投下資本を払い戻してもらって脱退すること）は可能である。合資会社とは，前述の直接無限責任社員と，会社の負債を弁済する際，あらかじめ定められていた限度額までしか弁済の責任を負わない直接有限責任社員の2種類の社員からなる会社である（会社576条3項・580条2項）。また合同会社とは，合名・合資会社のように会社内部の関係を自由かつ簡素に組むことを可能としつつ，かつ社員の責任は株式会社と同様，有限責任とする，という両者の長所を採った形態の会社である（会社576条4項・580条2項参照）。

4）　非営利法人

(a)　民法上の公益法人　「学術，技芸，慈善，祭祀，宗教その他の公益

に関する」事業をおこない,「営利を目的としない」社団・財団法人をいう(民34条)。設立は主務官庁(その法人の事業を統括する官庁)の許可,すなわち官庁の裁量によって法人として設立するか否かが決するというものである(許可主義)。官庁による設立時のチェックおよびその後の監督がなされることから,設立に関する規定は簡素である。

　(b)　**特別法による公益・非営利法人**　民法上の公益法人の設立における許可主義を緩和し,より自由な設立を促進すべく特別法により成立する法人もある。たとえば,私立学校法による学校法人(私立学校)は文部科学大臣または都道府県知事,医療法による医療法人(病院)は都道府県知事,社会福祉法による社会福祉法人(障害者・老人福祉施設等)は都道府県知事または厚生労働大臣の認可により法人となる(認可主義)。「認可」とは,設立手続や組織・設備等に関し,一定の要件を具備していると認められるときは,官庁は法人としての設立を認める,というものである。また宗教法人法による宗教法人は,都道府県知事または文部科学大臣の認証による(認証主義)。「認証」とは,正当な手続・方式で設立されたことを官庁等第三者が証明することをいい,「認可」よりさらに官庁の干渉が少ない行為である。

　(c)　**特定非営利活動法人(NPO・NGO法人)**　前述の(a),(b)は法人の設立の可否およびその後の運営に官庁の干渉がある。しかし,市民主導型の公益的なボランティア活動等をおこなう団体を法人として設立し,活動するには不都合である。ことに1995年の阪神大震災の際,被災者救援のボランティア団体の自由な法人化を求める声が高まったことなどを契機として,「特定非営利活動促進法」が作られた。同法では街づくり,国際協力,子供の健全育成を図る活動等,限定列挙した17の事業目的(同法2条および別表参照)のいずれかに該当する活動を行う団体が都道府県知事の「認証」により特定非営利活動法人として設立できることとした。

　(d)　**中間法人**　たとえば学校の同窓会,趣味の同好会など,ある特定のメンバーのために活動をおこない,「公益」ではないが「非営利」の法人は,公益法人でもなく営利法人でもない,という意味で「中間法人」と呼ばれ,中間法人法によって設立が認められる。無限責任社員からなる無限責任中間法人と有限責任社員からなる有限責任中間法人とがある。設立は会社と同様,準則

主義による。

4） 公益法人制度改革およびそれに伴う法人制度の改正

　非営利法人については，前述のように，種々の法が整備されてきたが，特に民法上の公益法人については，①「公益性」の基準があいまいなゆえに，結局，公益性の有無はもっぱら官庁の判断により，事実上は営利法人や中間法人に近い団体にもかかわらず公益法人として設立されることもあり，かつそれら法人が国からの補助金交付や税制上の優遇措置等を受け，その他中間法人やNPO法人等との間に扱いの不均衡をもたらしていること，②公益法人と所轄の官庁との間に癒着が生じやすく，それら公益法人が公務員の天下り先となってきたこと，③公益法人に対する監督制度の不備，といった問題が指摘されてきた。そこで従来の公益法人・中間法人等を整理・統括する基本法の整備が求められ，公益法人制度改革関連三法，すなわち「一般社団法人及び一般財団法人に関する法律」（以下，「一般法人法」とする），「公益社団法人及び公益財団法人の認定等に関する法律」（以下，「認定法」とする）および，「一般社団法人及び一般財団法人に関する法律及び公益社団法人及び公益財団法人の認定等に関する法律の施行に伴う関係法律の整備等に関する法律」（以下，「整備法」とする）が可決，成立し，平成18年6月に公布された。これら新法の特色は，法人の設立と公益性の判断を分離した上で，設立における許可主義を排したところにある。「一般法人法」では，公益性の有無を問わず，非営利法人の設立・機関・管理等についての一般原則を定め，設立については準則主義をとる。そのうえで「認定法」では，同法2条および別表に限定列挙された23個の公益事業をおこなうことを目的とし，かつ法人の機関・財産・管理運営等に関して同法が規定する公益法人としての認定基準をクリアした一般社団・財団法人については，内閣総理大臣または都道府県知事（これらを行政庁という）が民間有識者からなる公益認定等委員会（国）または合議制の機関（都道府県）に諮問した上で公益性の認定をおこなう旨定める一方，公益社団・財団法人の監督制度も規定している。これらの法整備によって，非営利法人の設立を容易にし，かつ官庁による恣意的な公益性の認定を防止することが期待される。また，「整備法」では，現行の中間法人や民法上の公益法人につき，従来の中間法人法の廃止および民法ほか関係法律の改正・一部条文の削除に伴う，新法上の法人への経過措置を

図21-2　改正後の非営利法人

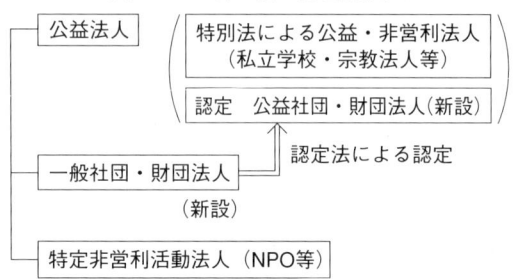

```
公益法人 ──┬── 特別法による公益・非営利法人
           │   （私立学校・宗教法人等）
           └── 認定　公益社団・財団法人（新設）
                        ↑
                    認定法による認定
一般社団・財団法人
   （新設）
特定非営利活動法人（NPO等）
```

定める。

（4）法人の機関

1）「機関」とは

　法人は自然人ではないので，何者かが法人自身の意思決定及びその実行を行なう必要がある。その際，誰でも法人の意思決定・実行行為をおこなうことができるとなると混乱を招く。そこで①誰が②いかなる権限にもとづいて③いかなる範囲でそれらをおこなうかについてもまた法や定款によって決めておく必要がある。この法や定款によって定められた法人の意思決定およびその実行行為をおこなう人あるいはその会議体を，法人の「機関」と呼ぶ。設置すべき機関は，法人の種類・規模等によって異なる。

2）会社の機関

　株式会社は，少数の者による経営の専横を防ぐため，一般に株主総会，取締役および取締役会，代表取締役，監査役等の機関が置かれる（会社295条・326条・327条参照）。株主総会は，株主による会議体で会社の最高意思決定機関であり，会社組織に関わる重大な事項等は，株主総会で決定される。取締役会は，株主総会によって選任された取締役からなる会議体で，日常的な会社業務の意思決定をおこない，そこでの決定は，代表取締役や業務執行取締役らによって執行される。また監査役は，いわば「お目付役」として取締役の業務執行の監督や会計書類等について監査をおこなう。国家にたとえるならば，株主総会が国会，取締役会が内閣，代表取締役が内閣総理大臣，監査役が司法機関にあたる。ただし，一定以上の規模の会社においては，複雑な会社会計や経営の監査

図21-3 「株式会社の機関設計」

会社法では，株式会社を会社の規模という基準（大会社か中小会社か）および株主の交代の自由度，すなわち会社の閉鎖性という基準（公開会社か非公開会社か）とで4つのカテゴリーに分け，それぞれのカテゴリーごとに必要な機関を定める。下記の表はそれぞれのカテゴリーごとに，設置すべき最小限の機関設計を表している（その他，すべてのカテゴリーで委員会設置型の機関設計も選択可能。図21-4参照）。

	公開会社	非公開会社（閉鎖会社）[2]
大会社[1]	株主総会＋取締役会＋監査役会＋会計監査人[3]	株主総会＋取締役＋監査役＋会計監査人
中小会社	株主総会＋取締役会＋監査役	株主総会＋取締役

1）「大会社」（＝資本金5億円以上または負債200億円以上の会社。会社2条6号参照）においては，監査役・監査役会（公開かつ大会社では監査役会を必置）および会計監査人も必置として業務及び会計の監査を行わせ，監査機能の強化を図る。
2）公開会社・非公開会社＝会社の株式の全てが譲渡制限株式（株式の譲渡をするのに会社の承認を必要とする株式）からなり，株主の交代が少ない会社を俗に「非公開会社」とか「閉鎖会社」などと呼ぶ（そうでない会社を「公開会社」と呼ぶ。会社2条5号参照）。このような会社では，取締役会を省き，単独の取締役でもよい。さらに中小かつ非公開会社では，監査役の設置も省略できる。
3）監査役会・会計監査人＝監査役会は，3人以上の監査役（うち過半数は社外監査役）で組織され，監査の方針を決定し，共同して監査に当たる。また，会計監査人は会計の専門家である公認会計士や監査法人が就任し，会計監査をおこなう。

を的確におこなうため，監査機能の強化が図られている（会社328条）。一方，株式の譲渡に制限があり，株主の交代が少ない会社（100％親会社出資の子会社や，一族で株式の全てあるいは大半を保有する，いわゆる「同族会社」，中小企業など）については，設置機関の簡易化が認められる（以上，図21-3参照）。その他，アメリカの会社制度をモデルとした「委員会設置会社」型の機関構成も選択できる（会社2条12号・327条1項3号・同条4項5項・400条〜420条。図21-4参照）。

持分会社では，原則として社員がおのおの業務執行権限および代表権限を持つ（会社590条・599条）。もっとも，定款によって業務執行および代表権限を持つ社員を定めることができる。

3）非営利法人の機関

これまで民法上の公益法人は，主務官庁がその監督をおこなうことを前提と

166　第Ⅲ編　社会生活と法

図21-4　委員会設置会社

監査役設置会社における監査役に代わる監査委員会および，取締役の人事にかかわる指名委員会，取締役の報酬にかかわる報酬委員会を取締役会内に設置（うち過半数は社外取締役）し，監督をおこなう。会社の業務執行は取締役会において選任された執行役・代表執行役がおこない，取締役は主に執行役らの監督をおこなう。

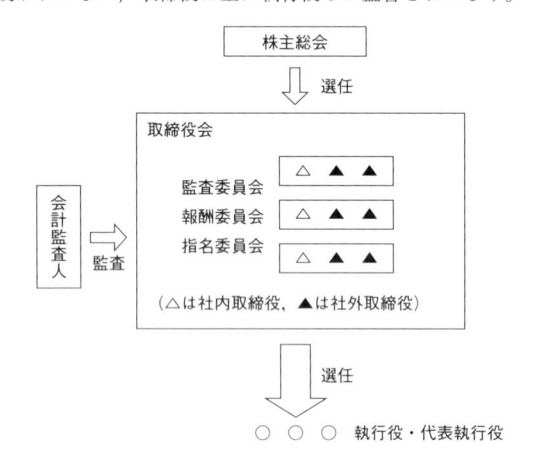

```
                株主総会
                  ↓ 選任
           ┌─────────────────┐
           │ 取締役会         │
           │   監査委員会 △ ▲ ▲ │
 会計      │   報酬委員会 △ ▲ ▲ │
 監査人 →監査│   指名委員会 △ ▲ ▲ │
           │ (△は社内取締役，▲は社外取締役) │
           └─────────────────┘
                  ↓ 選任
              ○ ○ ○  執行役・代表執行役
```

　委員会設置会社は，業務執行を大幅に執行役・代表執行役に任せることができ，監督（取締役会）と業務執行（執行役・代表執行役）を分けることで，監査役設置会社と比べ，実効的な監督と効率的な業務執行ができると期待されている。

していたことから，必置機関として，社団法人の場合は社員総会および理事（業務執行をおこなう。会社での取締役に当たる），財団法人の場合は理事をおけばよいとしていたが，新設の「一般法人法（一般の社団法人及び一般財団法人に関する法律）」では，社団法人の場合は最低限，社員総会・理事を置いたうえで，任意で理事会・監事（会社でいう監査役）・会計監査人を置くことができる（一般法人法35条・60条）。ただし，理事会または会計監査人を設置した場合には併せて監事を必置とした（一般法人法61条）。財団法人の場合は，業務執行機関である理事，理事会を必ずおき，理事（会）を監督・牽制するものとして評議員・評議員会，監事を必置とした（一般法人法170条1項）。その他，負債総額200億円以上の大規模一般社団・財団法人の場合は会計監査人を必置とした（一般法人法2条2号・3号・62条・171条）。

22 労働問題と法

(1) 働くことと憲法のかかわり

　わが国における平成17年の総人口は1億2,766万人，そのうち労働力人口は6,650万人となっている（労働力調査報告）。こうした多くの働く人々と企業との雇用関係を規律する多数の法律を総称して，労働法と呼んでいる。

　日本国憲法27条1項は，勤労の権利と義務を定め，また，同条第2項は，「賃金，就業時間，休息その他の勤労条件に関する基準は，法律でこれを定める」としている。そして，この規定にもとづいて，労働基準法（昭和22年法律第49号）や最低賃金法（昭和34年法律第137号）などが定められている。

　また，日本国憲法28条は，労働者の団結権，団体交渉権および団体行動権を保障しており，これに関し，労働組合法（昭和24年法律第174号）などが定められている。

　市民生活では，個人と個人は，原則として対等な法律関係としてとらえられたが，企業と従業員との間には，労働条件などをめぐってその交渉力に差異があることから，これを実質的に対等な関係に修復することが求められる。その役割を担うのが労働法であり，そこで労働法制においては，労働者を保護する一方，企業に対して法制上の責任を課すという特色がみられる。

　なお，最近では，規制改革などの趨勢の下，労働法制が大幅に見直されつつあることが注目される。

(2) 安心して働ける職場

　労働基準法1条2項は，「この法律で定める労働条件の基準は最低のものである」と規定しているので，企業（同法では「使用者」という。）は，同法で定める労働条件以上の労働条件を定めなければならない。もし，労働基準法を下回る労働条件を定めた労働契約が締結されたとしても，その部分は，同法で定める基準によることとなる（労基13条）。

　また，労働基準法は，労働条件の明示，労働時間，年次有給休暇，年少者，

女性,就業規則などについて,最低限守らなければならない事項を定めている。

たとえば,労働時間については,1日8時間,週40時間を超えて労働させてはならないとされ(労基32条),使用者が時間外労働をさせた場合には25%の,休日に労働させた場合には35%の割増賃金を支払わなければならないとされている(労働基準法37条第1項の時間外及び休日の割増賃金に係る率の最低限度を定める政令)。

また,平成17年にその題名が改正された労働時間等の設定の改善に関する特別措置法(平成4年法律第90号)は,改正前の時短促進法に引き続き,所定外労働(残業)の削減を促している。

これらに関しては,賃金不払残業(いわゆるサービス残業)が社会問題となっている。たとえば,平成17年度における労働基準監督署による監督指導の結果は,是正企業数1,524企業,対象労働者167,958人,支払われた割増賃金の合計額232億9,500万円に上っている。この賃金不払残業に対しては,企業の社会的責任が厳しく問われている(厚生労働省発表)。

他方,就業形態・働き方の多様化に伴って,賃金と労働時間が比例するような従来の働き方ではなく,賃金と成果が結びつくような自律的な働き方が登場するようになってきている。こうした現状に対応するため,労働基準法の改正により,昭和62年に専門業務型裁量労働制が,平成10年に企画業務型裁量労働制が導入されている。また,現在,労働政策審議会において日本型のホワイトカラーエグゼンプション(労働時間規制の適用除外制度)について検討が行われている。

(3) 多様化する働き方

最近の雇用形態については,派遣労働者,パートタイム労働者,有期雇用労働者など,いろいろな雇用形態が見られ,平成18年の雇用者総数(役員を除く)5,002万人のうち,正規の職員・従業員の数は3,340万人(66.8%),非正規の職員・従業員の数は1,663万人(33.2%)となっている。まさに雇用者の3分の1程度を非正規の職員・従業員が占めており,就業形態・働き方の多様化が進んでいることがうかがえる(図22-1を参照)。

このうち労働者派遣とは,「自己の雇用する労働者を,当該雇用関係の下に,

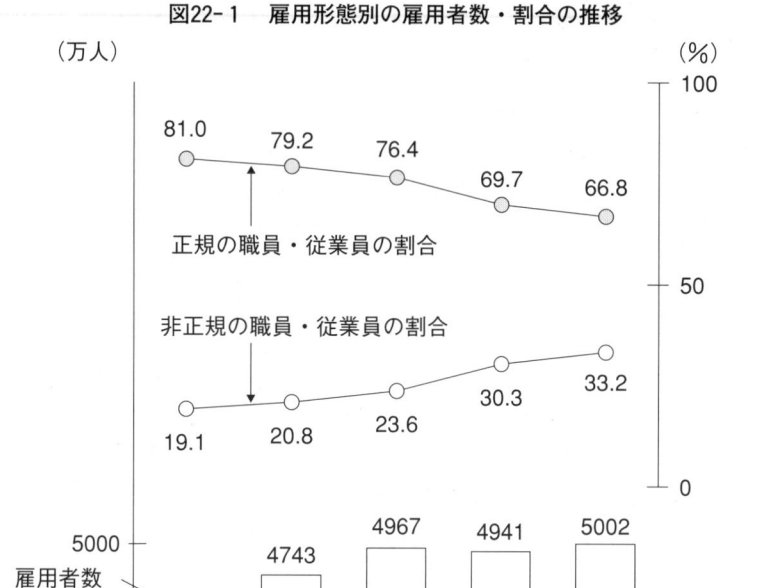

図22-1 雇用形態別の雇用者数・割合の推移

正規の職員・従業員の割合：81.0 / 79.2 / 76.4 / 69.7 / 66.8
非正規の職員・従業員の割合：19.1 / 20.8 / 23.6 / 30.3 / 33.2

年	雇用者数（役員を除く。）	非正規の職員・従業員数	正規の職員・従業員数
平成元年	4244	809（19.1%）	3436（81.0%）
5年	4743	986（20.8%）	3756（79.2%）
10年	4967	1173（23.6%）	3794（76.4%）
15年	4941	1496（30.3%）	3444（69.7%）
18年	5002	1663（33.2%）	3340（66.8%）

資料出所　総務省統計局「労働力調査特別調査」（2月調査）（1984年～2001年），「労働力調査（詳細集計）」（2002～2006年）（1～3月平均）

かつ，他人の指揮命令を受けて，当該他人のために労働に従事させること」をいい，他人に対し労働者を当該他人に雇用させることを約してするものを含まないものとされている（労働者派遣事業の適正な運営の確保及び派遣労働者の就業条件の整備等に関する法律（昭和60年法律第88号）2条1号）。

同法には，一般労働者派遣事業の許可基準や派遣元事業主及び派遣先が講ずべき措置などについて定められている。最近では，労働者派遣をめぐって偽装請負が社会問題となっており，厚生労働省から，「偽装請負の解消に向けた当面の取組について」（平成18年9月4日付け基発第0904001号・職発第0904001号）の通達が発出されている。

また，パートタイム労働者については，短時間労働者の雇用管理の改善に関する法律（平成5年法律第76号）に定められている。この法律は，事業主の努力義務を中心に構成されており，労働基準法の上乗せ的な適用となっている。したがって，パートタイム労働者にも労働基準法が当然適用されるので注意を要する。なお，平成19年の通常国会において，政府から，短時間労働者の雇用管理の改善に関する法律の一部改正法案が上程されている。

有期雇用労働者については，その契約期間に関して労働基準法に定めがあり（14条），また，有期労働契約の締結，更新及び雇止めに関する基準（平成15年厚生労働省告示第357号）が定められている。

また，企業が外国人を雇おうとする場合，出入国管理及び難民認定法（昭和26年政令第319号）上，働かせることができないケースがあるので，事業主は，あらかじめ旅券，外国人登録証明書などにより，就労の在留資格があるかどうかを確認する必要がある。

（4）性別にかかわりのない働き方

平成17年における雇用者数5,393万人のうち，男性は3,164万人（58.7％），女性は2,229万人（41.3％）となっている。男女の雇用について重要な役割を担っているのが，雇用の分野における男女の均等な機会及び待遇の確保等に関する法律（昭和47年法律第113号）である。

同法は，昭和47年に勤労婦人福祉法として誕生して以来，昭和60年と平成9年の大改正を経て，その内容を大幅に変質させてきた。また，最近では，平成

18年の改正（平成18年法律第82号）によって，募集，採用，配置，昇進，教育訓練，福利厚生，定年及び解雇について，労働者の性別を理由として差別的取扱いをしてはならないとされ（同法5条および6条），また，いわゆる間接差別の禁止に関する規定が設けられている（同法7条）。

（5）年齢にかかわりのない働き方

人口減少社会において高齢者は貴重な人材・労働力である。また，平成19年から団塊の世代が定年を迎え始めるため（いわゆる2007年問題），退職する高齢者の技術・ノウハウの伝承が課題となっている。

こうした背景の中，雇用政策において，年齢にかかわりなく働くことのできる社会を目指すことが求められている。この点，雇用対策法（昭和41年法律第132号）は，わが国の雇用慣行にも留意しつつ，「事業主は，労働者がその有する能力を有効に発揮するために必要であると認められるときは，労働者の募集及び採用について，その年齢にかかわりなく均等な機会を与えるように努めなければならない。」（7条）と規定している。そして，その具体的内容は指針（平成13年厚生労働省告示第295号）に定められている。

また，高齢者の雇用については，企業における定年制が特色となっている。この点，高年齢者等の雇用の安定等に関する法律（昭和46年法律第68号）では，事業主が定年の定めをする場合には，60歳を下回ることができない旨が定められている（8条）。

実際にも，平成17年における定年制を定めている企業は，95.3％に達している（平成17年就労条件総合調査）。

また，平成16年に同法が改正され（平成16年法律第103号），65歳までの雇用を確保するため，事業主は，高年齢者雇用確保措置（「定年の引上げ」，「継続雇用制度の導入」または「定年の定めの廃止」）を講じなければならないこととされた（同法第9条）。これを受け，平成18年6月1日現在，51人以上規模の企業のうち，84％の企業が高年齢者雇用確保措置を実施済みとなっている（厚生労働省発表）。

（6）仕事（職業生活）と生活（家庭生活）の調和

わが国は急速な少子化社会に向かっており，将来の労働力不足が懸念されている。合計特殊出生率の動きをみると，昭和40年代は，第２次ベビーブーム期を含め，ほぼ2.1台で推移していたが，昭和50年に1.91と2.00を下回ってから低下傾向となり，平成14年には1.32，平成17年には1.25に低下している（平成17年人口動態統計月報年計（概数））。

こうしたなか，次世代育成支援対策推進法（平成15年法律第120号）が制定され，常時雇用する労働者の数が300人を超える事業主は，行動計画を策定することとされている（同法第12条）。

また，労働者の職業生活と家庭生活の両立を図るため，育児休業，介護休業等育児又は家族介護を行う労働者の福祉に関する法律（平成３年法律第76号）が定められている。

同法は平成３年に制定され，平成７年には介護休業制度が創設されている。また，平成９年には深夜業の制限の新設，平成13年には時間外労働の制限の新設，平成16年には育児休業の期間の延長，介護休業の取得回数の制限の緩和，看護休暇制度の創設というように，その内容が段階的に充実してきている。

（7）働く人の安全と健康

平成17年の労働災害による死亡者数は1,514人で，これまで最少だった前年に比べて6.5％減少し，過去最少となっている。業種別では建設業が497人と最も多く，事故の型別では，交通事故，墜落・転落が全体の半数以上を占めている（厚生労働省発表）。

こうした労働災害をなくし，働く人の安全と健康を守るのが労働安全衛生法（昭和47年法律第57号）の役割である。同法には，たとえば，企業の安全衛生管理体制，労働者の危険又は健康障害の防止措置，機械等及び有害物に関する規制，健康の保持増進のための措置などが定められている。

なお，平成17年の労働安全衛生法の一部改正（平成17年法律第108号）により，過重労働による健康障害を防止するため，月100時間以上の時間外・休日労働を行った労働者について，本人が希望すれば医師による面接指導を実施するこ

とが事業者に義務づけられている。

また，不幸にして，業務上の事由または通勤により，負傷，疾病，障害，死亡等となった人々に対しては，労働者災害補償保険法（昭和22年法律第50号）に基づいて，療養補償給付，休業補償給付等がおこなわれている。

この点，平成17年度の脳血管疾患及び虚血性心疾患等（「過労死」等事案）の労災補償状況をみてみると，請求件数は869件（前年度比6.5%増），認定件数は330件（前年度比12.2%増）となっている。これに関しては，平成13年12月に脳・心臓疾患の認定基準について見直されていることが注目される。

（8）働く上でのトラブルの解決

就業形態・働き方の多様化に伴って，労働者ごとに個別の労働条件が設定または変更されるようになる結果，個別の労働関係のトラブルが増加している状況にある。

例えば，各都道府県労働局等の総合労働相談コーナーに寄せられた民事上の個別労働紛争相談件数をみると，平成14年度には約10万3千件であるが，平成

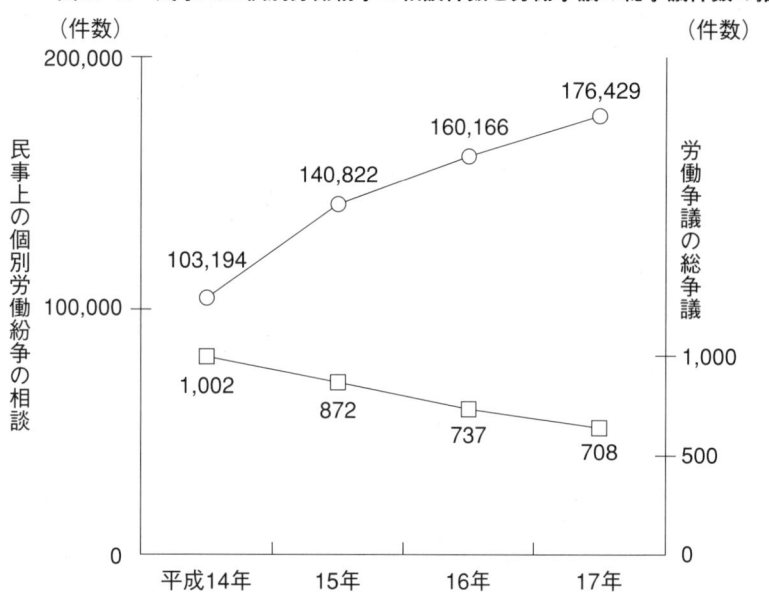

図22-2　民事上の個別労働紛争の相談件数と労働争議の総争議件数の推移

（件数）
- 平成14年：103,194
- 15年：140,822
- 16年：160,166
- 17年：176,429

（件数）労働争議の総争議
- 平成14年：1,002
- 15年：872
- 16年：737
- 17年：708

17年度には約17万6千件に伸びている（図22-2を参照）。

　このように個別の労働関係の紛争が増えれば増えるほど，そうした紛争を解決する対策が一層求められることになる。そこで平成13年には，行政側の紛争解決システムとして，個別労働関係紛争の解決の促進に関する法律（平成13年法律第112号）が成立している。また，平成16年には，司法側の紛争解決システムとして，労働審判法（平成16年法律第45号）が成立している。

　ところで，行政・司法の両面の紛争解決システムにとって肝心なことは，その解決に役立つ公正かつ透明な雇用関係のルール作りである。そこで現在，個別労働紛争を未然に防止するという観点から，労働政策審議会において労働契約法制の検討が進められ，平成19年2月2日，「労働契約法案要綱」について答申がおこなわれている。

　ここで視点を変えて，集団的な労働関係紛争に目を向けると，労働争議の総争議件数について，平成14年には1,002件であるが，平成17年には708件と，ここ数年，低下傾向がみられる（図22-2を参照）。

　また，近年，労働委員会における不当労働行為審査制度についての審査期間が長期化しており，また，労働委員会の救済命令に対する不服率及び取消率が高い水準となっているという問題が生じていた。

　こうしたことから，労働委員会において計画的な審査を進めるとともに，迅速かつ的確な事実認定ができるようにするため，平成16年に労働組合法の一部改正（平成16年法律第140号）がおこなわれ，平成17年1月から施行されている。

23 知的財産

（1）知的財産法の意義

　現在，インターネットを通じて多様な情報を世界的規模で入手し，共有し，または発信することによりあらゆる分野における創造的かつ活力ある発展が可能となっている（インターネット社会）。情報は，多種多様のものが存在するが，人々の知能的活動によって生み出されたものであって，財産的価値を有し，かつ政策的に保護すべきと判断された情報を知的財産という。

1）知的財産立国

　わが国は，「ものづくり」によって目覚ましい高度経済成長を実現させてきたものの，近年，中国を中心とするアジア諸国の急速な経済発展によって，その転換期を迎えている。わが国が経済競争を勝ち抜くためには，経済体制を「ものづくり」から「情報づくり」へと方向転換し，情報立国を目指す必要がある。そのための方途として，現在，知的財産制度を強化し，知的財産立国を樹立しようとしている。また，近時のデジタル化およびネットワーク化の著しい発展によって情報の重要性は向上し，情報の保護・強化を図る必要性が生じた。まさに情報を保護するために存在するものこそが，知的財産制度である。

　知的財産権は，所有権等と異なりローマ法からの伝統的なものでなく，新しく人工的な権利で時代に応じて変化する性質を有する。よって，その時代の要求に応じた新しい権利が出現し，それに応じた法的措置も必要となる。そこで，小泉前総理が154回国会施政方針演説で知的財産の重要性を強調したことを嚆矢として，プロ・パテント政策が採用さた。政府は，内閣総理大臣を本部長とする知的財産戦略会議を開催して知的財産戦略大綱を決定し，知的財産の創造，保護および活用に関し，基本理念およびその実現を図るために基本となる事項を規定した知的財産基本法を定めた。そして，同法にもとづき知的財産戦略本部が設置され（知財24条），知的財産推進計画が作成されている（知財23条）。

2）保護の客体——有体物と無体物

　所有権は有体物を，知的財産権は発明や著作物等の無体物を保護の客体とす

る。原則として，知的財産権は物権類似の構成により規律されるが，その客体の違いゆえに差異も多い。たとえば書籍を購入した場合，買主がその所有権を取得して自由に使用，収益，処分できる（民206条）が，その書籍を複製する権利等の著作権は著作者に留保されている。つまり，1つの書籍であってもその権利は所有権と著作権とに分属され，各権利者が異なる権利を有している。この点，顔真卿自書建中告身帖事件判決（最判昭和59年1月20日民集38巻1号1頁）は，「美術の著作物の原作品は，それ自体有体物であるが，同時に無体物である美術の著作物を体現しているものというべきところ，所有権は有体物をその客体とする権利であるから，美術の著作物の原作品に対する所有権は，その有体物の面に対する排他的支配権能であるにとどまり，無体物である美術の著作物自体を直接排他的に支配する権能ではない」としたうえで，古書で公有（パブリック・ドメイン）に帰した自書告身帖の複製物の販売を所有権にもとづき差し止めることはできないと判示した。

3）　知的財産の活用とその限界

知的財産権を取得すると，①自らが独占的に実施することで独占的利潤を得たり，②第三者にライセンスすることができる。①の場合には，第三者の権利侵害に対して差止請求権等を行使できる。また②の場合には，ライセンスの対価により自己の生産収入以上の収入を得ることができ，ひいては，より多くのライセンス契約を締結して実施率をアップすることで，自己の規格を国際標準とできる可能性もある。

ここで留意すべきは，知的財産権として保護される情報は，本来独占できない公共財としての性格を有することである。そもそも，人類は模倣の繰り返しにより成長を遂げてきた。それゆえ，情報を独占させて模倣を法的に禁止すると，社会の固定化を招き人類の発展を阻害してしまいかねない。他方，模倣を全くの自由とすると，創作者は創作によるインセンティブを得ることができず，創作意欲を殺ぐことになる。したがって知的財産制度では，両者のバランスをとることが重要であり，法もこれを体現している。

（2）知的財産権の種類

わが国には，「知的財産法」という名称の法律は存在せず，特許法や著作権

法といった知的財産権を保護する個々の法律の総称として用いられている。そして各法は，目的，保護対象，および保護方法等が多岐に分かれる。知的財産権は，産業財産権と著作権に大別することができる。産業財産権には，特許権，実用新案権，意匠権および商標権があり，特許庁が所管する。たとえば携帯電話では，特許権は液晶技術，実用新案権はアンテナの収納構造，意匠権はスマートなデザイン，商標権はブランド名である。産業財産権の設定登録を受けるためには，特許庁への出願が必要であり（特許36条，実用5条，意匠6条，商標5条），その出願は原則として公開される（特許64条，実用14条，商標12条の2）。他方，著作権は，文化的な創作物を保護の対象とするものであり，文化庁が所管する。携帯電話の例では，ダウンロードした着メロや着うた等のコンテンツである。著作権として保護を受けるには，文化庁への出願等の手続は不要であり，著作物を創作した時点で自動的に権利が発生する（無方式主義。著作17条2項）。産業財産権制度は，発明等の保護および利用あるいは信用を維持することで「産業の発達」に寄与し，著作権制度は，著作者等の権利の保護を図ることで「文化の発展」に寄与することを目的とする。

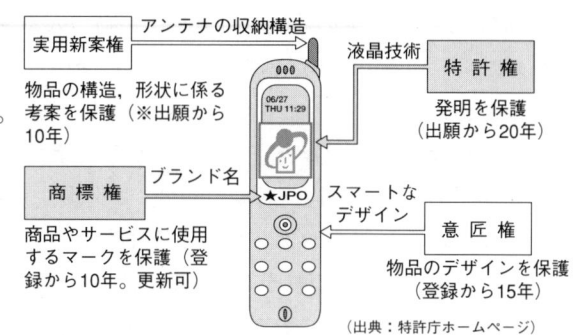

その他にも，不正競争防止法や種苗法等により，さまざまな権利や利益が保護されている。

1）産業財産権

(a) 特許権　特許法は，「発明の保護及び利用を図ることにより，発明を奨励し，もつて産業の発達に寄与すること」を目的とする（特許1条）。発明とは，「自然法則を利用した技術的思想の創作のうち高度のもの」をいい（特許2条1項），物の発明，方法の発明，物を生産する方法の発明（同条3項）に分類することができる。この発明こそが特許法の保護対象である。したがって自然法則そのもの（万有引力の法則），単なる精神活動（商品の陳列方法や販売方

法), 純然たる学問上の法則 (法学上の法則), 人為的な取り決め (スポーツやゲームのルール) 等は発明ではない。同一の発明については, 先に発明した者ではなく, 最先に出願した者が特許を受ける (先願主義, 特許39条1項)。出願された発明は, 特許庁審査官より審査がおこなわれ (特許47条), 特許要件である産業上の利用可能性, 新規性, および進歩性 (特許29条) を満たしている場合には, 設定登録がおこなわれて特許権が発生する (特許66条)。その存続期間は, 原則として出願日から20年間である (特許67条1項)。

特許権者は, 業として特許発明の実施をする権利を専有する (特許68条)。すなわち, 特許権者だけが, 排他的・独占的に特許発明を実施 (たとえば, 物の発明であればその物の生産や使用等。特許2条3項1号～3号) することができ, 他者が正当な権限なく実施したときは特許権侵害となり, 特許権者は差止めや損害賠償を請求することができる。この場合, たとえ他者が当該発明を独自に発明した場合でも, それが客観的に特許発明の技術的範囲に入る限り, 原則として侵害となる (絶対的独占権。著作権法は相対的独占権)。

(b) 実用新案権 実用新案法は,「物品の形状, 構造又は組合せに係る考案の保護及び利用を図ることにより, その考案を奨励し, もつて産業の発達に寄与すること」を目的とする (実用1条)。考案とは,「自然法則を利用した技術的思想の創作」(小発明) をいい (特許2条1項), 実用新案法の保護対象である。「物品の形状, 構造又は組合せ」に係るものに絞られている点, および「高度のもの」が要求されていない点で発明と異なる。その存続期間は出願日から10年間である (特許15条)。出願がなされると, 実用新案登録の要件である産業上の利用可能性, 新規性, および進歩性 (特許3条) について事前に審査が行われることなく登録される (無審査主義。実用14条2項)。ただし, かかる要件を具備していないものを有効とする趣旨ではなく, その判断は実用新案技術評価書制度や無効審判 (特許37条) に委ねられている。実用新案技術評価書制度とは, 実用新案権者が特許庁長官に請求して審査官に作成してもらう実用新案技術評価書 (特許12条) を提示して警告を行った後でなければ, 侵害者に対して権利行使できないとするものである (特許29条の2)。

小発明の保護は, 米国のように特許制度によって保護し, 実用新案制度を設けていない国も多い。しかしわが国では, 小発明に適した保護を行い, また短

ライフサイクル商品を保護するため，より低コストで迅速に権利取得が可能な実用新案制度を設けている。

(c) 意匠権　意匠法は，「意匠の保護及び利用を図ることにより，意匠の創作を奨励し，もつて産業の発達に寄与すること」を目的とする（意匠1条）。意匠とは，「物品の形状（物品の部分を含む。），模様若しくは色彩又はこれらの結合であって視覚を通じて美観を起こさせるもの」をいう（意匠2条1項）。意匠は，物品の外観的形態であり，タイプフェイス等は保護されない。意匠登録を受けるためには，工業上の利用可能性，新規性，および創作非容易性を満たさなければならない（意匠3条）。

意匠権の保護期間は，設定登録の日から20年間である（意匠21条）。意匠権者は，業として登録意匠およびこれに類似する意匠の実施（意匠に係る物品を製造，使用等する行為。意匠2条3項）をする権利を専有する（意匠23条）。

なお，意匠は技術の進歩とは必ずしも関係なく，模倣が容易であるため，意匠権設定登録日から3年以内に限り登録意匠を秘密にすることもできる（秘密意匠制度。意匠14条）。

(d) 商標権　商標法は，「商標を保護することにより，商標の使用をする者の業務上の信用の維持を図り，もつて産業の発達に寄与し，あわせて需要者の利益を保護すること」を目的とする（商標1条）。商標とは，「文字，図形，記号若しくは立体的形状若しくはこれらの結合又はこれらと色彩との結合であつて」，「業として商品を生産し，証明し，又は譲渡する者がその商品について使用するもの」，または「業として役務を提供し，又は証明する者がその役務について使用するもの」をいう（商標2条1項）。音やにおいは保護の対象外である。

商標登録を受けるためには，他の産業財産権のように創作性は必要なく，識別力があればよい。よって，①普通名称（時計に「時計」），②慣用商標（清酒に「正宗」），③産地等の表示（ワインにフランス。ただし，一定の団体がその構成員に使用させる，地域の名称および商品または役務の名称等からなる地域団体商標（「長崎カステラ」。商標7条の2）を除く。），④ありふれたもの（斉藤や田中等の氏），は認められない（商標3条1項1号～6号）。もっとも，ありふれた名前であっても，需要者がその商標を特定人が使用することにより，その使用者の商

標として認識することができるもの（ウイスキーに「角瓶」，コーヒー等に「GEORGIA」）は，保護を受けることができる（商標3条2項）。

　商標は，自らの商品等と他人の商品等とを区別する用いられる（自他商品等識別機能）。その結果，同一の商標を付した商品等は，①同一の製造者等に由来することを示し（出所表示機能），②同一の品質を有することを示し（品質保証機能），そして③商品等をメディアを介して広告・宣伝する機能を有する（広告宣伝機能）。

　商標の保護期間は，設定登録の日から10年間であるが，識別性を失わない限り，商標権者の更新登録の申請により永久的に更新できる（商標19条）。

2）著作権

　著作権法は，「著作物並びに実演，レコード，放送及び有線放送に関し著作者の権利及びこれに隣接する権利を定め，これらの文化的所産の公正な利用に留意しつつ，著作者等の権利の保護を図り，もつて文化の発展に寄与すること」を目的とする（著作1条）。著作物とは，「思想又は感情を創作的に表現したものであつて，文芸，学術，美術又は音楽の範囲に属するもの」をいう（著作2条1項1号）。

　著作者は，著作物に関する人格的利益を保護する著作者人格権と財産的利益に係る著作権を享有する（著作17条1項）。著作者人格権は，公表権（18条），氏名表示権（著作19条），および同一性保持権（著作20条）により構成され，著作権は，著作物の利用形態に応じて認められている複製権や上演権等の複数の支分権（著作21条〜28条）により構成される（支分権の束）。各支分権は，原則として著作物の許諾権であり，これによって著作権者は著作物の利用をコントロールすることができる（私的録音録画補償金（著作30条2項）や商業用レコードの二次使用料（著作95条1項・97条）等のように許諾権ではなく，報酬請求権となっている場合もある。）。これらの権利は創作と同時に発生し，著作者の死後50年まで存続する（51条1項・2項。映画の著作物は公表後70年（著作54条1項））。

　著作権法は，著作物を創作した者だけではなく，それを社会に伝達する役割を担う者（実演家，レコード製作者，放送事業者，および有線放送事業者）に対しても著作隣接権という権利を認めている（インターネット事業者は著作隣接権者ではない。）。

また，著作権法は，公正な利用の観点から，著作権等の制限規定を設けている。たとえば，「私的使用のための複製」，「図書館等における複製」，および「引用」等（著作30条〜49条・102条）に該当する場合には，著作権等は制限される。

（3）インターネット社会における知的財産権

　従来，情報は，物を介して取引され，その保護は物の所有権という側面からなされてきた。しかし，近時のデジタル化・ネットワーク化にともない，情報は単独で取引され始めている。たとえば音楽であれば，音源はCD等のメディアを介して取引されてきたが，現在では音源そのものがモバイルやPCに配信されている。物という衣を脱ぎ去った裸の情報は，所有権による保護を受けることができず，いかなる方法で情報を保護するかが，インターネット社会における知的財産法（とくに著作権法）の重要な課題となっている。

　デジタル化された情報は，①大容量の蓄積保存が可能，②複製が容易，そして③編集，加工が容易，といった特徴を有する。しかもネットワーク化により，デジタル化された情報は，インタラクティブに瞬く間に送受信される。したがって，インターネットを通じて容易に大量の情報を発信することができるし，入手することもできる。

　ファイル交換，音楽・動画配信，動画投稿とインターネットを通じた情報のやり取りは盛んである。そして，その対象となる情報は，著作権により保護されているものが多い。したがって，たとえば，①サイトのダウンロードをする場合には複製権（私的使用目的の場合は許容される。），②情報をアップロードする場合には自動公衆送信権および送信可能化権（著23条），③リンキングする場合でフレイミングするときは複製権や翻案権等に注意する必要がある。また，Winny事件で話題のファイル交換ソフトでは，そのユーザーは，送信主体としては自動公衆送信権および送信可能化権侵害に，受信主体としては複製権侵害となるおそれがある。京都地裁平成18年12月13日判決では，ソフト開発者が幇助犯としての責任を問われたが，正犯はあくまで各ユーザーである。

24 国際取引と法

（1）はじめに

　今度，デパートやスーパーで買い物をするときに，商品の原産地や製造地を意識して見てみると分かると思うが，「made in Japan」の商品の方が少ないのではないか。商品のほとんどは，「made in China」や「made in Taiwan」，「made in Indonesia」等々であったり，または，「made in France」や「made in Italy」のブランド品だったりする。現在，身近な日用品からブランド品に至るまで，多くは海外から輸入されたものである。また，海外旅行をした方は感じていると思うが，日本メーカーの製品が海外で売られていることは珍しいことではない。

　これらの商品は，通関手続きを経て輸出入されたものである。または，日本から資本を海外に輸出して工場を建設して生産された商品の場合もある。その逆に資本を輸入して日本で生産された商品もある。今や，個人消費者であれ，商品を生産・販売する企業であれ，国際取引に関係しない方が難しくなっている。

　「国際取引法」は，その名称が示すとおり，その重要な「国際取引」に関係する「法」であり，きわめて重要な分野であると，いう側面がある一方，日本の民法や国際私法を勉強していれば，その応用で何とかなる科目でもある。国際私法というのは，国際的な法律事件に，どこの国の法律を適用したらよいかを決定する法である。ただ，民法や国際私法等から国際取引に関係する部分を取り出して，国際的に慣習化されている規則などを付け加えて，国際取引法独自の体系にまとめたものが「国際取引法」であるので，直接，「国際取引法」を学びたいというのであれば，学ぶ価値は十分にある。

（2）国際取引法の定義

　日本には，個人や会社等の私人間の紛争である民事事件に適用される「民法」という法律がある。刑事事件には「刑法」がある。国際取引法は，基本的

には，国際的な私人間の民事事件を対象とする法律である。しかし，「国際取引法」という単一で固有の法律はない。当然，六法全書を見ても載っていない。

　なぜ，「国際取引法」という法律が存在しないかについて説明するには，「国際取引法」という言葉を「国際取引」と「法」に分けて説明すると分かり易い。

　「国際取引」とは，その名のとおり，「国境を越えて行われるモノやサービス，カネの取引」のことである。

　次に「法」の定義は何かというと，簡単そうで難しいのだが，一般的には「国家によって強制され得る社会規範」と定義される。

　国内の私人間の取引から紛争が発生した場合，日本という共同社会で，日本の裁判所に申立てをすれば，裁判所が日本の民法等を適用して，紛争について判決を言い渡してくれる。当事者がその判決内容を自発的に履行しない場合は，強制執行手続きにより，強制的に実現することも可能である。民法は，日本のどこへ行っても共通である。

　では，国際取引紛争の場合はどうか。たとえば，中国の企業と日本の企業間の国際取引から紛争が発生した場合，第1に，法を強制的に適用してくれる共同社会とは何かという問題がある。中国と日本が，たとえば欧州連合（EU：European Union）のような政治や経済，法律の実質的な統合を目指している国家の共同体のようなものに参加していれば話は別だが，現実は，おのおの独立した国家であり，「国際取引法」という名称が示すとおり，国際社会が，両国が含まれる共同社会である。

　第2に，その共同社会に法律を強制的に実現する裁判所と共通の民法が存在するかが問題となる。国際社会という共同社会において，法律を強制的に適用してくれる裁判所が存在するかというと，民事事件については，存在しない。また，共通の民法も存在しない。つまり，私人間の国際取引から紛争が発生しても，国際社会における共通の裁判所に提訴できないのである。

　「国際司法裁判所（ICJ：International Court of Justice）」という裁判所が，オランダのハーグ（Hague）にあるが，これは国家だけが事件の当事者になることができる国際法上の裁判所で，企業間や企業と個人間などの民事事件については扱っていない。ハーグには「国際刑事裁判所（ICC：International Criminal Court）」という裁判所もあるが，これは，戦争犯罪などの重大犯罪を扱う裁判

所である。

　民事事件については国際社会に共通の裁判所がない状況で，国際取引紛争がどのように解決されているかというと，現実には，いずれかの国の裁判管轄内において，いずれの国の法律を適用するかを決定する国際私法に従って，いずれかの国の民法等を適用して解決されている。したがって，日本で国際取引法を学ぶ場合は，基本的には日本の国際私法や民法等を対象とすることになる。国際取引法という名称のイメージほど国際的ではない。

　それでは，「国際取引法」とは何かというと，現在のところ，国際取引に適用される条約や各国の国際私法，民法等の総称というほかない。この意味で，前にも述べたように，日本の民法や国際私法を勉強していれば，その応用で何とかなる科目でもあるが，国際取引法独自の国際的に慣習化されている規則などを付け加えて体系的にまとめたものが「国際取引法」である。

(3) 国際取引法の概観

　国際取引から発生した紛争の日本での解決を前提として，国際取引法の内容をみていきたい。紛争が発生した場合，第1に問題となるのが紛争解決方法である。現実には，国内取引であろうと国際取引であろうと，ほとんどの紛争は話し合いで解決されている。新聞などで報道されるような裁判事件は例外的なものである。しかし，やはり，どうしても当事者で解決できない紛争は存在する。その場合は，裁判で解決せざるを得ない。

　前項(2)の例でみてみると，中国の企業と日本の企業間の国際取引契約から紛争が発生した場合，紛争を解決する裁判所として考えられるのは，国際社会に共通の裁判所が存在しない以上，中国の裁判所か日本の裁判所である。あるいは第三国の裁判所かもしれない。そこで，仮に日本の裁判所に本件の紛争が持ち込まれたとすると，最初に，日本の裁判所が裁判を行う権限を有するか否かが問題となる。国家の裁判権が及ぶ範囲を「裁判管轄」というが，日本の国際裁判管轄権の有無が問題となる。

　国際取引紛争においても，国内取引紛争の場合と同様に，通常は，訴える方（原告）が，訴えられる方（被告）の住所地を管轄する裁判所に申し立てをする。この場合，被告の住所地の国際裁判管轄が認められる。また，紛争当事者に裁

判管轄の合意があれば，被告の住所地の裁判所以外でも，合意管轄が認められる。

しかし，たとえば，日本企業が当事者となっていても，実際の取引が全て外国で行われている場合にまで，被告が日本企業だからという理由だけで，日本の裁判管轄が成立するかというと問題がある。国際裁判管轄は，このような問題を扱う。

日本の国際裁判管轄が成立した場合，日本で裁判が開始されるのだが，裁判をおこなう地を「法廷地」という。法廷地が定まると，次に，裁判所は，法廷地の国際私法という分野の法律を持ち出して，紛争に適用される法律を決定する。この紛争に適用される法律を「準拠法」という。

先の例でみてみると，中国の企業と日本の企業間の国際取引契約から紛争が発生した場合，契約の準拠法は，中国法かもしれないし，日本法かもしれない。国際私法は，このような場合に，いずれの国の法律を適用するかを決定してくれる。

国際私法という名称は，国際的な私法の総称のようなイメージを抱かせるが，国際的な法律関係に適用される準拠法を決定することを目的とする法律学の一分野である。広い意味では，前述した国際裁判管轄の分野も加えて国際私法と呼ばれている。

紛らわしいのは，2006年まで，日本の国際私法について規定している法律は「法例」と呼ばれていたことである。法律と命令の総称である「法令」と混同されやすかった。しかし，2007年から法例が全面的に改正されて，「法の適用に関する通則法」として施行されている。

「法例」にしろ，「法の適用に関する通則法」にしろ，原則は当事者自治で，当事者に準拠法についての合意があれば，その法律が適用される。実際には，ほとんどの国際取引契約書には下記のような準拠法条項が挿入されている。

    Article 23 Governing Law

      The Agreement shall be governed as to all matters, including formation, validity, construction and performance, by and under the laws of Japan.

    （和訳）第23条　準拠法

      本契約は，成立，効力，解釈及び履行を含むすべての事項について，日

本法が適用されるものとする。

　このような契約の準拠法についての合意がない場合は，当該法律行為に最も密接な関係がある地の法が適用される。
　ここまでの国際取引紛争解決の流れは，下記のようになる。

　　国際裁判管轄の決定⇒法廷地の国際私法の適用⇒準拠法の適用⇒紛争の解決

　裁判が最終的な紛争解決手段であり，これが基本的な流れなのだが，国際取引紛争については，実際は，裁判に代わって国際商事仲裁が行われることが多い。
　仲裁とは，当事者の合意により締結した仲裁契約に基づいて，仲裁地や仲裁人を選定して，国際取引から発生した紛争を解決する制度である。裁判外紛争解決手段（ADR：Alternative Dispute Resolution）の一種で，裁判の代替紛争解決手段として使用されている。
　この法律用語としての「仲裁」は，日本語の一般的な意味での「仲裁」とは異なり，手続きなどが，かなり厳格なものなので注意が必要である。また，仲裁は，英語では「arbitration」と表現されるが，辞書によっては「arbitration」の和訳が「調停」と記載されているものが多い。調停は，第三者である調停人の調停案に当事者が合意しない限り成立しないが，仲裁では，仲裁人の判断に当事者が拘束されるので，法律上，大きな違いがある。
　法律的な意味での仲裁は，特に国際取引紛争について積極的に活用されている。その理由としては，裁判所での紛争解決と異なり，当事者の一方が必ずしも相手国の裁判所に赴き，不慣れな相手国の手続法等に拘束される必要がないことや当事者間であらかじめ，仲裁地，仲裁人，仲裁規則等を合意しておくことができることなどが上げられる。当事者の公平を考慮して仲裁地は第三国にするとか，仲裁人は案件の専門家にするとか，仲裁は書類審査だけにして短期間で終了するといったことを，当事者で決めておくことができるのである。また，仲裁は非公開で行われ，最終的な判断も判例集などに掲載されることもないので，秘密保持の点でも良い。このため，国際取引契約のほとんどが下記のような仲裁条項を含み，仲裁での紛争解決を規定している。

国際商業会議所（ICC：International Chamber of Commerce）の定型仲裁条文
All disputes arising in connection with the present contract shall be finally settled under the Rules of Conciliation and Arbitration of the ICC by one or more arbitrators appointed in accordance with the Rules.

（和訳）本契約に関係して発生する全ての紛争は，国際商業会議所の和解・仲裁規則に基づいて，同規則に従って指名される1人または複数の仲裁人によって最終的に解決されるものとする。

仲裁の場合も，やはり仲裁人が仲裁地の国際私法または適当な国際私法を適用して，紛争についての準拠法を決定する。

（4）国際取引法独自の規則など

1） 統一私法

先にも述べたように，国際社会には共通の民法は存在しないので，結局，いずれかの国の民法が適用されて国際取引紛争が解決されることが多い。言うまでもなく，世界共通の民法があった方が便利に決まっている。世界の国々で統一された法律を「世界統一私法」と呼ぶ。しかし，世界には，大陸法（ドイツやフランスなど）や英米法（イギリスやアメリカなど），イスラム法（サウジアラビアやイランなど），社会主義法（中国やキューバなど）など様々な法体系が存在し，それらを統一して世界統一私法を実現するのは不可能に近い。

しかし，たとえば，各国の民法等はそのままにして，国際的な要素を含む法律関係だけに適用される法律であれば，実現は可能かもしれない。このような統一私法は，ローマ時代にローマ市民とローマ市民でない者との間の法律関係に適用されていた「万民法」にちなんで，「万民法型統一私法」と呼ばれる。

現実には，国際機関等がモデルとなる法を作成して，各国に採用を勧奨するモデル法形式で統一私法を目指している場合が多い。いくつかの国際機関では，この形式で世界共通の取引法を目指した条約を採択している。

たとえば，国連国際商取引法委員会（UNCITRAL：United Nations Commission on International Trade Law）では，「国際物品売買契約に関する国連条約（ウィーン売買条約）」(CISG：United Nations Convention on Contracts for the International

Sale of Goods, 1980)」を採択している。私法統一国際協会（UNIDROIT：Institute international pour l'unification de droit privé）では，「国際的物品売買についての統一法に関する条約（ハーグ統一売買法条約）」（ULIS：Convention Relating to a Uniform Law on the International Sale of Goods, 1964）等を採択している。しかし，これらは条約であり，原則として加盟国内でしか効力を持たない。世界のすべての国が加盟すれば世界共通の私法が誕生することになるのだが，実現は難しそうである。日本も，ここに記載した条約については，いずれも加盟していない。

2）インコタームズ

条約という形態はとっていないが，国際商業会議所の「定型取引条件の解釈に関する国際規則」（イコタームズ Incoterms：International Rules for the Interpretation of Trade（Commercial）Terms）は，世界の多数の国で実務的に国際取引に使用されている。

インコタームズは，10年に一度改定され，現在は，「Incoterms 2000」が使用されている。Incoterms 2000 は，国際取引における売主と買主の費用や危険負担をどこで分岐するか，船舶の運送契約や貨物保険をどちらが付保するかなどを詳細に定めている。実際の取引条件としては，FOB（Free on Board）や CIF（Cost, Insurance & Freight）と呼ばれるものが使用されることが多い。

以上に述べたような統一私法や統一規則の実現は，重要な課題であり，国際取引法の項目として不可欠の分野である。

3）国際取引法の可能性

国際取引法は，前述した内容のほか，輸出入通関や海上運送契約，海上貨物保険に着目したり，国際投資や知的財産権を国際的な観点から研究することもできる。また，実務では，国際取引契約は英文で作成されることが多いことから，英文契約書をテーマにして研究してみるのもよい。

先に述べたように，国際取引法は，国際取引に適用される条約や，各国の国際私法，民法等の総称であり，基本事項を学んだ後は，独自のテーマを見つけて研究することができる，多様な可能性を持った分野である。

25 環境問題と法

(1) 環境問題の変遷

(1) わが国において，公害・環境問題は明治時代から存在してきた。例えば，著名な別子銅山事件では，銅山精錬所からのいおう酸化物の排出による大気汚染によって，足尾銅山事件では，銅山からの鉱毒が渡良瀬川に流出したことによって，人の生命・身体や農作物などに甚大な被害が生じた。

第1次大戦以降になると，大気汚染や水質汚濁に加え，騒音，振動，土壌汚染，悪臭や地盤沈下などの公害も発生するようになっていた。いわゆる典型公害（環境基2条3項）が，この時代にすでに存在していたのである。

これらの公害に対しては，工場法が制定され（1911年），大阪府においては煤煙防止規則（1932年）が制定されていたが，これらの対応は場当たり的なものであった。というのも，この段階においては，公害現象は，個別的・偶発的・断続的ものと把握されていたために，これに対して個別に対応することで，または事後的救済によって対処しえると考えられていたからである。

(2) 第2次大戦後，とりわけ，1950年代後半からの高度経済成長政策がはじまり，公害問題は深刻化することとなった。これに対して，後追い的ではあるが，1958年に水質2法（「公共用水域の水質の保全に関する法律」および「工場排水等の規制に関する法律」）が，1962年には「ばい煙の排出の規制等に関する法律」が制定された。これらの法律は，その目的において，「生活環境と産業の健全な発展との調和」を図るという「経済調和条項」が定められており，また，規制対象地域が限定されているなど，公害を防止するものとしては不十分なものであった。

(3) 1960年代以降，高度経済成長政策が本格化するにつれ，公害を原因とする健康被害が全国的規模で広がり，顕在化することとなる。四大公害病（四日市ぜんそく事件，イタイイタイ病事件，熊本水俣病および新潟水俣病）が発生し，社会問題化するのがこの時期である。これに加え，ゴルフ場の造成や工場用地などの確保のための開発の結果，森林破壊や，干潟や浅瀬の埋立てなど自然破

壊も全国的な規模で深刻化していくことになる。

　公害が全国的に拡大し，公害現象が，一般的・必然的・継続的となり，これに対する個別的な対応または事後的救済では十分対応できないことが，ようやく認識されるようになり，1967年に旧公害対策基本法，大気汚染防止法および騒音規制法が，1969年に「公害に係る健康被害の救済に関する特別措置法」が，1970年に「公害紛争処理法」が制定されることとなった。しかし，これらの法律も公害を防止する効果は不十分なものであった。

　⑷　1970年に，いわゆる「公害国会」が開かれ，14の公害・環境法の制定・改正がなされた（旧公害対策基本法，大気汚染防止法，騒音規制法，自然公園法などの改正や水質汚濁防止法や「人の健康に係る公害犯罪の処罰に関する法律」などの制定。）。そこでは，「経済調和条項」が削除され，環境基準という規制手段があらたに採用されるなど，現在の公害・環境法の基盤が整備された。また，行政組織に関しても，1971年に環境庁が新たに設置され，これが公害環境行政を担うこととなった（廃棄物処理などの一定の事項は旧厚生省などが所管していた。）。

　「公害国会」以降も，水質汚濁規制に関して総量規制基準が導入され，振動規制法（1976年）や「湖沼水質保全特別措置法」（1984年）が制定されるなど国内環境法の整備が進められた。

　⑸　1980年代中頃から，オゾン層の破壊，温室効果ガスの増加などの地球環境問題が国際社会において注目されることとなる。1992年に「環境と開発に関する国連会議」がブラジルのリオ・デ・ジャネイロで開催され，「持続可能な発展」概念が提唱された。この会議で，「環境と開発に関するリオ・デ・ジャネイロ宣言」（リオ宣言）が発表された。さらに，「アジェンダ21」や「すべての種類の森林の経営，保全及び持続可能な開発に関する世界的合意のための法的拘束力のない権威ある原則声明」などが合意され，「生物の多様性に関する条約」や「気候変動に関する国連連合枠組条約」が締結された（「京都議定書」は1997年の第3回締約国会議（COP 3）で採択されたが，わが国は2002年にこれを批准した）。

　わが国では，これらを契機として，旧公害対策基本法と自然環境保全法の基本法の部分とを統合して，公害・環境法の基本的枠組みを定める環境基本法が制定された（1993年）。1997年には，法制化が求められていた環境影響評価法

が制定されることとなった。

　(6)　環境基本法の制定前後から，公害・環境問題の範囲の拡大が明確に認識されるようになる。これに対応するために多くの個別法が制定されている。また，2001年に，環境庁が環境省に昇格し，公害・環境行政を総合的におこなうことが可能になっている。

　①　大気汚染に関しては，「化学物質の規制等によるオゾン層の保護に関する法律」（オゾン層保護法：1988年），「スパイクタイヤ粉じんの発生の防止に関する法律」（1990年），「自動車から排出される窒素酸化物及び粒子状物質の特定地域における総量の削減等に関する特別措置法」（自動車NOx・PM法：1992年）が制定された。

　②　水質汚濁に関しては，「特定水道利水障害の防止のための水道水源の水質の保全に関する特別措置法」（水道水源法：1991年），水道減水水質保全事業の実施の促進に関する法律」（水道原水法：1994年）が制定された。

　③　自然環境保全に関しては，「絶滅のおそれのある野生動植物の種の保存に関する法律」（種の保存法：1992年），「特定外来生物による生態系等に係る被害の防止に関する法律」（2004年），自然再生推進法（2002年）や景観法（2004年）が制定された。

　④　地球温暖化防止に関しては，地球温暖化対策推進法（1998年），「特定製品に係るフロン類の回収及び破壊の実施の確保に関する法律」（フロン回収破壊法：2001年）や「電気事業者による新エネルギーの使用の合理化に関する法律」（新エネ発電法：2002年）が制定された。

　⑤　廃棄物処理・リサイクルについては，豊島産業廃棄物不法投棄事件や岩手・青森不法投棄事件に代表されるような一地方自治体では対応できない不法投棄が多発し，最終処分場のひっ迫（産業廃棄物については最終処分場の残余容量は約4年，一般廃棄物については約12年といわれている），廃棄物等の発生抑制が徹底されていないことなどにより，「大量生産・大量リサイクル」という状況が生じていることから，廃棄物処理・リサイクル法制の充実化が図られた。「廃棄物処理及び清掃に関する法律」の度重なる改正に加え，循環型社会形成推進基本法（2000年），「再生資源の有効な利用の促進に関する法律」（2000年），「容器包装に係る分別収集及び再商品化の促進等に関する法律」（容器包装リサ

イクル法：1995年），特定家庭用機器再商品化法（家電リサイクル法：1998年）や「使用済自動車の再資源化等に関する法律」（自動車リサイクル法：2002年）などが制定された。

このほかに，土壌汚染対策法（2002年），「特定化学物質の環境への排出量の把握及び管理の改善の促進に関する法律」（PRTR法：1999年）やダイオキシン類対策特別措置法（1999年）や「環境保全のための意欲の増進及び環境教育の推進に関する法律」（2003年）などが制定されている。

（2）環境法とは

1）基本理念

（a）環境基本法の基本理念　環境基本法は，基本理念として，現在および将来の世代の人間が健全で恵み豊かな環境の恵沢を享受できるように，また，人類の存続の基盤である環境が将来にわたって維持されるように適切に行われなければならないと定め（環境基3条），これを実現するために，環境への負荷の少ない持続的可能な発展が可能な社会の構築（環境基4条）と国際的強調の下に地球緩急保全の積極的な推進を規定している（環境基5条）。そして，環境基本計画では，この基本理念を具体化するための長期的目標として，「循環」，「共生」，「参加」および「国際的取り組み」を掲げている。環境基本法の基本理念の内容に，この4つの長期的目標を位置づけていくべきであろう。

（b）環境権　環境権は，一般に，良好な環境を享受する権利と定義される。環境権は，現行憲法には規定されていないが，憲法25条の生存権規定と憲法13条の幸福追求権規定にもとづく憲法上の人権とする考えが有力である。ただ，環境権について，憲法上の人権としての性格は認められるとしても，その享有主体や内容が多様であり，具体的にどのような法的性格・内容を有するかについては明確ではないことから，裁判例においても環境権を明確に認めたものはない。環境基本法の制定にあたって，同法に環境権を規定すべきか否かについて議論されたが，その法的性格・内容が明確ではないことを理由として，環境権は規定されなかった。

2）基本原則

（a）汚染原因者負担の原則　これは，公害または自然環境の保全上の支

障の原因を生じさせた者が，これら公害にかかる支障を防止するために要する費用を負担すべきであるとする原則である。一般に PPP（Polluter Pays Principle）とよばれる。この原則は，1972年に経済協力開発機構（OECD）の理事会勧告で提唱されたものである。OECD は，PPP を，汚染防除費用のみを対象としており，環境復元費用や被害救済費用はこれにふくまれず，この防除費用については，公費によって賄うべきではないとしている。また，OECD は，PPP に関わる費用につき，汚染者に対して，「負担」を求めるものではなく，「支払」を求めるものとしている。

　わが国では，この原則につき，費用の対象には，環境復元費用や被害者救済費用が含まれるとされ，公費による負担も認められるものとして理解されている。

　(b) 拡大生産者責任　廃棄物処理・リサイクル分野で，近年注目されているものとして，拡大生産者責任がある。これは，生産者が，製品等の生産・使用段階のみならず，製品等が消費された後においても一定の責任を負うというものである。この責任については，循環型社会形成推進基本法に規定されている（11条3項）。家電リサイクル法や自動車リサイクル法で拡大生産者責任原則の内容が一部採用されている。

　(c) 「役割分担」原則　環境保全にあたっては，地域的特質が重視されなければならない（環境基7条参照。さらに，同法35条参照）。地形・産業・人口などの相違が公害・環境の具体的内容に相違を生じるのであって，全国一律の基準のみで環境保全を行うことができるものではない。したがって，環境保全は，まず地方自治体の役割を基礎としておこなわれる必要がある。1999年の地方自治法の改正によって，地方自治体がその地域的特質に応じて創意工夫をする余地が拡大し，環境保全に関する施策を積極的に展開することが求められるようになっている。この意味で，地方自治体の果たす役割は大きい。

　これに対して，国は，全国的視点から，基本的・総合的な環境保全をおこなうことが求められる（環境基6条）。国には，地方自治体の環境保全施策がより効果的なものとなるようにする役割が求められるのである。

　環境保全にあたって，地域的特質が重視され，地方自治体の果たす役割が大きいとするならば，地域住民が環境保全の内容を決定し，主体的に参加する法

的地位が認められなければならない。わが国の公害・環境法は，住民に単なる協力を求め，または，費用を負担する存在として位置づけているにすぎず，以上のような住民の法的地位を認めているとは言い難い。ただ，環境保全への住民参加が制度化されつつある（たとえば，環境影響評価法・条例，情報公開法・情報公開条例やパブリックコメント手続条例など。また，河川法は，河川整備計画の策定にあたり公聴会の開催等を規定している（河川16条の2第4項））。

各地域でNPOが環境保全活動に積極的にかかわるようになってきている。このようなNPOの活動と住民の役割をどのように連携させていくかが今後の課題である。

事業者については，環境基本法において，前述した汚染原因者負担の原則や拡大生産者責任を踏まえた役割を担うことが求められている。その具体的な役割については，個別法で規定されているが，汚染原因者負担の原則や拡大生産者責任が徹底されているとはいいがたい。

(d) 予防原則　近年，注目されている原則として予防原則がある。これは，環境に重大な影響を与えることにつき，科学的根拠が不十分な場合でも，予防的な対策をとることを求めるものである。これは，ドイツの環境政策で採用され，1990年以降，国際環境法上の概念として展開し定着しつつある原則である。わが国においては，予防原則を明示的に規定した法律は存在しない。今後，この原則がわが国においてどのように取り入れられていくのか注目される。

（3）公害・環境法の仕組み

1）公害対策

環境基本法は，公害を「環境の保全上の支障のうち，事業活動その他の人の活動に伴って生ずる相当範囲にわたる大気の汚染，水質の汚濁……土壌の汚染，騒音，震動，地盤の沈下……及び悪臭によって，人の健康または生活環境……に係る被害が生ずることをいう」と定義している（環境基2条3項）。同法は，このうち，大気汚染，水質汚濁，土壌汚染及び騒音について，政府に対して，「人の健康を保護し，及び生活環境を保全する上で，維持することが望ましい基準」である環境基準を定めることを求めている（環境基16条1項）。公害対策はこの環境基準の達成を目標としておこなわれることとなる（環境基16条4項）。

水質汚濁防止法は，環境基準を達成するための措置として，工場などの施設から公共用水域に排出される排出水に排水基準を設け，その基準が遵守されているかをモニタリングし，基準違反に対しては改善命令を出したり，刑罰を科すという規制手法を採用している。大気汚染防止法，騒音規制法，振動規制法なども，ほぼ同様の規制手法を用いている。

排水基準は，濃度規制であることから，希釈して工場等から汚濁物質を排出すれば，どれだけ排出しても基準違反にはならない。これでは，汚染源が集中する地域では，水質の改善につながらない。そのため，その地域全体の汚濁物質の量を規制する総量規制基準も用いられている。この総量規制基準は，大気汚染防止法や瀬戸内海環境保全特別措置法なども用いられている。

2） 自然環境の保全

これまで一般的に「自然環境の保全」という概念が用いられていたが，近年，自然環境の保全と野生動植物の保全の両者を包括するものとして，「生態系の保全」または「生物多様性の保全」という概念が用いられるようになってきている。環境基本法でも，「生態系」という概念が用いられ，生態系の多様性という視点を踏まえて，自然環境保全のための施策がおこなわれるよう求めている（環境基14条2号）。種の保存法が，「絶滅のおそれのある野生動植物の種の保存を図ることにより良好な自然環境を保全すること」と規定しているのも，同様の視点からであろう（環境基1条）。

自然環境の保全のための仕組みとしては，まず，自然公園法に基づく自然公園制度（国利公園，国定公園，都道府県立自然公園）や自然環境保全法の原生自然環境保全地域や自然環境保全地域制度がある。これらは，一定の自然地域を対象として，その地域において自然環境に影響を与える開発等の行為を規制することによって，その地域を保全するという方法である。

次に，文化財保護法の天然記念物制度，鳥獣保護法や種の保存法などが用いている制度である。これらは，希少な動植物や学術的または文化的に価値のある動植物や地域などを特定し，一定の行為を制限し，これらを保全しようとする仕組みである。

自然環境の保全に関する法律には，自然環境の保全と土地所有者の財産権との調整を図ることが求められていることが多く，問題視されている。

3） 新しい規制手法

環境規制としてはこれまで，いわゆる直接的規制が用いられてきた。すなわち，直接的規制とは，行政機関が，排出基準を設定し，その遵守状況をモニタリングし，基準が遵守されていない場合に，罰則等の制裁を課すという手法である（たとえば，水質汚濁防止法）。この規制的手法は，産業公害への対処としては有効であったが，事業者に対して，排出基準以上に汚染削減をおこなうインセンティブが与えられない点などが問題視されるようになった。そこで，わが国においてもまたは国際的にも，直接的規制を補完するための手法として経済的手法が採用されるようになってきている（経済的手法の主要な例として，環境税・課徴金制度，補助金制度，預託金払戻制度や排出枠取引制度など）。

経済的手法に加え，近年，注目されているのが，環境リスク規制である。これも環境汚染源の特定や汚染を引き起こす媒体の特定やリスク評価・管理が困難となっているなどの，直接規制が抱える問題に対処するための新しい規制手法である。

第IV編

紛争解決と法

26 刑事訴訟

（1）刑事訴訟の流れ

1） 刑事訴訟の流れ

　刑事訴訟（刑事手続ともいう）の流れは，刑事訴訟法で基本的に定められている。この刑事訴訟に関する基本的な考えは，「8　刑事事件と人権」で説明しているので，ここでは，この刑事訴訟の流れに注目する。

　まずは，全体的な流れをみてみる。刑事訴訟は，大きく分けると，捜査手続→公訴→第一審公判→上訴・再審というように進められていく。それぞれの手続の簡単な内容は，以下のとおりである。

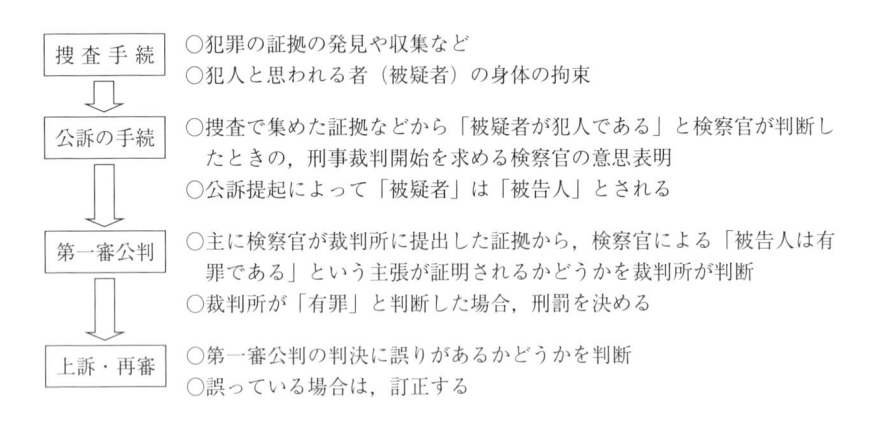

捜査手続	○犯罪の証拠の発見や収集など ○犯人と思われる者（被疑者）の身体の拘束
公訴の手続	○捜査で集めた証拠などから「被疑者が犯人である」と検察官が判断したときの，刑事裁判開始を求める検察官の意思表明 ○公訴提起によって「被疑者」は「被告人」とされる
第一審公判	○主に検察官が裁判所に提出した証拠から，検察官による「被告人は有罪である」という主張が証明されるかどうかを裁判所が判断 ○裁判所が「有罪」と判断した場合，刑罰を決める
上訴・再審	○第一審公判の判決に誤りがあるかどうかを判断 ○誤っている場合は，訂正する

2） 裁判員制度

　2009年5月までに開始される裁判員制度は，上の図のうち第一審公判においておこなわれることになる。最高裁判所によれば，一年に全国で約18万人から36万人が裁判員候補者として裁判所に呼ばれる予定である（http://www.saibanin.courts.go.jp/shiryo/pdf/06.pdf）。2009年5月以降に20歳となる人のうち，単純計算で約10〜17％が一生に一度は裁判員候補者として裁判所に呼ばれることとなる。裁判員制度は他人事ではないといえるだろう。そこで，この裁判員制度の流れを確認しておこう。

①1年ごとに，衆議院選挙人名簿から，各地の裁判所がくじで裁判員候補者名簿を作成する（名簿にのると連絡がある）。②この名簿から，重要事件ごとに50～100人の裁判員候補者が選ばれる（その人には裁判所に行く日時が通知される）。③裁判所に呼ばれた裁判員候補者から裁判員が選ばれる。

　裁判員が選任されると，裁判員裁判が開始されることとなる。裁判員裁判は，基本的に6名の裁判員と3名の裁判官によって行われる。この9人が協力して，裁判所に提出された証拠から「被告人は有罪か無罪か」という判断（事実認定）を行い，有罪の場合は刑罰を決定（量刑）するのである。このように，裁判員には重大な責任と仕事が課せられることになるが，刑事裁判へ国民の健全な社会常識が反映されることで，司法に対する国民の信頼の向上が期待されている。これに対しては，裁判員の一般感情に左右されて刑が重くなるのではないかとか，司法に対する国民の信頼の向上という目的は教育などで達成すべきではないかなどの批判もある。

　以上のようにして裁判員裁判は行われるのだが，それでは，刑事訴訟の全体はどのように行われているのであろうか。以下では，刑事訴訟のながれを具体的なケースに沿って説明していくことにしよう。

　〇年×月△日深夜，覚せい剤密売事件多発地域をパトロールしていた警察官Aは，辺りをきょろきょろと見回している不審者Bを発見した。そこで，警察官Aは，Bを呼び止めて職務質問を開始した。約10分後，Bは次第にイライラした様子で上着の内ポケットからたばこを取り出そうとした。そのとき，警察官Aは，Bの上着の内ポケットからビニールパックが少しだけ出ているのに気がついた。Bが覚せい剤を持っていることを確信した警察官Aは，Bの承諾もなく，Bの上着の内ポケットにいきなり手を突っ込んで，そのビニールパックを取り出した。検査の結果，そのビニールパックに入っていた白い粉は覚せい剤であった。また，Bの腕には注射の痕も確認された。

（2）捜査手続

　刑事訴訟は，捜査手続から始まる。今回のケースのように，捜査機関（警察官や検察官）が，職務質問などをきっかけに「犯罪があった」と判断した場合，捜査手続が開始される。捜査手続は，犯罪に関連する証拠を収集・保全し，犯

人と思われる者（被疑者）を発見・確保する手続である。今回のケースでは，犯罪に関連する証拠は，「ビニールパックに入っていた白い粉」などであり，被疑者はBである。また，注射痕があることから，覚せい剤を使用したことも疑われるので，Bの尿や血液から覚せい剤が検出されるかの確認もされるだろう。さらに，複雑な事件になると，事件の目撃者など証人も確保されることとなる。今回のケースのように，被疑者が犯罪を行ったことを疑う相当な理由があり，逃亡や証拠隠滅のおそれがあれば，被疑者の身体は拘束される（逮捕，勾留。さらに，捜査機関は，Bに対して取調べをおこなう。ここで，Bがほかに覚せい剤を持っていないか，あるいはBの背後に覚せい剤密売組織がないかなど，さまざまなことを話す（自白する）ようにBは求められる）。

　以上のように，捜査手続では，証拠となる物や人が確保され，被疑者の身体が発見・確保され，さらには被疑者自身の口から自白がとられることとなる。これらは，証拠として，裁判所に提出されることとなる。それゆえ，捜査手続は重要であるが，真実発見を追い求めるあまり人権侵害が生みやすいものでもある。過去に，捜査手続においては，さまざまな人権侵害が生み出されてきた。憲法は，それらの人権侵害を防止するために，さまざまな要請を行っている（詳しい説明は，「8　刑事事件と人権」参照）。今回のケースでは，警察官Aは，裁判官が事前に出す令状が必要なのにもかかわらず，「令状」を得ることなく，Bが持っている物を取り上げている。この警察官Aの行為は，憲法の要請に反しているので，違法であると評価されることとなる。

（3）公訴手続

　捜査手続の締めくくりとして，検察官が，被疑者Bに対して刑事裁判をおこなうことを求めて，裁判所に訴えを起こすかどうかを判断する（公訴の提起あるいは起訴）。検察官は，被疑者を起訴すべきかどうかについて，大きな権限を持っている。たとえば，今回のケースがBの初めての犯罪であるとか，非常に反省していることが明らかであるなど，刑罰を科さなくても，もうBは犯罪を行わないだろうと判断すると，検察官はBを起訴しないこともできる（起訴猶予処分）。刑事裁判にかけられることで白い目で見られる不利益をさけるとか，裁判所の負担を軽くするなど，この起訴猶予処分は，さまざまな長所を

持っている。しかし，同じような犯罪を行っている者について，一方は起訴をして，もう一方は起訴しないなどの不平等な起訴が起こらないように注意すべきあるという見解も強い。

　検察官がBを起訴すると判断した場合，検察官は，裁判所に審理や判決を求める具体的な犯罪事実を記載した起訴状（例：Bは，〇年×月△日深夜2時頃，X地域にある自宅において，覚せい剤を自己の腕に注射した）という書類を作成し，これを裁判所に提出する。これにより，「Bは覚せい剤を使用した」（覚せい剤使用罪）という事実が，裁判所に提出された証拠によって証明されるかどうかをテーマに，刑事裁判がスタートすることになる。

（4）第一審公判手続

　検察官が起訴することよって，被疑者は被告人とされる。日本の刑事裁判は，被告人側（被告人・弁護人）と検察官側が証拠を出したり，主張をおこなったりすることによって進められる。これに対し，裁判官や裁判員はあくまで中立の立場で，当事者による主張のぶつかり合いの経過や結果を判断することとなる。このような刑事裁判の進め方を当事者追行主義という。刑事裁判では，「絶対的な真実」は発見できない。それゆえ，証拠から確認できる事実で満足するしかない。日本の刑事裁判は，被告人側と検察官側に，公平，平等に論争させることによって，事実を発見するという方法をとっている。さて，次に，この当事者追行主義をとる日本の刑事裁判の具体的な流れを簡単に確認しておこう。

1）公判手続の流れ

　裁判所が起訴状を受け取ると，その謄本（写し）を被告人に送ったり，弁護人の選任に関する手続など，第一審公判の準備がおこなわれる。この事前準備では，証拠の整理などもおこなわれる。裁判員裁判がおこなわれる場合は，裁判員に負担をかけないように，裁判員に負担をかけないように短期間で公判手続を終わらせる必要があるので，事件の争点や証拠を公判手続前に整理する公判前整理手続がおこなわれる。

　これらの事前準備を終えて，公判手続が開始されることとなる。全体的な流れとしては，

冒頭手続→証拠調べ手続→弁論手続→判決の宣告

と進んでいくこととなる。以下では、それぞれの具体的な内容を確認していこう。

(1) 冒頭手続では、具体的に証拠を調べる前にさまざまな確認が行われる。被告人が人間違いでないか確認され（人定質問）、次に検察官の起訴状朗読によって、この公判手続における論争のテーマが確認される。その後、被告人に黙秘権があることなどが告げられる（権利告知）。そのうえで、被告人・弁護人による事件に関する意見の陳述がおこなわれる。たとえば、被告人Bは、起訴状に対し、「間違いありません。」とか、「起訴状に書かれていることは間違いです。私は、ある男に無理やり覚せい剤を注射されたのです。」というように意見を述べることになる。以上の手続によって、被告人側と検察官側の事件に対する意見が決定され、事件の内容に関する審理へと進むことになる。

(2) 証拠調べ手続では、当事者の提出する証拠を裁判所が調べる。起訴状の内容が証明されるかどうかを左右するので、第一審公判手続の中心といえる。まず、検察官が、証拠により証明しようとする事実を主張し（冒頭陳述）、その後、証拠調べ請求がおこなわれる。調べることを請求された証拠に対しては、相手の当事者が意見を示して、それらをもとに裁判所がどの証拠を刑事裁判で調べるかを決定する。こうして採用された証拠が調べられることとなる。この証拠調べの方法は、証拠の性質によって異なる。書類は、その内容を朗読するか、その要約（要旨の告知）がおこなわれる。また、今回のケースにおけるビニールパックのような物であれば、展示される。そして、証人については、まず請求した側が尋問をおこない（主尋問）、それに対し、相手の当事者が尋問を行う（反対尋問）という交互尋問の方法がとられている。これらの手続を、まずは検察官が、その後被告人側がおこなうことによって、検察官の起訴状の内容が証拠によって証明されるかどうかが決まっていく。そして、これらの手続の最後に、被告人質問がおこなわれる。ここで、被告人による供述が求められるのだが、被告人には黙秘権が認められているため、供述の強制は許されない。

以上の証拠調べ手続を経て、弁論手続がおこなわれる。ここで、検察官は、証拠調べの結果と刑罰に関する自分の意見を述べる（論告・求刑）。これに対

して，弁護人も，同じように意見を述べることができる（最終弁論）。そして，被告人には，最後の意見を述べる機会も与えられる（最終意見陳述）。

いよいよ判決の宣告である。すべての手続をふまえて，裁判長が公判廷で判決を言い渡す。基本的には，起訴状に書かれている事実が証明されたとする有罪判決か，証明されたとはいえないとする無罪判決が出される。有罪判決の場合は，「被告人Bは，懲役6年に処す」などの刑が言い渡される。

2）「適正な事実認定」

先にも述べたように，「事実認定」は「被告人は有罪か無罪か」というテーマを左右するので，重要である。それゆえ，この事実認定は適正なものであることが強く求められている。裁判員の最も重要な仕事も，この事実認定となる。事実認定のルールとしては，無罪の推定や疑わしきは被告人の利益にという原則が挙げられる。これらのルールは，検察官が，自身が提出する証拠によって，起訴状の内容を『合理的な疑いを容れない』といえるまで証明しない限り，被告人は無罪とされるべきである，という内容にまとめることができる。つまり，検察官が，誰から見ても「被告人は有罪である」という程度にまで証明しなければ，被告人は無罪とされるのである。被告人が自分の無罪を積極的に証明する必要はない。

今回のケースに沿って，適正な事実認定の具体的な内容を確認しよう。例えば，被告人Bから，「警察官Bの行為は違法であり，その行為によって取られた覚せい剤は，この刑事裁判で証拠として使えないはずだ」という要求がありうる。これは，違法収集証拠排除法則という考え方で，適正な手続によって取られた証拠のみを刑事裁判で使うべきとするものである。これに加えて，裁判官に対しても，好き勝手に事実認定をおこなうのではなく，しっかり合理的に，他人にも説明できるような事実認定をおこなうべきであるという要求も強い。

以上のように，事実認定の資料（証拠）を適正な手続を経たものに限定し，さらに裁判官による事実認定のありかたも適正なものにすべきとする適正な事実認定が現在強く要求されている。

（5）上訴・再審手続

第一審判決に不満がある場合，被告人や検察官は高等裁判所に不服を申し立

てることができる（控訴）。この高等裁判所の判決にも不満がある場合は，さらに最高裁判所に不服を申し立てることができる（上告）。この控訴と上告を併せて上訴という。この上訴においては，審理が最初からやり直されるわけではなく，上訴の理由とされた部分に限定して，その当否が判断されることとなる。たとえば，Bが，「第一審公判の判決は，違法な手続によって得られた覚せい剤を証拠として使っている点で，不当である」と上訴した場合，「覚せい剤を証拠として使った第一審裁判所の判断は正しかったかどうか」が審査される。そして，「証拠として使うべきではなかった」と判断されると，「覚せい剤を証拠として使わずに，どのような判決を下すべきか」が審査されることとなる。

　上訴が期間内におこなわれなかったり，最高裁判所の判断が下されると，判決は確定する。もっとも，判決が確定したとしても，被告人は不服を申し立てることができる。これを再審という。戦前においては，誤った無罪判決を有罪にする場合，誤った有罪判決を無罪にする場合において，再審をおこなうことができた。しかし，無罪が確定した者に対して有罪判決を下すことは，無罪の者に不利益な判断を下すことを禁止した憲法39条（二重の危険の禁止）に違反する。それゆえ，現在は，誤って有罪とされた者を救済することが，再審制度の目的とされている。

（6）紛争解決と刑事訴訟

　以上のように，刑事訴訟では，「被告人に刑罰を科すべきかどうか」が最大のテーマとなる。もっとも，先に述べたように，検察官は，被疑者が十分に反省していたり，弁償などによって被害者が納得していたり，被疑者が再び犯罪を行う危険性がないときなど，被疑者を起訴しないことができる。また，検察官があらかじめ指定した極めて軽微な事件については，警察が事件を打ち切ることができる。このように，検察や警察が，手続を途中で打ち切ることなどをダイバージョン（非犯罪化）という。犯罪という紛争を解決する手段として，刑罰だけが使われているわけではないのである。また，このようなダイバージョンを使った方が，むやみに刑罰を用いるより再犯を予防できる場合もある。

　しかし，近年では，被害者問題が大きく取り上げられ，被害者感情を考える

と，被告人は厳重に処罰されるべきだという声がよく聞かれる。被害者問題も含めた犯罪という紛争を解決する手段として，刑罰をより多く使うべきだとされてきているのである。もっとも，被告人の厳重な処罰を望む被害者もいれば，被告人の十分な更生（社会復帰）を望む被害者がいることも事実である。そして，被害者に対する精神的ケアなどがまだ不十分であることも指摘されている。一方で，報道などでは，被害者の満足は刑罰の厳しさだけで判断されているようにも見える。刑罰だけで被害者問題を解決できるかは，まだ議論されるべき問題といえる。刑罰は結局何をもたらすのか，そして何を解決することになるのか，もう一度冷静に考えるべきなのかもしれない。

27 民事訴訟法

（1）私的紛争処理における民事訴訟制度

　私人間で生じた法的紛争（たとえば，不動産売買，交通事故，相続など）は，どのようにして解決するのか。"訴訟"は紛争解決手段の1つでしかない。そこで，訴訟と他の紛争解決手段（代替的紛争解決手段：ADR。詳しくは次章を参照）の特徴を簡単に見てみよう。

　和解（示談）は，紛争当事者間の話し合いによって紛争を解決する。これに対して，紛争解決の場に第三者が登場するのが，調停・仲裁・訴訟である。①調停は，当事者の一方が調停による紛争解決を申立て，調停委員会（裁判官1名と調停委員2名）の関与のもとで，両当事者が紛争解決の合意に至ることを目的とする（民事調停法16条，家事審判法21条）。調停には，民事調停と家事調停がある。②仲裁は，当事者双方が仲裁手続によることを合意して開始し，仲裁人が示した仲裁判断には拘束力がある。③訴訟は，一方の当事者が訴えを提起することで手続が開始し，また裁判所が下した判決には拘束力がある。

　このように，各制度は，手続に関与する者は誰か，手続の開始に当事者の合意が必要か，また紛争解決案に当事者の同意が必要か，といった点で異なる。

　また，訴訟は実体法を適用して紛争の（白黒の）決着をつけるのに対して，他の制度では，より柔軟な解決が可能である。

（2）民事訴訟法と民事執行法・民事保全法の関係

　このように民事訴訟は当事者の一方の申立てによって開始し，第三者である裁判所が実体法を用いて拘束力のある解決（判決）をもたらす，国家による強制的紛争解決方法である。しかし，民事訴訟手続だけでは紛争解決には不十分であり，関連する制度が必要となる。

　たとえば，売主が買主に商品を送付したが代金の支払いがないため，訴訟を提起して勝訴したとしよう。ところが，買主は判決を無視して代金を支払わなかった場合，どうすればよいのであろうか。そこで登場するのが民事執行手続

である。この手続では、民事訴訟で下された判決（債務名義という。民事執行法22条）をもとに、債務者（買主）の財産を差押え、換価し、そして最終的に債権の満足を図ることになる（強制執行の対象となる債務者の財産としては、不動産、動産、預金債権などがある）。

　他方、先に挙げた例で、最終的に強制執行を行ったとしても、民事訴訟そして民事執行手続を行う間に、債務者（買主）が自分の財産を譲渡・毀損するなどして、執行手続の実効性を挙げられないようにする場合がありうる。しかし、このようなことがまかり通れば債権者の権利実現が図られず、裁判制度への信頼が揺らぎかねない（裁判を行うよりも自力救済の方がましになってしまう）。そこで、このような場合に備えて民事保全という制度がある。この例では、金銭債権を保全するため、通常は訴えを提起する前に、仮差押えという制度を用いる（要件については民事保全法20条および13条を参照）。

(3) 民事訴訟制度

1) 当事者と代理

(a) 当事者

　民事訴訟では、原告と被告の双方ともに少なくとも1人は必要である（二当事者対立の原則）。しかし、当事者が原告・被告の一方または双方で複数になる場合もあるし（共同訴訟）、三つ巴になることもある（独立当事者参加）。あるいは、一方の当事者を勝訴に導くために、当事者としてではない形で手続に関与することもある（補助参加）。

　民事訴訟は誰でも起こせるわけではない。民事訴訟において当事者となりうる能力（当事者能力）が必要となる。民事訴訟制度は私人間で生じた法的紛争を解決することから、当事者能力を有するのは権利義務の帰属主体となりうる権利能力者である（民訴28条）。胎児も、実体法が許容する限りで当事者能力を有する（民721条）。しかし、同窓会といった"権利能力なき"社団・財団については、個々のメンバーを相手に訴訟を起こさなければならないとすると、手続が煩雑になる。そこで、民事訴訟法は特別な規定をおいた（民訴29条）。

　訴訟手続では、当事者は訴訟法上の効果を発生させるさまざまな行為をなす（たとえば、訴えの取下げ）。そこで、訴訟行為をなすのに十分な判断能力が求

められる。これは，訴訟能力（独立で有効に訴訟行為をなし，また相手がなした訴訟行為を受ける能力）という問題であり，民法上の行為能力に対応する。その判断基準は実体法に委ねられる（民訴28条）。未成年者や成年被後見人（絶対的訴訟無能力者）は，法定代理人によらなければ訴訟行為をなしえない（民訴31条）。また，被補佐人・被補助人（制限的訴訟無能力者）は，訴訟行為につき補佐人・補助人の同意が必要となる（民13条1項・17条1項）。

このように当事者能力や訴訟能力は実体法により一般的に定まるが，これらを有する者が，必ずしも紛争を解決するのに適切な当事者とはいえない（当事者適格の問題）。これは個別紛争で適用される実体法規に照らして，誰に対して判決を下すことが紛争解決をもたらすか具体的に判断される。たとえば，貸金返還請求訴訟では，債権者と称する者が原告適格を有し，この者によって債務者とされた者が被告適格を有する。他方，環境問題など利益拡散型紛争での当事者適格者（とくに原告適格者）について問題がある。

(b) 代理人

訴訟手続においても代理という制度がある。大別すると，法定代理（本人の意思によらない代理）と，任意代理（本人の意思に基づく代理）がある。前者は，実体法上の法定代理（民訴28条），訴訟法上の特別代理人（民訴35条）などに分かれ，また後者は，訴訟委任による訴訟代理と法令による訴訟代理（支配人・商法21条，船長・商法713条など）に分かれる。訴訟委任により訴訟代理人を選任する場合は，弁護士である必要がある（民訴54条1項本文。弁護士代理の原則）。ただし，簡易裁判所の訴訟事件については，一定の手続を経た司法書士も訴訟代理人となることができる（司法書士3条6項）。

2）訴えの提起

(a) 管　轄

全国には多くの裁判所があるが（最高裁：1，高等裁判所：8，地方裁判所：50，簡易裁判所：438），どの裁判所に訴えを起こすべきか。まず，第1審裁判所として，簡易裁判所と地方裁判所のいずれを利用すべきか問題になる（事物管轄）。前者は，訴額（訴訟の対象となる経済的利益）が140万円以下，後者は140万円を超える事件について管轄を有する（裁33条）。第1審裁判所が簡易裁判所または地方裁判所となった場合，つぎに，その中のいずれの裁判所にすべ

きかを考えなければならない。この点については，原則として被告の住所地が基本になるが（4条），当該事件の特徴に応じて，別の場所で訴えを提起することができる（たとえば，不法行為訴訟は不法行為地でも訴え提起が可能である。5条9号）。また，当事者間で管轄裁判所を合意することも可能である（民訴11条）。

(b) 訴状の提出

訴えを提起するには，訴状を裁判所に提出しなければならない（民訴133条1項，ただし，271条）。訴状には，一体，①誰と誰との間で，②どのような紛争が生じ，③どのような救済を求めているのかを記載しなければならない（必要的記載事項。民訴133条2項）。

訴状が提出されると，裁判長が訴状の審査をし（民訴137条），問題がないと訴状は被告に送達される（民訴138条）。また，裁判長は第1回口頭弁論期日を指定し，当事者を呼び出す。

救済方法との関係で，いくつか述べておこう。第1は，訴えの種類である（訴えには3つの類型がある）。①給付訴訟とは，物の引渡し請求などといった，給付請求権の実現を求める訴えである。原告が勝訴すると強制執行によって権利の実現が可能である。②確認訴訟とは，所有権確認の訴えのように，原告・被告間の権利関係の確認を裁判所に求める訴えである。この訴えでは，原告が勝訴しても強制執行はできない。③最後に，形成の訴えがある。この訴えは，離婚の訴えのように，原告勝訴の判決が確定することで法律関係の変動（婚姻解消）が生ずる。第2は，処分権主義という原則がある。これは実体法上の私的自治の原則が訴訟の場面に投影されたものである。内容は，①当事者は訴えを提起するか否かを選択することができる（たとえば，訴訟でなくADRを利用する），②当事者間で発生している紛争のうち，どれを裁判所で解決するのかを決めることができる（たとえば，代金債権と貸金債権をめぐる紛争のうち，前者についてのみ訴えを提起する），③訴えを起こした場合でも，当事者が訴訟を終了させることができる（訴えの取り下げなど。民訴261条以下）。第3は，訴訟物（訴訟の対象）をめぐる議論がある。たとえば，医療過誤を理由に患者が医師を相手に損害賠償請求を求めた場合，実体法上の根拠として，債務不履行（民415条）と不法行為（民709条）が考えられる。そこで，たとえば，患者が，債

務不履行で敗訴した後に，不法行為を理由に再び損害賠償を求めることができるのだろうか。学説では，損害賠償を求める法的地位が訴訟物（訴訟の対象）であるとして否定説が有力であるが，実務では，個々の実体法上の権利が訴訟物を構成するとして肯定説に立つ。

3）弁　論

(a) 弁論に関するいくつかの原則　判決を下すには口頭弁論を開かなければならない（必要的口頭弁論。民訴87条1項本文）。また基本となる口頭弁論に関与した裁判官が判決を下す（直接主義。裁249条）。

訴訟では法的三段論法という考えが用いられる。これは，大前提である実体法規範（要件➡効果）に，小前提である具体的事実をあてはめて結論（判決）を導くというものである。たとえば，貸金返還請求訴訟では，民法578条が定める要件（①金銭の授受，②返還の合意）が存在すれば，請求権は肯定される（実際の訴訟は，より複雑である）。その際，弁論主義という原則が重要な役割を果たす。その内容は，①当事者の主張しない事実は判決の基礎に用いない（主張責任），②当事者間で争いのない事実は判決の基礎に用いる（自白の拘束力），③当事者間で争いのある事実については当事者の提出した証拠によって判断する（職権証拠調べの禁止），である。

裁判所と当事者の役割分担は，基本的に，法の適用・解釈（そして訴訟の運営も）は裁判所の役割，事実・証拠の収集提出は当事者の役割となっている。

(b) 口頭弁論の効率化　口頭弁論は裁判長が指揮を執る（民訴148条）。口頭弁論を効率的に進めるために準備書面の提出が求められる（民訴161条）。また，争点（当事者間で争いとなる事実）を明確にするために3つの争点整理手続から選択する。すなわち，①準備的口頭弁論（民訴164条。公開法廷で行われるので，社会的関心の高い事件に適している），②弁論準備手続（民訴168条。公開が制限されるので，プライバシーが関係する事件に適する），そして③書面による準備手続（民訴175条。当事者が遠隔地にいる場合などで，かつ複雑でない事件に適する）である。

4）証拠調べ

争点整理手続でふるいにかけられた結果，①証明が必要な事実と②必要でない事実に分かれる。すなわち，当事者が自白した事実および顕著な事実は証明

することを要しない（民訴179条）。他方，当事者間で争いのある事実については，当事者の提出した証拠によって証明される必要がある（民訴180条）。ここにいう証拠とは証拠方法（取調べの対象となる有形物）をさし，人証（証人，当事者，鑑定人）と物証（書証，検証）に分かれる。

　裁判所は，①口頭弁論の全趣旨（当事者の態度など）および②証拠調べの結果を総合的に判断して，事実の存否を判断することになる。これを自由心証主義という（民訴247条）。

　しかし，自由心証主義を用いても，裁判官が事実の存否について確信には至らない場合がある（これを真偽不明という）。このような場合でも，裁判所は，真偽不明を理由に判断を留保することはできない。不当な裁判拒否となってしまうからである。そこで，真偽不明の場合に，当該事実を不存在と扱う方法が用いられる。これが証明責任である。現在支配的な法律要件分類説によると，①権利の発生をもたらす事実（権利根拠事実），②権利の消滅をもたらす事実（権利消滅事実）そして③権利の発生を妨げる事実（権利障害事実）に分け，権利根拠事実（たとえば，貸金返還請求訴訟での金銭の授受および返還の合意）ついては権利の主張者（債権者）が証明責任を負い，また権利消滅事実（たとえば，弁済）と権利障害事実（たとえば，錯誤）については権利を争う者（債務者）が証明責任を負う。

5）訴訟の終了

(a) 判　決　裁判所は，訴訟が判決をなすのに「熟した」と判断したときには判決を下す（民訴243条）。判決の言渡しは，判決書（民訴253条）の原本に基づいてなす（民訴252条）。

　訴えが訴訟要件（たとえば，裁判所が管轄を有する，当事者が実在する，当事者適格を有するなどといった，本案判決を下すための要件）を充たしていないと訴え却下の判決が下される。訴訟要件を充たしていると，請求認容あるいは請求棄却判決といった本案判決が下される。

　判決が下されるといくつかの効力が生ずる。とくに，上訴がなされない（上訴が尽きた）ときには判決が確定し，確定判決の効力が生ずる。①給付の訴えで原告が勝訴した場合には（たとえば，200万円の貸金返還請求訴訟），執行力が発生し，強制執行手続が可能になる。②形成の訴えで原告が勝訴した場合には

(たとえば，離婚訴訟)，形成力によって，婚姻が解消する。③また，給付・形成・確認の訴訟類型を問わず，原告が勝訴・敗訴のいずれの場合にも，裁判所による権利関係の判断には既判力が生ずる。これは，前の裁判所が下した権利関係の判断については，当事者および後の裁判所は拘束されるというものである（後の訴訟で矛盾する判断や主張を許せば，紛争の解決はおよそ不可能となる)。

既判力は，現実に訴訟で争った当事者間にのみ拘束力が生ずるのが原則である（既判力の相対性。民訴115条1項1号)。また，既判力が及ぶ判断は訴訟物（訴訟の対象）に限られるため（民訴114条1項)，訴訟物に関する立場に応じてこの範囲は異なる。

(b) **当事者の意思による訴訟の終了**　処分権主義の原則により，当事者が訴訟を終了させることができる。これには，①訴えの取り下げ（民訴261条)，②訴訟上の和解（民訴264条など)，③請求の放棄・認諾（民訴266条）がある。

6）**上訴（不服申立)**

判決が下されても，当事者は不服があれば控訴を提起することができる。控訴審の手続は，第1審の資料と控訴審で集めた資料をもとに判決を下す（続審制)。控訴審までは事実認定をすることができる。控訴審の判決に対しては，憲法違反など上告理由（民訴312条）に該当する場合には，上告を提起することができる。

また，決定や命令に対する不服申立手段としては抗告がある。

判決が確定した場合であっても，重大な手続違反といった再審事由（民訴338条）に該当する場合には，再審を申し立てて，判決の取消しと事件の再審理を求めることが可能である。

28 訴訟以外の紛争解決

（1）訴訟以外の紛争解決制度の必要性

　前章で説明したように，現在の社会では民事紛争を解決する方法として，国家機関である裁判所が一方の紛争当事者の申立てにより裁判所によって公権的な判断を下す「訴訟」という手続によって紛争の解決を実現するという建前になっている。しかし，訴訟という方法がすべての紛争の解決にふさわしいかというと，それは疑問である。

　訴訟では客観的な正義を追及するために，当事者の不公平が生じないように，裁判の手順について詳細な規則が民事訴訟法に規定されている。裁判所はこれらの規定を確実に守ることが必要だから，裁判には時間がかかる。また，手続の規定や適用される法律が多岐にわたるとなると，裁判に参加するには法律についての高度な知識があった方が有利になる。そうすると，裁判には自分で参加するよりも弁護士などの専門家を代理に立てた方が有利になる。しかし，弁護士に事件を依頼するとなるとさまざまな費用が必要となる。

　われわれ一般市民にとって訴訟で事件を解決することは，大変なエネルギーを費やすことなのである。

　ところが，このように大変な労力を費やして獲得した裁判所の裁判に対して，当事者の一方はその裁判に不満を持っているかもしれない，いや，もしかしたら両方の当事者がその裁判を不満に思っているかもしれないのである。なぜなら訴訟による裁判所の裁判は，法という基準に沿ってなされるから，当事者の紛争の内容に現在の法律がマッチしていないなど様々な理由で当事者が不満に思うこともありうる。また，判決は原則としてどちらかの当事者を100％勝たせ一方を100％敗訴にしてしまうが，そのような裁断の仕方がすべての紛争にふさわしいとは限らない。社会の秩序を乱すものでない限り，紛争解決の内容が仮に法律に沿っていないとしても，当事者が納得した方法で和解が成立する可能性があるのであればそれを尊重すべきではないだろうか。

　以上のような事情により，裁判所による裁判よりも当事者の合意に重点を置

いた訴訟以外の紛争解決制度を用意することが必要になる。このような紛争解決の制度をADR（代替的紛争解決：Alternative Dispute Resolution）と呼ぶ。

（2）さまざまな紛争解決制度

ADRにはさまざまな種類があるが，主なものをあげると実体法上の和解の斡旋，調停，仲裁などがある。

1） 実体法上の和解の斡旋

和解とは，紛争の当事者が互いに譲り合い，争いをやめることを約束する契約の一種である（民695条）。当事者が自主的に納得のいく和解契約によって紛争をやめることができれば，それはもっとも望ましい解決方法ということができるだろう。これを示談ということもある。

しかし，当事者が自主的に和解ができないからこそ，紛争は社会にとって深刻な存在なのである。自主的な和解により紛争が解決できない場合は，第三者が介入をしてでも紛争を解決しなければ，社会の不安は増大してしまう。そこで，まず考えられるのが第三者が仲介することによって，当事者の意見を調整し和解の合意が形成されるように斡旋する方法がある。これが和解の斡旋と呼ばれる方法である。

誰に仲介してもらうか，仲介者の調整や和解内容の提案を受け入れるかどうかは，あくまで当事者の自由である。そして斡旋によって合意された和解条項は，前述の和解の契約と全く変わるところはないということになる。つまり，仲介する第三者にはなんら強制的な権限がないということが和解の斡旋の特徴といえよう。

2） 調　　停

調停とは，主に裁判所において，裁判官を含めた調停委員会が介入して行う紛争解決の方法である。斡旋と同様に調停委員は両当事者の言い分を聞き，双方の主張を調整しながら解決策を模索する。当事者は期日に出席することを義務づけられておらず，欠席しても不利に取り扱われることはない。当事者が終始欠席したりすれば調停は成立しないことになる。また調停で示された解決案には強制力はなく，当事者はその解決案を受諾する義務はない（これを不調という）。ただし，調停の内容は裁判所により調停調書として作成され，給付義

務を内容とする調書はそのまま強制執行の根拠（債務名義）にもなるので、通常の和解に比べて格段の実効力があるといえる。

　調停は相手方が話し合いに応ずる気がない場合には、実効性がない制度である。しかし、両当事者が話し合いについている場合には、利害関係人を入れた関連事項についても一挙に合意できる可能性があるなど、裁断型の紛争解決方法である訴訟や仲裁に比べて柔軟な運用が期待できる。

　また、当事者の感情のもつれが紛争の大きな要因となる家庭内の紛争の場合には、まず調停委員を交えて話し合いの場につかせることで紛争が解決する可能性もあるので、離婚事件など家庭裁判所における一定の事件は、審判開始前に調停をおこなうべきことが規定されている（調停前置主義）。

3）仲　　裁

　当事者が合意により裁判官以外の第三者に紛争の処理をゆだねるのが仲裁である。仲裁判断には確定判決と同様の効力が認められ、執行決定を経由すれば債務名義となる。仲裁には民事裁判を排除する効力があるので、同一の紛争について別に民事訴訟が提起されてもその訴えは却下されることになる。また訴訟が三審制を原則とし、判決に不満があれば上訴しうるのに対し、仲裁の審理は上訴のないいわば一審制であるので、裁判よりも強力な手続ともいえるだろう。

　しかし、このような強力な手続をなぜ当事者は選択する可能性があるのだろうか。それは、当事者が合意すれば仲裁機関を自由に選べるという点が大きい。

　たとえば、裁判所による訴訟では、裁判所でどのような審理がなされるかは、民事訴訟法で厳密に規定されていて、日本の裁判所では原則として日本の弁護士しか活動できないし、法廷では日本語を使うことが義務付けられている。しかし、紛争の当事者や内容によっては、日本人以外の弁護士、日本語以外の言語で紛争処理をしたいと考える場合もあろう。

　また、ある国の裁判所でなされた判決や決定は、裁判所を運営するその国家の主権を背景に権威付けられているから、他の国の裁判を自国で承認することは、他国の主権を受け入れるという要素があるから、外国裁判所判決の承認や、ましてや自国における執行などは、国家主権の見地からも難しい問題をはらんでいる。それに比べ仲裁は、あくまで両当事者の合意により仲裁人を選定して

いるから，仲裁判断の背景には国家主権は存在しない。それゆえ，他国でなされた仲裁判断を，自国で受け入れることに障害が少ないともいえるのである。

また，裁判では担当する裁判官が，紛争の背景となるさまざまな専門知識に詳しいとは限らない。裁判官はあくまで法律の専門家であって，特殊な領域の専門家ではないのである。そこで，紛争が発生した領域について高度な専門知識をもった信頼のおける第三者を仲裁人とすることができれば，その仲裁判断は，当事者にとって納得のいくものである可能性が高いだろう。

わが国では仲裁について「公催仲裁法」を整備していたが，国連が制定したモデル法に則った「仲裁法」が平成16年に制定され，全面的な改正がなされた。

（3） 裁判外紛争処理の実施機関

(2)で説明した各種の訴訟以外の紛争解決手続は，さまざまな機関で実施されている。大きく分けて裁判所による「司法型」，行政機関による「行政機関型」，さらに「弁護士会型」「民間機関型」などがある（別表参照）。

1） 司　法　型

裁判所における中心的な紛争解決手続は訴訟であるが，それ以外にも様々な手続が用意されている。「裁判上の和解」「裁判所における調停委員会による調停」のほか「労働審判」「非訟事件」「支払督促手続」「破産手続」なども広い意味では裁判外紛争解決手続と考えることもできる。

2） 行政型機関

各省庁ごとに，民間の紛争について斡旋・調停をおこなう紛争解決機関を設置している例が多い。

行政機関が用意する紛争解決機関には，主なものに労働委員会・労働紛争調整委員会，公害等調整委員会，建設工事紛争審査会，国民生活センターがある。

3） 弁護士会型機関

多くの弁護士会には「仲裁センター」あるいは「示談斡旋センター」など，仲裁や斡旋を中心として紛争解決の手続を提供している。弁護士会の社会的信用を背景に，労働・交通事故・建築相隣・離婚等，広く生活紛争全般にわたって私法上の和解の形成を援助している。また交通事故に特化した「日弁連交通事故相談センター」などがある。

別表　主な裁判外紛争解決制度

司法型	
労働審判	個別的な労働民事紛争について，地方裁判所において裁判官と労働関係に関する専門的な知識経験を有する審判員2名により，相手方の意向に関わらず原則として3回以内の期日において事件を審理し，調停を試み，調停に至らない場合は，裁判上の和解と同一の効力を有する審決をする制度。平成16年成立。
行政機関型	
労働委員会	労働組合法にもとづき，労働組合と使用者との間に生じる紛争を解決するために設置される中央労働委員会と，地方自治法にもとづき各県に設置される各都道府県労働委員会がある。労働組合の資格の証明，不当労働行為の調査のほか，労働争議につき，和解の斡旋，調停，仲裁をおこなう。
公害等調整委員会	公害によって生じた損害についての紛争を解決するために設置される。公害紛争処理法により総務省の外局として設置される公害等調整委員会，各都道府県が条例にもとづいて設置する公害審査会がある。和解の斡旋，調停，仲裁をおこなう。
建設工事紛争審査会	建設工事の請負契約をめぐる紛争の解決のために建設業法にもとづき設置される。建設省の外局である中央建設工事紛争審査会と，地方自治法にもとづき設置される各都道府県建設工事紛争審査会である。和解の斡旋，調停，仲裁をおこなう。
国民生活センター	国民生活センター法にもとづいて設置される，経済企画庁の外局である国民生活センターと，各都道府県・市町村により設置される消費生活センター（名称は様々）がある。いずれも苦情相談を契機として，自主交渉の助言，和解の斡旋などをおこなっている。
筆界特定制度	土地登記時に設定された筆界（土地境界）が不明確な場合に，所有者等の申請にもとづいて，筆界特定登記官が現地を調査する筆界調査委員の意見をもとに特定し，これを登記する法務局が行う制度。
弁護士会型	
日弁連交通事故相談センター	国内での自動車・二輪車事故の民事関係の問題について，弁護士による交通事故相談・和解の斡旋をおこなう。
日本知的財産仲裁センター	工業所有権分野の問題について調停・仲裁をおこなう。日本弁理士会と日本弁護士連合会が共同で設立。
各弁護士会仲裁・斡旋センター	各弁護士会で，仲裁や斡旋をおこなう機関を設けている例が多い。 東京弁護士会あっせん・仲裁センター 第一東京弁護士会仲裁センター

	第二東京弁護士会仲裁センター 名古屋弁護士会あっせん・仲裁センター 大阪弁護士会民事紛争処理センター
民間機関型	
日本商事仲裁協会	商事紛争について，和解の斡旋，調停，仲裁手続をおこなう経済産業省所管の社団法人。平成15年に，国際商事仲裁協会から名称変更。
日本海運集会所	海に関する紛争について，和解の斡旋，調停，仲裁をおこなう，国土交通省所管の社団法人。
交通事故紛争処理センター	交通事故に関する相談，和解の斡旋，裁定をおこなう。自賠責保険の運用益，損害保険各社からの出捐等により設立された総理府所管の財団法人。
各業界のPLセンター	各業界ごとの製品について，製造物責任に関する和解の斡旋・調停をおこなう。 消費生活用製品PLセンター 医薬品PLセンター ガス石油機器PLセンター 自動車製造物責任相談センター 家電製品PLセンター

4）民間型機関

　斡旋・調停・仲裁手続は当事者の合意があれば公的な機関でなくても仲介が可能であるので，紛争解決手続を用意する民間団体も多い。また，1994年に，製造物責任法（PL法）が制定され，企業の責任根拠が過失から欠陥に変更されたことをうけて，それにともなう製造物責任紛争の増加にそなえて，各業界で常設のPLセンターが設立されている。

（4）訴訟外紛争解決制度のメリットとデメリット

　以上のように，さまざまなADRの方法が，さまざまな機関で実施されている。しかし訴訟に比べてメリットもある反面，デメリットも指摘されている。ここではADRの裁判との違いと，メリットおよびデメリットについて整理しよう。

1）ADRのメリット

　訴訟によらずADRを利用するメリットとして，①当事者の合意によって終了する手続であるため，解決案に当事者の事情や真の欲求が反映されやすく，

満足のいく結果が得られやすい。②手続が法にしばられないので，柔軟・簡易・低廉に紛争を解決できる。③裁判所で事件が滞っているが，ADRでそれを迅速に処理することができるのではないか。④事件を非公開にすることができ，プライバシーや営業秘密に配慮できる。⑤法曹資格を持たない，紛争領域に精通している専門家による紛争処理が可能となる。⑥実定法以外の判断基準で柔軟な紛争処理が可能である。などのメリットが指摘されている。

2）ADR のデメリット

一方で，ADR のデメリットとして　①あくまで裁判所の代替であって，そこでの判断は「二流の正義」にすぎないのではないか。②当事者同士の交渉であるため，当事者の知識・経験などの差が反映されやすく，法的正義と矛盾する結果になってしまうおそれがある。③非公開の手続なので，他の紛争との比較ができず，解決の「相場」などが形成されにくく，また公的な批判や吟味がおこなわれにくい，などといった点が指摘されている。

（5）ADR 認証制度

以上のようなさまざまなメリットとデメリットを備えた ADR はであるが，紛争解決の手続が，柔軟・簡易・低廉で，紛争の実情に即した迅速な解決を図る手続として重要なものになりつつある。そこで，裁判外紛争解決手続が第三者の専門的な知見を反映して，紛争の当事者がその解決を図るのにふさわしい手続を選択することを容易にするために「裁判外紛争解決手続の利用の促進に関する法律」が平成19年4月より施行された。

この法律の特徴は，和解で解決することが可能な民事上の紛争について，紛争の当事者双方からの依頼を受けた契約にもとづき，和解の仲介・斡旋をおこなう民間 ADR 事業者について，手続の質の維持向上をはかるために，法務大臣による認証制度を設けたことである。

認証事業者が扱うことができるのはあくまで「和解の仲介」にかぎられるので，仲裁をはじめとする裁断型の手続は認証制度の対象とならない。また認証は民間事業者に限られるので，裁判上の和解なども本法の対象とはならないし，認証を受けない事業者であっても，当事者の合意にもとづき従来どおりに紛争解決手続を提供することは可能である。

29 行政争訟

(1) 行政争訟の意義

　行政がおこなった処分（不作為を含む）に対してそれを誤っていると申し立てる者があるとき，その申立てに応じて再審査をするための方法は大きく分けて2つある。1つは不服申立てで，行政機関に申し立てるものである。もう1つは行政訴訟で，裁判所に申し立てるものである。不服申立てが，行政の自己反省ないし行政監督の手段として簡易迅速な手続により，処分の違法性と不当性を審査するものであるのに対して，行政訴訟は，行政から独立した裁判所が，中立公正な立場から慎重な手続で法の適用を図り，違法性（不当性を含まない）を審査するものである。法律は，不服申立てと行政訴訟について自由選択主義を採用いるので，国民は，原則として，不服申立てをしても，行政訴訟をしても，両者を同時にしてもかまわない。

(2) 不服申立て

1) 不服申立ての種類

　不服申立てには，異議申立て，審査請求，再審査請求の3種類がある。異議申立ては，処分庁（不作為庁）に対しておこなう不服申立てであり，異議申立てに対する応答を「決定」という。審査請求は，処分庁（不作為庁）の直近上級庁に対しておこなう不服申立てであり，審査請求に対する応答を「裁決」という。裁決に不服のある者は，法律・条例に定めのある場合に限って，再審査請求ができるが，通常，裁判所に行政訴訟（取消訴訟）を提起することが予定されている。

(a) 審査請求中心主義（処分に対する不服申立て）

　不服申立ては，異議申立てと審査請求に分かれる。行政不服審査法は，処分についての不服申立てについて，審査請求中心主義を採用している（行審5条1項・6条ただし書）。不服の申立てを受ける行政側から見て，たとえば，税務署長のした納税の告知について税務署長に不服を申し立てるように，問題の処

分をした行政庁に不服を申し立てるものが「異議申立」で、たとえば、税務署長の納税の告知に対して国税局長に再審査を申し立てるように、その処分をした行政庁とは別の機関、ことにその直接上級の監督庁に不服を申し立てるものが、「審査請求」である。

　異議申立ては、その処分をした行政庁自身にやり直しを求めるものなので、審査請求に比べると国民にとって信頼しにくい方法である。つまり、異議申立ては、その処分をした行政庁自身にそのやり直しを求めるものであるが、申立てを受ける方は専門家であり、素人である国民から申立てを受けても、理屈で言い負かされることはまずなく、また、内心ではその処分は誤っていたと思っても、一々やり直しをしていては、出世にも関係するし面目もつぶれるという妙な心持から、強いて非を通さないとも限らない。

　それに比べると、審査請求は、申立てを扱う行政庁は元の処分をした行政庁とは別の第3の行政庁なので、元の処分を取り消したとしても、さして面目にもかかわらず、審査する者の出世にも響くことはないから、審査も自ずと公平無私におこなわれるだろうという意味で、異議申立てよりは国民にとって信頼できる方法なので、処分についての不服申立ては、原則として、異議申立てではなく、審査請求をおこなうこととされている。これを審査請求中心主義という。

　ただ、たとえば、課税処分のような事案では、収入の額など主に事実が争点で、それについては、処分をおこなった元の行政庁にいちばん資料が揃っているはずだから、結果はともかく、一応そこで調べなおしをさせることが便利であるとして、そのような場合には、例外的に、法律が異議申立ても認めている。そして、行政不服審査法は、異議申立てと審査請求のいずれもできる場合には、原則として異議申立てを経た後でなければ、審査請求はできないとしている（行審20条、異議申立前置主義）。その他、審査請求中心主義の原則が破られるのは、処分庁に上級庁がない場合、各省大臣のような国の中央官庁や知事のようなその事務についての最高機関であるために、審査請求の方法によることが不可能であったり穏当でない場合である。

(b)　自由選択主義（不作為に対する不服申立て）

　行政庁の不作為については、行政不服審査法は、審査請求中心主義を採用せ

ず，自由選択主義を採用している（行審7条）。つまり，処分等の申請をした者は，異議申立てまたは審査請求のいずれかを任意に選択することができる。不作為に対する不服申立ては，事務処理を促進することを目的とするので，とりあえず不作為庁に何らかの行為をさせればよいことから，異議申立てによっても，その目的を達成することは一応期待でき，一概に審査請求の方が優れているとはいえないからである。

2） 不服申立ての手続と特色

国民には不服申立てをおこなう権利がある。換言すれば，国民の方から，行政がおこなった処分（不作為を含む）に対して，それが誤っているとの申立てがあったときは，行政機関は，必ずそれを調べて返答をする義務がある。

(a) **一般概括主義** 行政不服審査法は，特に法律で除外された事項を除いて，行政庁の処分（不作為・継続的性質を有する事実行為を含む）に対して不服申立てができると規定している（行審4条）。行政不服審査法の前身である訴願法は列記主義を採り，訴願事項を狭く限定していた。国民の権利利益の救済という観点からは，一般に，列記主義より概括主義のほうが優れている。

(b) **教示制度** 行政庁は，不服申立てができる処分を書面でする場合または相手方から請求があった場合は，不服申立てができる処分であるかどうか，不服申立てができるときには不服申立てをすべき行政庁，不服申立てをすることができる期間を教示しなければならない（行審57条）。

(c) **書面主義** 不服申立ての審理は，原則として，書面による（行審9条）。行政不服審査法の前身である訴願法は口頭による申立ての例外を認めていなかったが，行政不服審査法では，個別の法律（または条例）に口頭ですることができる旨の規定がある場合には，例外として口頭による不服申立てを認めている。

(d) **執行不停止の原則** 不服申立てがあっても処分の執行は停止されないのが原則である（行審34条）。執行不停止原則の結果，例えば，滞納処分の審査請求中でも，処分庁がその手続を続行することが認められる。行政不服審査法に執行不停止の原則が採用された理由は，濫訴の誘発を防止し，行政の停滞や行政運営の不当阻害を防ぐためとされている。

(e) **不利益変更の禁止** 審査庁は，裁決で処分を変更し，または処分庁

に処分を変更すべきことを命じることができるが，審査請求人の不利益に処分を変更することはできない（行審40条5項）。これは，審査請求人が不利な事実を再度調べられたうえで，いっそう窮地に立たされることは，救済を第1の目的とする手続の性質に反するからとされている。

(f) 事情裁決 処分が違法または不当ではあるが，それを取り消すことにより公の利益に著しい障害を生じる場合，審査庁は一切の事情を考慮し，違法または不当であると宣言したうえで，請求を棄却することができる（行審40条6項）。

(g) 不服申立人 行政不服審査法は，「行政庁の処分……に不服がある者」は不服申立てをすることができると規定している（行審4条）。「不服がある者」とは，「違法または不当な処分により直接自己の権利利益を侵害された者または必然的に侵害されるおそれのある者」と解されており，処分の相手方のみならず第三者も，また，自然人に限らず法人も対象に含まれる。不作為に関する不服申立人資格には，さらに，「法令による申請をした者」という要件がある（行審2条2項）。

(h) 不服申立期間 行政不服審査法は，処分の相手方が処分があったことを知った日を起算点として，「審査請求は，処分があったことを知った日の翌日から起算して60日以内にしなければならない」（行審14条1項）と定めるほか，処分の相手方が処分を知らなかった場合にも，「審査請求は，処分があった日の翌日から起算して1年を経過したときは，することができない」（行審14条3項）と規定している。審査請求期間は，一方で，処分の早期安定という行政上の要求と，他方で，審査請求をできる期間を可能な限り長くして，国民の権利利益の保護に寄与しようとする要求を調和させる立法政策の問題とされている。なお，不作為に対する不服申立てについては，不作為状態が続く限り無制限であり，いつでも不服申立てをすることができる。

(3) 行政訴訟

1) 行政訴訟の意義と種類

行政訴訟は，不服申立てと並ぶ行政の処分の再審査の方法である。不服申立て（異議申立て・審査請求）が，審査する機関は普通の行政機関であり，審理

の方法は書面審理であるという点と比べると，行政訴訟は，審査する機関は，法律と良心のほか他のものの指揮命令には従わない独立の地位をもつ裁判所であり，審理の方法は，傍聴人のいる公開の場所で，当事者双方に口頭で自由に意見をたたかわせ，証拠を提出させた後に，それらを評価したうえで裁断を下す口頭審理をとる。行政事件訴訟法は，行政訴訟について，抗告訴訟，当事者訴訟，民衆訴訟，機関訴訟の4類型を規定している。

(a) **主観訴訟** 抗告訴訟と当事者訴訟は，いずれも，原告たる当事者個人の具体的な権利利益を保護するための訴訟で，主観訴訟という。

(i) 抗告訴訟……「公権力の行使に関する不服の訴訟」で，行政事件訴訟法は，抗告訴訟として，処分取消訴訟，裁決取消訴訟，無効等確認訴訟，不作為違法確認訴訟，義務づけ訴訟，差止め訴訟の6種の具体的な類型を法定している（行訴3条）。

(ii) 当事者訴訟……「公法上の法律関係に関する訴訟」で，行政事件訴訟法は，当事者訴訟として，形式的当事者訴訟と実質的当事者訴訟の2種を定めている（行訴4条）。前者は，公権力の行使を不服とする訴訟で実質的には抗告訴訟であるが，法律の定めにより形式的に当事者訴訟とされているもので，後者は，もともと抗告訴訟には属さない現在の公法上の法律関係に関する訴訟である。

(b) **客観訴訟** 民衆訴訟と機関訴訟は，いずれも，主観訴訟とは異なり，当事者の個人的な権利利益の実現のための訴えではなく，行政上の客観的な法秩序の適正を維持するために特に法令によって有権者や行政機関等に提起が認められた訴訟で，客観訴訟という。これを認める個別法が別に存在することが前提となる例外的な訴訟であるため，民衆訴訟・機関訴訟に該当するものは多くはない。

(i) 民衆訴訟……民衆訴訟の例として，住民訴訟（地自242条の2・242条の3）および選挙訴訟（公選203条〜205条・207条〜211条）がある。

(ii) 機関訴訟……機関訴訟の例として，地方公共団体の長と議会の間の訴訟（地自176条の7）がある。

2) **行政訴訟の手続と特色**

(a) **一般概括主義処分性** 違法な行政の処分に対しては，裁判所に取消

しを求めることができる（行訴3条）。戦前の行政裁判所法時代には，行政訴訟で裁判所に訴えることのできる事柄の範囲は狭く限定されていた（限定的列記主義）。たとえば，警察処分のような，最も誤りが起こりやすく，また国民にとってそれが誤っておこなわれては一番苦しいような事柄についても，警察官や軍人に対して国民に文句を言わせるのでは国家の威厳にかかわるというような理由から，原則として訴訟は許さないということになっていた。戦後，訴訟事項の制限は撤廃され，行政の違法な処分に不服のある者は，原則として，その事柄の何たるかを問わず，すべて裁判所に訴えることができるようになっている（一般概括主義）。もっとも，①公権力の行使にあたらない行為や，②現実に直接の不利益を与えない行為や，③誰に対しても法的効果をもたないような行為は，仮に裁判所がそれを取り消しても法的に無意味である等の理由から，「行政処分」にはあたらないとされている。

　(b)　**出訴期間**　行政訴訟では訴訟を起こせる期間が限られている。行政事件訴訟法は，「取消訴訟は，処分又は裁決があったことを知った日から6箇月を経過したときは，提起することができない」（行訴14条）と規定している。これを出訴期間という。民事訴訟では，何百年前の事件でも，訴えれば一応受け付けてくれる。消滅時効などで，訴訟は成立しても勝つ見込みは絶対ないとしても，とにかく訴訟手続というリングには上らせてくれる。それに対して，行政訴訟では，その処分がおこなわれた時から一定の期間放っておくと，もはや訴訟として争うことができなくなる。つまり，勝ち負け以前に，そもそもリングに上らせてくれないで，門前払いを喰らわされるのである。その理由は，行政訴訟の場合は，民事訴訟とは違って，問題となっているのが公の処分で，当事者だけでなく，広く世間一般にも関連するので，処分がおこなわれた時点からずいぶん経って，世の中の人が，すでにもうそう定まったものと信じて，それをもとにいろいろなことをしている場合に，突然それがひっくりかえされると，世の中に大いに差支えが生じるからとされる。

　(c)　**被告適格**　行政訴訟の被告は，処分をした行政庁の所属する国または公共団体である（行訴11条1項）。この被告適格は，2004年の行政事件訴訟法の改正によって，変更されたものである。改正前の行政事件訴訟では，行政庁被告原則が採用され，処分をした行政庁が被告とされていた。行政庁被告原則

は，戦前の行政裁判所法時代に確立されたもので，被告は真の利害の相手ではなく，問題の処分をした行政庁となる。たとえば，同じく国を相手とする訴訟でも，納入した事務用品の代金を払えという場合には，それは民事訴訟なので，その被告は真の利害の相手すなわち訴訟に負ければ自分が金を払わなければならない国であるが，納税の命令が誤っているから取り消してくれという訴えの場合には，それは行政訴訟なので，被告はその命令を下した税務署長で，真の相手すなわちその訴訟に負ければそれだけ自分の収入がフイになる国ではない。したがって，そういう場合には，被告である行政庁は訴訟の結果には実質的な利害関係を持たないため，ただ役目で訴訟行為をするだけで，本当に心血を注いで苦労努力するかどうかはわからないと指摘され，そのため，国の利害に関係する争いについては法務大臣が行政庁を指揮する規定も設けられたほどである。改正法は，さしあたりは訴訟当事者を法主体とする通常の民事訴訟の原則にあわせたものといえる。ただし，処分をした行政庁が国または公共団体に所属しない場合には，処分庁が被告となる（行訴11条2項）。

　(d)　**職権主義**　　裁判所は，当事者の主張する事実について，証拠が不十分で心証が得られない場合に，職権で証拠を収集してもかまわない。このことを職権主義あるいは職権証拠主義という。行政事件訴訟法は，「裁判所は，必要があると認めるときは，職権で，証拠調べをすることができる」（行訴24条）と規定している。裁判所は，そういうことをしたければできるというだけで，しなければならないわけではないが，民事訴訟では，主張・証拠による立証は当事者に委ねられ，裁判所はそういうことをすることは禁じられているので，職権主義は，行政訴訟の特色の1つといえる。行政訴訟の内容は公益に影響する場合が多く，国を代表する裁判所がその帰趨を当事者の訴訟手腕に一任して自分には関係ないものと傍観していることは，行政の適法性を確保する必要から，行政訴訟においては許されないという理由による。ただし，同条は，裁判所が当事者の主張していない事実を職権で取り上げる職権探知主義まで認めるものではない。

(4) 行政争訟と国家賠償の関係

　行政の違法な作用によって損害を受けた者は，国や公共団体からその損害の

賠償を受けることもできる（国家賠償）。しかし，被害者の救済はそれで十分かというと，一様にそうとも言えない。たとえば，1年間営業を停止された者は1年間営業ができない。その場合，その者は，停止処分は誤っていると思いつつ，その期間は指をくわえてみていて，営業停止の期間が満了した後に，その間の損害の賠償の請求に着手するというのでは，救済に十分ではない。そのような場合，当事者にとっては，さしあたり，その行政処分を取り消してもらって，今後それから生じるであろう損害の発生を食い止めることが急務となる。その方法が先にみた行政争訟（不服申立てと行政訴訟を合わせて，［広義の］行政争訟という）である。行政争訟は，国民の権利利益を侵害する違法な行政処分を除去する役割を果たす（原因の除去）。国家賠償制度（結果としての損害の補填）は，行政争訟制度を補完し，両制度があいまって，行政救済制度は完全なものとなる。

事項索引

あ行

朝日訴訟	43
委員会設置会社	166
異議申立	220
異議申立前置主義	221
違憲審査制	41
意思能力	104
意思表示	123
慰謝料	145
意匠（権）	179
一事不再議の原則	76
一物一権主義	105
一般概括主義	222, 226
一般財団法人	165
一般法	16, 51, 101
委任命令	72, 80
違法収集証拠排除法則	67
違法性	119
違法性阻却事由	120
因果関係	128, 145
インコタームズ	188
インフォームド・コンセント	147
Winny 事件	181
上乗せ条例	97
営業の自由	52
ADR	186, 214
ADR 認証制度	219
営利法人	160
冤罪	70
親子関係	111

か行

会期	76
会計監査人	165
外形標準説	148
外国人の選挙権	63
介護保険法	151, 156
会社	162
解除	129
下位法	14
下級裁判所	88
閣議	81
格差	130
拡張解釈	18
瑕疵担保	135
過失責任主義（原則）	102, 145
過失相殺	147
家族	107
割賦販売	131
家庭裁判所	107, 108
株式会社	160
過労死	173
管轄	208
環境権	55, 189, 192
慣習	13
監督者責任	149, 150
官報	14
議院内閣制	78
議員の資格争訟	86
機関	164
機関訴訟	224
危険負担	124
規制改革	167

帰責事由	128	故意・過失	145
規則	4, 12	行為主義	117
規則制定権	88	行為能力	104
基本的人権	26	公法人	158
義務教育	56	公益法人	161
逆送	121	公害	189, 194
求償	148	公開会社・非公開会社	167
旧法	16	公共の福祉	45, 46, 103
教育権	55	抗告訴訟	224
教示制度	222	合資会社	161
行政委員会	79	皇室財産	34
行政機関	79	公信力	139
強制処分法定主義	66	公正な裁判	69
強制保険	149	構成要件	119
強制履行	125	公訴の提起	200
共同申請主義	140, 142	合同会社	161
共同不法行為	147	口頭審理	223
緊急集会	73	口頭弁論	210
緊急避難	146	抗弁（権）	132, 136
勤労権	56	公務員	57
クーリング・オフ	133	合名会社	161
具体的権利	43	合理的な疑いを容れない	203
刑事事件	64	勾留	67
刑法	115	高齢者福祉	156
契約	106, 122	国際司法裁判所	183
──の解除	129	国際商事仲裁	186
結果における平等	41	国際取引（紛争）	182, 184
検察官	202	国事行為	33
憲法	11, 22	国政調査権	75
謙抑性の原則	118	国選弁護制度	69
権利自由の原則	102	国民主権	25, 28
権利侵害	144	国民審査	90
権利能力	103, 107	国務大臣	79
権利の客体	45	国連憲章	36
権利の主体	44, 101	国連平和維持活動	37
合意	106	個人の尊厳	42, 46

国会	71
国会単独（中心）立法の原則	72
国家からの自由	47
国家による自由	48
国家賠償	226
国権の最高機関	71
個別労働関係紛争	174
婚姻	109, 110, 111

さ行

裁可	72
罪刑法定主義	65, 117
債権	105
債権者主義	125
最高裁判所	88
財産権	105
財産的損害	145
再審	204
再審査請求	220
再審事由	214
財政	92
財政民主主義	92
財団	159
裁判員制度	200
裁判管轄	184
裁判官の弾劾	86
裁判官の独立	89
裁判所	87, 184
裁判の公開	88
債務者主義	125
債務の本旨	127
債務不履行	127, 135
作為請求権	48, 49
差止請求	147
殺人罪	115
サービス残業	168

参議院	73
参議院議員選挙	61
産業財産権	177
参政権	59
自衛権	36
事業者	130
死刑	116
事後法の禁止	117
事実的因果関係	145
事実認定	203
事情裁決	223
自然権	40
自然法	40
思想・良心の自由	51
質権	140
自治法規	4, 12
執行不停止の原則	222
執行命令	72, 80
実用新案権	178
私的自治の原則	101
児童福祉	156
私法	100
私法人	159
司法権	84
司法府の独立	89
社会規範	4, 7
社会権	48, 53
社会的権力	45
社会福祉	150
社会福祉基礎構造改革	151
社会福祉協議会	155
社会福祉法	151, 152
社会福祉法人	155
社会保障制度審議会勧告	151
借地借家法	142
社団	158

衆議院 73
　　——の解散 78, 82
　　——の優越 74
衆議院議員選挙 61
自由権 47
自由裁量 87
自由心証主義 211
自由選挙 61
自由選択主義 221
自由な意思 104
住民自治 96
縮小解釈 18
主　権 25, 28
出訴期間 225
準拠法 185
上位法 14
障害者福祉 156
消極国家 24
消極的権利 48
消極的損害 146
承継取得 138
証　拠 210
証拠調べ手続 202
少子化社会 171
使用者責任 148
少数代表制 62
小選挙区（制） 62, 75
小選挙区比例代表並立制 61
上　訴 204, 212
承　諾 106
象　徴 31
少年法 121
消費者 130, 133
商　標 179
証明責任 211
消滅時効 147

条　約 12
条　理 13
条　例 96
職権（探知）主義 226
処罰感情 114
処分権主義 209
処分性 224
書面主義 222
所有権絶対の原則 102
所有権留保 132
自律権 86
知る自由 48
人　格 101
人　権 33
　　——の私人間適用 45
人権思想 40
審査請求 220
審査請求中心主義 220
信頼関係破壊の法理 143
侵略戦争 35
制限規範 24
制限能力者 104
製造物 135, 136
製造物責任法（PL法） 218
生存権 53, 150
生態系 195
正当業務行為 146
正当性 29
正当防衛 146
成年後見（制度） 105, 111
成文法 4, 11, 17
西洋法の継受 9
政　令 4, 12, 80
責任阻却事由 120
責任無能力 146
積極国家 24

積極的権利……………………48
積極的損害……………………146
選挙権…………………………59
争議権…………………………57
捜査機関………………………199
総辞職………………………78,82
相　続…………………………112
相対的応報刑論………………119
相対的不定期刑………………121
相当因果関係…………………145
双務契約…………………122,124
訴　状…………………………209
訴訟以外の紛争解決…………213
訴訟能力………………………208
訴訟物…………………………209
租税法律主義…………………92
措置から契約へ…………151,152,156
措置制度………………………156
損害賠償………………128,137,147

た行

第一種社会福祉事業…………155
第一審公判手続………………201
対抗要件………………139,142,143
大選挙区制……………………62
ダイバージョン………………204
逮　捕…………………………67
代用監獄………………………68
多数代表制……………………62
弾劾裁判所…………………75,90
男女の均等な機会及び待遇の確保……170
団結権…………………………57
団体交渉権……………………57
団体行動権……………………57
団体自治………………………96
地域福祉…………………152,153

地役権…………………………143
地上権…………………………142
知的財産法……………………175
地方自治………………………95
中央集権………………………95
中間法人………………………162
仲　裁……………………186,215
抽象的権利……………………43
調　停…………………………214
直接選挙………………………61
著作権…………………………180
賃借権…………………………142
沈黙の自由……………………51
通信の秘密……………………50
通　達…………………………93
定着物…………………………138
抵当権…………………………140
定年制…………………………171
適正手続主義…………………65
適正な事実認定………………203
典型契約………………………122
電子商取引……………………135
天皇制…………………………30
登記義務者……………………140
登記権利者……………………140
同時活動の原則………………73
当事者訴訟……………………224
当事者追行主義………………69
当事者適格の問題……………208
当事者能力……………………207
同時履行の抗弁権………124,128
到達主義………………………123
統治機構………………………71
統治権…………………………28
統治行為論……………………87
特定承継………………………138

特定非営利活動法人(NPO・NGO法人)
　……………………………………162
特別裁判所……………………………84
特別法………………………16, 51, 101
独立行政委員会………………………80
特許権………………………………177
取調べ…………………………………68
取　引………………………………122

な行

内閣総理大臣…………………………81
内閣不信任決議権……………………73
長沼事件………………………………43
日米防衛協力…………………………39
人間の安全保障………………………38
脳　死………………………………104

は行

パートタイム労働者………………168
売買契約……………………………139
派遣労働者…………………………168
発信主義……………………………123
罰　則…………………………………96
発　明………………………………177
判　決………………………………211
犯罪類型……………………………115
反対解釈………………………………18
万民法………………………………187
判　例…………………………13, 17
PLセンター…………………………218
PKF……………………………………38
PKO……………………………………37
非営利法人…………………………163
被害者問題…………………………204
被告適格……………………………225
非財産的損害………………………145

被選挙権………………………………60
非占有担保権………………………141
非典型契約…………………………122
非典型担保…………………………141
秘密選挙………………………………61
表現の自由………………………47, 51
平　等…………………………………40
平等選挙………………………………60
比例代表（制）…………………62, 75
夫婦同氏（姓）……………………110
不完全履行…………………………127
福祉国家………………………………53
福祉事務所…………………………154
不作為請求権……………………48, 49
付随的違憲審査制……………………91
不逮捕特権……………………………74
普通選挙………………………………60
物権（法定主義）…………………105
物上保証人…………………………141
不動産………………………………138
不動産登記…………………………139
不　能………………………………124
不平等条約……………………………9
不服申立て……………………220, 221
部分社会論……………………………86
不文法…………………………4, 11, 13
不法行為………………………106, 144
扶　養………………………………111
フランス人権宣言……………………25
不利益変更の禁止…………………222
プログラム規定（説）…………43, 53
プロ・パテント政策………………175
文理解釈………………………………17
平和主義…………………………26, 35
平和的生存権…………………………38
弁護士会……………………………216

弁護士代理の原則	208
弁護人依頼権	69
原始取得	138
片務契約	122
弁論主義	210
弁論手続	202
法　益	116
法外法権	86
包括承継	138
防御権	48, 66
法　源	11
報償責任の原理	148
法　人	158
法治国家	5
法定後見制度	105
法定担保	140
法廷地	185
法的三段論法	210
冒頭手続	202
訪問販売	132, 133
法　律	4, 12, 22
——の委任	93
法律上の争訟	85
保護処分	121
母子および寡婦福祉	156
ホワイトカラーエグゼンプション	168

ま行

未成年後見	111
民事事件	183
民事執行	206
民事保全	207
民衆訴訟	224
民　法	100, 131
無過失責任	103
無辜(むこ)の不処罰	70

無罪の推定	203
無償契約	123
無断譲渡・転貸の禁止	143
無方式主義	177
名誉毀損	147
免責特権	74
目的刑論	118
黙秘権	68
持分会社	161
勿論解釈	18

や行

約定担保	140
唯一の立法機関	72
遺　言	112
UNCITRAL	187
有期雇用労働者	168
有権者団	30
有償契約	123
有責性	120
優先弁済権	141
横出し条例	97
予　算	94
——の先議権	73

ら行

履行遅滞	127
履行不能	127
離　婚	110
立憲主義	23
立候補の自由	60
立証責任	128
立法趣旨	15
律令制	8
両院協議会	73
類　推	18

類推解釈の禁止 …………………117
令状主義……………………………66
労働基本権…………………………56
労働契約法案要綱 ………………174
労働災害 …………………………172
労働審判法 ………………………174

六　法……………………………14
論理解釈……………………………17

わ行

和解の斡旋 ………………………214
割増賃金 …………………………168

編者　石川　明

〔執筆分担〕	〔執筆者〕	
プロローグ（はじめに・1）	石川　明（いしかわ　あきら）	愛知学院大学大学院法務研究科教授　慶應義塾大学名誉教授
プロローグ（2）	草鹿晋一（くさか　しんいち）	香川大学大学院連合法務研究科准教授
1・3	野澤基恭（のざわ　もとやす）	平成国際大学法学部教授
2・13	渡邊森児（わたなべ　しんじ）	信州大学大学院法曹法務研究科准教授
4	森山弘二（もりやま　こうじ）	札幌大学法学部准教授
5	杉原周治（すぎはら　しゅうじ）	東京大学大学院情報学環助教
6・12	渡井理佳子（わたい　りかこ）	日本大学大学院法務研究科教授
7・29	恩地紀代子（おんち　きよこ）	北九州市立大学法学部准教授
8・26	斎藤　司（さいとう　つかさ）	愛媛大学法文学部講師
9～11	鈴木貴博（すずき　たかひろ）	東海大学法学部准教授
14	中川忠晃（なかがわ　ただあき）	岡山大学大学院社会文化科学研究科准教授
15	飯島　暢（いいじま　みつる）	香川大学法学部准教授
16・17	松浦聖子（まつうら　せいこ）	聖心女子大学講師
18・19	小西飛鳥（こにし　あすか）	平成国際大学法学部准教授
20	豊島明子（とよしま　あきこ）	南山大学総合政策学部准教授
21	堀井智明（ほりい　ともあき）	高知大学人文学部准教授
22	寺山洋一（てらやま　よういち）	香川大学法学部教授　平成国際大学法学部客員教授
23	岡田洋一（おかだ　よういち）	岡山商科大学法学部講師
24	吉田一康（よしだ　いっこう）	上武大学ビジネス情報学部准教授
25	山田健吾（やまだ　けんご）	香川大学法学部准教授
27	芳賀雅顯（はが　まさあき）	明治大学法学部准教授
28	岡田好弘（おかだ　よしひろ）	宇都宮共和大学シティライフ学部准教授

（執筆順）

フレームワーク法学入門

2007年4月5日　第1版第1刷発行

編者　石　川　　　明

発行　不　磨　書　房
〒113-0033　東京都文京区本郷6-2-9-302
TEL 03-3813-7199/FAX 03-3813-7104

発売　㈱信　山　社
〒113-0033　東京都文京区本郷6-2-9-102
TEL 03-3818-1019/FAX 03-3818-0344

©著者，2007, printed in Japan　　印刷・製本／松澤印刷

ISBN978-4-7972-8537-6 C3332